古典文獻研究輯刊

六 編

潘美月・杜潔祥 主編

第 10 冊

眞德秀及其《大學衍義》之研究

向 鴻 全 著

國家圖書館出版品預行編目資料

真德秀及其《大學衍義》之研究／向鴻全著 — 初版 — 台北縣
永和市：花木蘭文化出版社，2008〔民 97〕

目 2+176 面；19×26 公分
（古典文獻研究輯刊 六編：第 10 冊）

ISBN：978-986-6657-08-5〔精裝〕
1.（宋）真德秀　2.學庸　3.學術思想　4.研究考訂
121.2517　　　　　　　　　　　　　　　　97001203

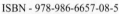

ISBN - 978-986-6657-08-5

9 789866 657085

古典文獻研究輯刊
六　編　第　十　冊　　　　　　ISBN：978-986-6657-08-5

眞德秀及其《大學衍義》之研究

作　　　者　向鴻全
主　　　編　潘美月　杜潔祥
企劃出版　北京大學文化資源研究中心
出　　　版　花木蘭文化出版社
發 行 所　花木蘭文化出版社
發 行 人　高小娟
聯絡地址　台北縣永和市中正路五九五號七樓之三
　　　　　　電話：02-2923-1455／傳真：02-2923-1452
電子信箱　sut81518@ms59.hinet.net
初　　　版　2008 年 3 月
定　　　價　六編 30 冊（精裝）新台幣 46,500 元

眞德秀及其《大學衍義》之研究

向鴻全　著

作者簡介

向鴻全，中央大學中文所博士，現為中原大學通識教育中心專任助理教授。碩士論文為《唐君毅先生道德觀之研究》。

提　　要

真德秀（西山，1178～1235）為南宋後期理學家，私淑朱子（1130～1200）之學，並與其時另一大儒魏了翁（鶴山，1178～1237）並稱齊名，被視為朱子後學之重鎮。真德秀所著《大學衍義》為其上宋理宗之讀書講義，目的是要透過《大學》的綱目，貫串歷代經史政事，以詳明格物致知之道德之學有其實用價值。真德秀曾位居參知政事，朱子門人黃榦稱許真德秀的政治成就實為朱學的重要資源，而理宗也罷弛對朱學傷害甚重的慶元黨禁，以示對儒學的接納與重視。本文討論有宋以來對「誠」概念的流傳與演變，並以朱子晚年經受慶元黨禁的政治上挫折後，對「誠」概念的把握是否有所轉變，這種轉變是否影響真德秀在《大學衍義》中以「誠心」代替「誠意」的思考模式；同時《大學衍義》也成為真德秀經世的綜合思想的重要著作。

真德秀被視為南宋時期扭轉或挺立儒家道德文化傳統（斯文）的重要人物，而儒家重視道統的原因，與冀望透過道統的建立，以達到與政統溝通或對話的目的，因此本文也試圖建立真德秀的道統觀，並說明真德秀的道統觀是否有所調整或轉變。

另外真德秀的《心經》雖然是摭拾先聖論心格言為一書，但其獨標「心」的優位性，卻被視為是「朱陸合流」的先聲，本文也討論此種論斷是否適當。

最後本文從儒生「經筵侍講」為人君說經的模式，說明其為「衍義」此種解經方法的特色與象徵，而《大學衍義》一書也成為後世「衍義」體詮釋方法的典範。

目

次

凡　例

（一）本文所引用眞德秀之著述，除《大學衍義》採《四部叢刊廣編》本〔註1〕、
　　　《眞文忠公文集》採《四部叢刊初編》本外〔註2〕，其餘著述皆以影印文淵
　　　閣《四庫全書》本爲據。

（二）本文中眞德秀以「眞氏」稱，《大學衍義》以《衍義》稱。

〔註 1〕眞德秀著有《西山讀書記》，其書分成甲乙丙丁四部，今但有甲三十七卷，丁二卷，
　　　乙集上即爲《大學衍義》四十三卷，乙集下爲《西山讀書記》二十二卷，丙缺。據
　　　《中國子學名著集成》珍本初編前記，臺灣公藏《大學衍義》異本，計有：元刊十
　　　一行本，存九卷三冊（藏國家圖書館）：明嘉靖六年司禮監刊本（國家圖書館四種、
　　　故宮博物院一部）；明陳仁錫評明崇禎壬申長洲陳氏刊本（藏國家圖書館）；明弘治
　　　十五年刊小字本（國家圖書館、故宮各一部）；明刊黑口十一行本（國家圖書館、
　　　國防研究院、臺大各一部）；明刊黑口十行本（藏國家圖書館）；清文淵閣四庫全書
　　　本（藏故宮博物院）。
　　　另據《中國善本書提要》載《大學衍義》版本有：宋刻元印本，存九卷三冊（藏
　　　北圖）；元刻本，存十一卷五冊（藏北圖）；元刻十一行本，存九卷三冊（藏北圖）。
　　　據《北京圖書館古籍善本書目》載《大學衍義》版本有：元刻十一行本，二十冊；
　　　元刻九行本，存二十四卷六冊；元刻九行本，存十四卷三冊；明刻十行本，三十
　　　六冊；明刻十一行本，二十八冊。
　　　據《北京大學圖書館藏古籍善本書目》（北京大學：1999.6）載《大學衍義》版本
　　　有：明嘉靖六年內府刻本二十冊；明刻本二十冊；明刻本十二冊。
　　　據《東洋文庫所藏漢籍分類目錄》載《大學衍義》版本有：清康熙三十五年董漢
　　　儒手鈔本。
　　　據《中國古籍善本書目》（上海古籍出版社：1994.12）子部載《大學衍義》版本有
　　　元刻本三種，明刻本十七種。
〔註 2〕《四部叢刊初編》收有〔宋〕眞德秀《西山先生眞文忠公文集》，據上海商務印書
　　　館縮印江南圖書館藏明刊本。

第一章　緒　論

第一節　研究動機

　　眞德秀字景元，又字希元，南宋福建浦城人。生於宋孝宗淳熙五年戊戌（1178），卒於宋理宗端平二年乙未（1235），享年五十八歲，諡文忠，人稱眞文忠公。眞德秀生前曾在家鄉築西山精舍講學，因此後世學者也稱他爲西山先生。眞德秀的著作有《大學衍義》、《心經》、《政經》、《眞文忠公文集》、《對越甲乙稿》、《文章正宗》、《西山讀書記》等數種。《宋史》將眞氏入「儒林傳」，《宋元學案》卷八十一爲「西山眞氏學案」，表列眞氏爲詹體仁門人，爲朱門私淑。眞氏在當時與另一位理學家魏了翁同爲南宋末期的重要學者，並稱西山鶴山。〔註1〕南宋的學術環境，幾乎以朱子爲軸心向外延伸，與朱子學說或講學愈密切者，所獲得的注視也愈大，例如陸象山與陳亮在心性問題與義利王霸之辨的問題便幾乎成爲南宋學術史上著名的公案，並由這些論辯輻射出其餘相關論題。因爲朱子學說的籠罩性強，所以整個南宋的學術情況就成爲「尊朱」或「反朱」的理論場，甚至南宋儒學的官學化也與程朱學派的地位升降息息相關。

　　朱子學術遍及六經，然其學問之要乃在《大學》一書之上；自從朱子將《論語》、《孟子》、《大學》、《中庸》合爲一書並成爲士子必讀或朝廷官學的一部分後，四書在讀書人心中的地位已然取代六經，而四書中的入門典籍《大學》更成爲整個南宋學術論述的重要文獻。朱子的「大學章句」將宋學帶領至內聖之學的高峰，然而這樣的內聖之學卻也在寧宗時受到政治傾軋的影響下受到壓抑，儒學再一次受到政治

〔註1〕黃百家說：「從來西山鶴山並稱，如鳥之雙翼，車之雙輪，不獨舉也。」《宋元學案》卷八十一「西山眞氏學案」。

力量的打擊。因此作為程朱後學的真德秀，其最重要的著作《大學衍義》便在這樣的時空背景下產生，明人有「孔子以大學衍六經，真德秀則以六經衍大學」之語表示對此書的推崇。

以往對真德秀的研究，除了靜態直線地鋪陳其學問體系外〔註2〕，大多還是以真德秀與朱子思想的距離來判定真德秀的學術成就，如批評其學術仍不脫尊朱述朱〔註3〕，或是以真德秀不脫封建思想的政治理論批評其學說無效〔註4〕；或將真德秀《大學衍義》視為政治或經世的著作以認識。〔註5〕

本文的研究動機，即欲通過真氏《大學衍義》一書的研究，探討朱學（或儒學）在經歷過現實的挫折後是否產生反省與修正；而一直希望與政治權力保持適當距離的儒學，當它無可迴避地必須正面回應政治權力所給予的挑戰時，其理論學說又能夠賦予多少的支持與反饋。而作為真德秀最重要的著作《大學衍義》，除了被視為人君的教材講義外，其在儒學外王的嘗試上是否成功？抑或是內聖的另一種呈現的方式而已？而真德秀的《心經》也表現真德秀對「心」的最高肯定，同時也是真德秀被視為朱陸合流的源頭的證據所在，本文也將討論此一論斷是否正確。

第二節　研究方法

本文所採取的研究進路，是以問題為導向論述真德秀之《大學衍義》及其它相關著述；所謂以問題為導向，即是透過南宋時期儒學史上發生的重大事件，如「慶元黨禁」，和唐宋以來儒生不斷建構起的儒學道德的系譜——「道統」為研究進路，以作為進入理學家最關心的心性領域。

從牟宗三先生的《心體與性體》、錢穆先生的《朱子新學案》、陳榮捷先生的《朱

〔註2〕 如康世統《真德秀大學衍義思想體系》（國立臺灣師範大學博士論文，1987年）、高令印、陳其芳著《福建朱子學》第二章「南宋末年福建朱子學」中述及真德秀小節。（福州：福建人民出版社，1999年7月。）

〔註3〕 如蒙培元曾說：「總起來說，真德秀的哲學思想，以朱熹哲學體系為依歸，沒有重要的發展。」見氏著《理學的演變》第二章「南宋末年理學的演變」頁150。臺北：文津出版社，1990年1月。

〔註4〕 侯外廬主編《宋明理學史》（上）第二十一章「真德秀、魏了翁在理學史上的地位」。北京：人民出版社，1997年10月。

〔註5〕 如朱鴻林〈理論型的經世之學——《大學衍義》之用意及其著作背景〉（收入於氏著《中國近世儒學實質的思辨與習學》。北京：北京大學出版社，2005年8月。）、鄒永賢〈朱子學派治國綱領試探——兼析真德秀《大學衍義》〉（收入於鄒永賢編《朱子學研究》。福建：廈門大學出版社，1989年5月。）

學論集》、劉述先先生的《朱子哲學思想的發展與完成》到束景南的《朱子大傳》、陳來《朱子哲學研究》等，都可以看出朱子學的研究發展的軌跡與成就，因此後學者在面對諸多「典範」的情況下，自然容易產生「影響的焦慮」。宋代理學最重要的論題，莫過於「內聖外王」，在這個問題上牟宗三先生所提出的「良知的自我坎陷」已經成為關心宋明理學乃至於儒學未來的重要命題，在不斷補充或修正牟宗三先生理論的歷程中，也漸漸讓後來的學者意識到儒學在當今世界應有的方向，和如何找到自我定位。在西方學術性格仍具解釋霸權的今日來說，儒學似乎很難擁有合理的發言位置，因此本文便以南宋為例，對當時擁有經筵侍讀侍講的儒生進行考察，試圖了解強調經世致用為最高理想的儒生們，是如何建立一套信仰價值系統（即道統）與統治的官僚集團抗衡，在慶元黨禁的權力傾軋中，理學家要如何看待道德與權力的關係，這就引入眞德秀寫作《大學衍義》的動機——希望透過人文教化以導正人君的思想與行為。〔註6〕

　　本文論述的方式，傾向在問題的討論中帶進眞德秀諸多著述內容，而不採取集中而密集地討論單一著述，從慶元黨禁中關於「誠僞之辨」、「師道不立」的核心概念，以及從韓愈以降到宋代關於道統的討論所衍生的諸多議題，最後歸結到眞德秀在《大學衍義》中的言說模式和義理型態，以使眞德秀的學說面貌更加清楚。

　　朱子在朝時所遭遇到的君主為宋孝宗（趙昚，1163～1189），孝宗素有恢復之志，因此不為秦檜所喜，即位後追復岳飛官爵，起觀文殿大學士張浚為江淮宣撫使，大有經略宋事之圖，也被視為南宋賢君；孝宗恭儉勤政，故淳熙間，國用富足，為建炎、紹興以來所未有。朱子也將得君行道的夢想寄託在孝宗身上，但在張浚所領導對金的「隆興北伐」失敗後，對於孝宗轉而受到主和派的影響感到不安，而於登對奏事上劄三事：一劄論正心誠意格物致知之學，反對老佛異端之學；二劄論外攘夷狄之復仇大義，反對議和；三劄論內修政事之道，反對孝宗寵信佞幸。〔註7〕然而對眞德秀來說，宋理宗（趙昀，1225～1264）卻是個在繼統上的合法性受到質疑的國君。宋寧宗（趙擴，1195～1224）無子，初養宗室子與愿為嗣，賜名竑，竑好鼓琴，史彌遠買美人善鼓琴者為竑侍御，使偵伺竑，竑嬖之。史彌遠為丞相後，既專國政，竑心不能平，於是嘗指宮壁輿圖曰：「此瓊、崖也，他日必置彌遠於此。」竑

〔註6〕朱子在潭州任職不久，由趙汝愚舉薦，任命為煥章閣待制兼侍講，為皇帝進讀《大學》，朱子「每講一章，必編成講義，首列經文，次附小注。即對行事，苟有所見，亦必編冊呈獻」；而進講之餘，嘗「上疏斥言左右竊柄之失。」《宋史・朱熹傳》。南宋理學家以儒學講座的方式教育人君，並藉以陳言時事的型態可見一斑。

〔註7〕見黃榦《朱熹行狀》。

又書於桌几曰：「彌遠當決配八千里。」美人遂而將以告之史彌遠，史彌遠聞而惡竑；於是史彌遠與鄭清之謀廢竑，另立新帝，寧宗疾篤，史彌遠矯詔立貴誠為皇子，賜名昀，是為理宗。理宗初即位時，曾詔褒表老儒，開經筵、詔輔臣觀講，有一掃黨禁之弊之意，追封朱子〔註8〕，罷黜王安石孔廟從祠，並令學官將周敦頤、張載、程顥、程頤、朱子從祠，以示崇獎。〔註9〕理宗初心極善，雖有意復興理學，但「嗜欲既多，怠於政事」、「經筵性命之講，徒資虛談」，終將復興理學一事視為妝點門面之事，為政後期終為權臣史嵩之、賈似道把持掣肘，而終難有所作為。不過歷史上仍然將理宗之「理」，視為「以理學復古帝王之治者」之意〔註10〕，這也是真德秀願意進呈《大學衍義》的主要動機。〔註11〕

　　南宋敗亡的原因十分複雜，但大多指向與立國時制訂的右文政策有關；行政體系缺乏技術官僚，卻多以文人瓜代，也經常是南宋時期遭到批評的部分。〔註12〕真德秀在這種內外不利的情況下，希望從理學中的基本立場出發，回到歷史傳統中去尋求解決的方法，這也造就在《大學衍義》中大量援引史傳故事，以與義理之學相互發明的解經方法。對於真德秀這樣一個詮釋者來說，他所面對的是理學剛從黨禁的氛圍中解脫出來的環境，而當時普遍存在著士風不振的風氣、權臣當國、理宗繼統的非合法性、以及金元交攻的局面，於是真德秀只能夠從他最熟悉的理學思想中尋求解決方法，而驗證這個方法是否有效的最佳策略，就是找出歷史上符合此結果的事例以證明，也就是從具體的歷史事例中找尋抽象普遍之理。因此真德秀以《大學》為基本論述框架，放進歷史經驗和先聖義理以充實之，擴大了《大學》的義理規模，使《大學》成為一套詮釋或理解歷史的方法。真德秀之《大學衍義》是否真有補於治道言人人殊，但卻是真德秀站在那個時代上理解《大學》或詮釋歷史傳統的具體呈現。〔註13〕進一步說，如果朱子總要於其指點

〔註8〕《宋史》卷41。
〔註9〕《宋史》卷42：「淳祐二年詔：『朕惟孔子之道，自孟軻後不得其傳，至我朝周惇頤、張載、程顥、程頤，真見實踐，深探聖域，千載絕學，始有指歸。中興以來，又得朱熹精思明辨，表裏混融，使《大學》、《論》、《孟》、《中庸》之書，本末洞徹，孔子之道，益以大明于世。朕每觀五臣論著，啟沃良多，令視學有日，其令學官列諸從祠，以示崇獎之意。』」
〔註10〕《宋史》卷45。
〔註11〕真德秀最關心的兩個問題，一是帝位繼承的問題，二是權相對帝位繼承的過度影響的問題，因此在《大學衍義》裏便將這兩個終極關懷從理念和象徵上加以致意。見朱鴻林〈理論型的經世之學——《大學衍義》之用意及其著作背景〉，收入於氏著《中國近世儒學實質的思辨與習學》。北京：北京大學出版社，2005年8月。
〔註12〕見張蔭麟〈南宋亡國史補〉，收入於《宋史研究集》第二輯。1983年9月。
〔註13〕黃俊傑認為任何一個經典的解讀者，都不可能不受到其生存的網絡所制約，但他卻

爲「仁」處隨即釋之以「理」的話〔註14〕，眞德秀就是要在其指點爲「史」處隨即釋之以「理」。〔註15〕

有鑒於朱子學一向是研究宋代思想史或哲學史的重要人物，因此本文在論述問題前先進行朱子對相關議題的討論，再與眞德秀的學說做一比較，以期能突顯眞氏學術的特色，而不致於在朱子強大的詮釋系統中模糊了眞德秀的學術性格。

第三節 以教爲政，以政爲教——眞德秀的終極關懷

《宋元學案》「西山眞氏學案」謂眞德秀「自韓侂冑立僞學之名以錮善類，凡近時大儒之書，皆顯禁絕之，先生晚出獨立，慨然以斯自任」；又《宋史·眞德秀傳》說其「立朝不滿十年，奏疏無慮數十萬言，皆切當世要務，直聲震朝廷，四方人士，誦其文，想見其風采，及宦遊所至，惠政深洽，不愧其言。」眞氏所身處的時代，正是東南三賢朱熹、張栻、呂祖謙相繼謝世之時，加上僞學之禁稍弛，朝廷及學術環境正需要有識之士能起帶頭力量以扭轉時勢，眞德秀在這個部分的確獲得歷史的認同。不過權臣干政，從韓侂冑到史彌遠，理學家所需面對的考驗並沒有減少，作爲朱學殿軍的眞德秀，在仕途受到打擊後選擇退而結網，完成《大學衍義》。眞氏在《大學衍義》裏總結了他的從政心得以及對歷史治亂的看法，並藉由陳述的過程中試圖再一次確立儒學的合法性與合理性，並運用《大學》的義理架構作爲理解基礎，證明儒學的確能夠經世致用。

宋代儒生在進入政治場域後，在仁民愛物的理念下常常也有良好政績的表現；但是儒生似乎在面對道德上的敵人上顯得極爲強勢，從北宋司馬光蘇軾等人面對王安石，到朱子面對韓侂冑，都面臨到政治（權力）與道德的衝突。在那之間幾乎沒有妥協的餘地，也像是無解的政治習題。本文認爲，從北宋新舊黨爭到南宋的僞學之禁，都突顯出儒學中「道與命」、「道與勢」的緊張關係，同時更因爲宋朝儒生擁

又是這些網絡的創造者，而這些複雜的網絡都是長期的歷史的積澱所構成，此之謂「歷史性」。經典解讀者的「歷史性」包括解經者所處的時代的歷史情境和歷史記憶，以及他自己的思想系統。在經典解讀的過程中，解釋者以他們自己的「歷史性」進入經典的思想世界，而開發經典的潛藏意義。見氏著〈從儒家經典詮釋史觀點論解經者的「歷史性」及其相關問題〉，收入黃俊傑編《中國經典詮釋傳統》一、通論篇。臺北：臺灣大學出版中心，2004年6月。

〔註14〕 見馮達文〈從朱子陽明兩家之《大學》疏解看中國的解釋學〉，收入於劉小楓、陳少明主編《經典與解釋的張力》。上海：三聯書店，2003年10月。

〔註15〕 朱子作《通鑑綱目》也是以其理學體系涵蓋歷史傳統，只不過眞氏更加強調經史結合。

有更高的權力基礎〔註16〕（太祖立下不可殺儒生的規定），使得這種關係從學術的場域進到政治場域，從內爆到外顯。

真德秀顯然希望能夠總結儒學經世的經驗。做為位極參知政事（副宰相）的位置，真德秀有對自己的期許，他藉由一種「述而不作」的傳述模式，向他所私淑的朱子致敬；真德秀的《西山讀書記》幾乎網羅了宋代儒生（不限理學家）對特定議題的看法；《心經》和《政經》羅列宋代以前諸儒在心學和政治理論上的成就，絕少出現「按語」，只是誠懇地整理編纂他所景仰的大儒們言行學說，也無怪乎黃百家批評真德秀「依門傍戶，不敢自出一頭地，蓋墨守而已」。

然而真德秀除了在道統的內在哲學理路上繼承朱子外，更以「學」為樞紐旁開了另一個道統的支流——真德秀彈性地容納了荀子、董仲舒、揚雄、韓愈等大儒，希望藉由這些大儒在儒學上的各自發現以壯大儒學隊伍，也將大儒們在「衛道」上的具體成就（或者也可名為「事功」）凝聚為儒學的資產。因此，真德秀堅定朱子學的立場可以從他沈默地模倣朱子遍注群經，同樣以述而不作的姿態繼承內聖的傳統看出；但另一方面，真德秀在實際的政治領域中體會到「空言」之不足，因而在立場上對那些原本不被朱子接納為道統的人採取更為開放的態度。

因此本文說真德秀的學術型態是「以教為政，以政為教」為內容，所謂的「教」即是堅定朱學的學術立場，是以「學為人之道」、「成聖成賢」為目的，並由此引申出一套關於教之於君的理論；而所謂的「政」，意即通過儒生「得君行道」的終極理想，以建立一套讓人民能各安其性，各得其所的政治制度。

〔註16〕余英時說「宋代不但是『士』最能自由舒展的時代，而且也是儒家的理想和價值在歷史上發揮了實際影響的時代」。見余英時《朱熹的歷史世界：宋代士大夫政治文化的研究》（上篇）頁390。臺北：允晨文化，2003年6月。

第二章 從「廣大學」到《大學衍義》

第一節 廣大學——《大學衍義》的方法論

　　真德秀幼時極其聰慧，年少即以文章名於時，宋寧宗慶元五年（1199），真氏登進士曾從龍榜，其時年僅二十二歲；其後五年，開禧元年（1205），他又中了博學宏詞，儼然為一時士林領袖。真氏一生的經歷，可簡單分成兩個階段：第一階段從開禧二年（1206），金人入寇，淮西失守算起，到嘉定十七年（1224）宋寧宗崩逝，史彌遠擁立理宗時為止。這段時間裏，真氏先後出仕太學正、博士、秘書省正字、御試編排官、玉牒檢討官、右文殿撰修等，其中有不少詔令出自真氏之手。後來知泉州，守撫湖南，然後回朝廷為起居舍人兼侍講，再遷禮部侍郎直學士院。

　　嘉定十三年（1220），真氏丁母憂，歸浦城故居守喪。次年築西山精舍，與詹體仁、黃叔通、徐鳳等親長故舊往來問學，《宋元學案》曾記載這段時間真氏曾向詹體仁問「居官蒞民」之事。嘉定十五年（1222），真氏服闋，朝廷授寶謨閣侍制知潭州，繼改湖南守撫使、辭不就，仍在家鄉西山精舍著書講學，完成《文章正宗》與《大學衍義》兩部書。嘉定十六年（1223），南宋內外情勢丕變，金人受蒙古人侵略日急，宋朝內部遂有聯金制蒙或聯蒙制金之議；時真氏已返朝任起居舍人兼侍講，不久即建言主張抗金並不再輸歲幣，拳拳於復讎之事，因而與主和派的史彌遠牴牾。但理宗憚於史氏有立己之功，因而畏懼史氏，以致群小當道，此時真氏亦毅然求退，告劉燁說：「吾徒須急引去，使廟堂知世有不肯為官之人。」〔註1〕遂與魏了翁等相繼離朝，回到浦城，構堂於夢筆山麓，日與門人劉克莊等人講學。魏了翁曾撰《夢筆山房記》述此事，這是真氏前半生階段的結束。

〔註 1〕據《宋史》卷 437「真德秀傳」。

　　第二階段自宋理宗紹定元年（1228）開始，直到眞氏逝世爲止。這時史彌遠已伏誅，眞氏再出已經五十一歲，先後歷戶部尙書、翰林學士知制誥兼侍讀，至端平元年（1234）春，除參知政事，但因疾力辭不就，改授資政殿大學士，提舉壽宮兼侍讀，至端平二年（1235）五月初十日，眞氏辭世。

　　《衍義》成書約在宋寧宗嘉定十五年（1222，眞氏45歲時），那段時間眞氏完成《西山讀書記》甲乙丁集凡四十卷，乙記上即《衍義》〔註2〕；眞氏這段第一次去朝的時間，不斷反覆思索爲治之道，故《西山讀書記》與《衍義》實爲眞氏爲當時政治環境與向君主進言的產物。

　　在《西山讀書記》裏有「廣大學」的六個部分〔註3〕，可以與《衍義》的制作精神與內容相互發明，故先討論以詳眞氏用心。

　　「廣大學」之一以《易》要指、《書》要指、《詩》要指、《禮》要指、《春秋》要指、《語孟》要指爲首，陳言六經之教，並論及「讀書之序」、「讀書之法」與「解經之法」，眞氏曰「自易要指至此皆格物致知之事，程子所謂讀書講明義理者也，故爲廣大學之首。」眞氏以《六經》、《語孟》爲格物的對象，與致知的內容，並輔以多讀書以講明義理，以此作爲格物致知的進路。眞氏言《六經》、《語孟》要指多沿襲朱子之說，如《易》要指以朱子《易本義》爲主，《詩》要指則以《詩集傳》爲主；論讀書之序、讀書之法也多以摘錄朱子成說爲例，附以朱子詳說〔註4〕，間附以其他諸儒之說以明。眞氏既名爲「廣大學」，自然是以推擴《大學》本義爲目的，也就是說將《大學》本爲儒家初學成德入門之學的精神，創造地運用在心性以外的事事物物之上；當然這種作法早在朱子時就已經勾勒出來，朱子說：

　　　　今且須熟《大學》作間架，卻以他書塡補去。

　　　　《大學》是一箇腔子，而今卻要去塡教實著。

　　　　《大學》是爲學綱目。先通《大學》，立定綱領，其他經皆雜說在裏
　　　　許。通得《大學》了，去看他經，方見得此是格物、致知事；此是正心、
　　　　誠意事；此是修身事；此是齊家、治國、平天下事。〔註5〕

《大學》一書自北宋司馬光《大學廣義》以專篇方式注解，到二程兄弟繼之發揚其重要性，一直到朱子手裏才使《大學》有了獨立的意義體系。〔註6〕整個宋代的理

〔註2〕據眞氏門人湯漢序記載《西山讀書記》乙下未及繕寫而眞氏沒。《西山讀書記》據影
　　　　印文淵閣四庫全書本。
〔註3〕「廣大學」六卷引自《西山讀書記》卷二十三～卷二十七。
〔註4〕《朱子語類》卷第十、十一爲「讀書法」，眞氏多自此轉引。北京：中華書局。
〔註5〕以上三則引文，皆出自《朱子語類》卷第十四「大學一」。
〔註6〕司馬光《大學廣義》一向被視爲最早將《大學》以專篇方式注解，但在溫公那裏《大

學，幾乎都是環繞著《大學》中的義理而展開，其中核心的概念更成爲宋明理學中的基本論述，也界定宋明理學的義理範疇。朱子刊刻「四子書」，並爲之章句注解，確定《大學》的地位與價值，也認爲「學問須以《大學》爲先」〔註7〕；朱子之後，《大學》不僅是爲學之序之首要，更爲朱子或宋明儒學的學問綱領。因此朱子所說以《大學》爲間架、爲腔子，就是以其定宋明理學的義理根本，通過《大學》才可以理解宋儒的學問內容〔註8〕，而宋儒也以《大學》中的義理作爲其向世界發言的語言模式。《大學》作爲吾人認識宋代理學的「前理解」〔註9〕（preunderstanding），而朱子的《大學章句》則又是認識《大學》的前理解，因此這種《大學章句》——《大學》——宋代理學的理解進路便成爲「典範」，而後不論尊朱述朱，甚至反程朱思想都無法迴避這條理解進路。〔註10〕如果說宋代政治文化是以王安石作爲典範的話，那麼理學文化的典範就必然是朱子，也就是說不論贊成或反對王安石或朱子，都必須從其說作爲討論起點出發。作爲私淑朱子的眞氏，其學自然不能外於此條詮釋進路，因此他選擇以朱子學說作爲主要綱目、間架和腔子，然後旁涉其他諸儒，

學》地位和價值顯然並沒有受到同等地提高，甚或溫公在提及《大學》時也以《禮》稱之，足見在《大學廣義》中，雖已將《大學》單獨抽離著錄，但其意義體系仍不顯著。見岑溢成《大學義理疏解》導論。

〔註7〕見《朱子語類》卷第十四「大學一：綱領」。朱子認爲四子書的學問先後次序爲《大學》、《論語》、《孟子》、《中庸》。

〔註8〕楊儒賓認爲朱子注四書是有其獨特的詮釋方法，與漢唐諸儒大爲不同；因此如果沒有辦法理解朱子義理的基本預設（如心、性、天命等），便無法進入《四書章句》的世界，甚至不只《四書章句》的世界無法進入，整體朱子的注釋世界都無法進入。本文也認爲如果沒有辦法理解接受朱子注釋《大學》的基本預設，也無法適切理解整個宋朝理學家對世界的介入與發言；也就是說，《大學》一書實爲宋代理學家的共同語言。見楊儒賓〈水月與記籍——理學家如何詮釋經典〉，《國立中央大學文學院人文學報》，第廿、廿一期合刊。1999年12月。

〔註9〕海德格認爲解釋從不是無前提地把握事先給定的事物，而是具有理解的前結構，即所謂的「前理解」，前理解包括三個要素：前有、前見和前把握。按照海德格的說法，人們對事物的理解，其實就是透過前有、前見和前把握來進行的。在人們進行一切的理解行爲時，所要認知的對象其實已經在某種模糊的方式裏被理解，這種理解是基於解釋者的前理解結構而進行，但前理解前又有前理解，因此理解便會落入無窮倒退的情況；於是海德格提出既然不能避免依賴前理解，那必定得證明前理解的前結構，是基於一種正確的理解，而不是建立在只是意見或流俗的看法。海德格強調解釋最重要的任務，就是不讓前理解以意見或流俗的方式出現在理解的行爲裏，而是要從事物本身出發處理這些前理解；但是高達美卻認爲事物卻只能根據恰當的前理解才能被眞正理解。見洪漢鼎《詮釋學——它的歷史和當代發展》頁223～224。

〔註10〕余英時在其《朱熹的歷史世界》裏，試圖扭轉這種以朱子學說爲理解宋代理學根本預設的情形，欲闡發一條從政治文化理解理學文化，以有別於以心性道德之説標誌宋代理學精神的進路。見氏著《朱熹的歷史世界》，臺北：允晨文化。

藉以發揮或修正朱子的思想。因此不論是「廣」大學、或是大學「衍」義，其實都是廣朱子之意、衍朱子之說。這也是真氏在「廣大學」前特別標舉朱子關於《六經》、《語孟》和其讀書解經之法，以強調其學承和基本詮釋進路。

真氏從《六經》、《語孟》中尋找填充《大學》間架的內容，又從朱子的讀書解經方法中，找到「廣」大學的合理基礎；真氏引程子「解經不同無害，但要切處不可不同。」和「朱子曰：『漢儒善說經，不過只說訓詁，使人以此玩索經文訓詁，經文不相離異，只作一道看，直是意味深長。』」朱子以為當時解經的型態有儒者之經、文人之經與禪者之經〔註11〕，真氏摘引朱子批評漢儒解經，以及明《六經》、《語孟》之要指為內容，實為繼承朱子所說的儒者之經。

「廣大學」之一屬「格物致知」之事，也就是說格物致知要以多讀書、講明義理為內容，而真氏所指多讀書，是以《六經》、《語孟》之要指為基本材料，所格的對象是從《六經》、《語孟》中尋求，而所致之知也是從《六經》、《語孟》中來。因此真氏摘引朱子所說「讀書著意玩味，方見得義理從文字中迸出」、「讀得通貫後，義理自出」〔註12〕，因《大學》裏只說格物，不說窮理，因此朱子強調多讀書以窮理以說明格物的方式和途徑。從朱子論讀書之法可以了解格物的精神，如朱子說：

> 讀書是格物一事。

> 大抵學者讀書，務要窮究。「道問學」是大事。要識得道理去做人。

> 大凡看書，要看了又看，逐段、逐句、逐字領會，仍參諸解、傳、說，教通透，使道理與自家心相肯方得。

> 讀書便是做事。凡做事，有是有非，有得有失。善處事者，不過稱量其輕重耳。讀書而講究其義理，判別其是非，臨事即此理。〔註13〕

> 本心陷溺之久，義理浸灌未透，且直讀書窮理。常不間斷，則物欲之心自不能勝，而本心之義理自安且固矣。〔註14〕

朱子說《大學》不講窮理而說格物，物猶事也，就是要人從事事物物上窮究道理；這種精神用在讀書上，就成為鼓勵學者多讀書以窮理的方法。當然朱子所談的義理，不盡然是客觀之理，也包含道德性命之理，以今日的立場來看，朱子所談多讀書以窮理的精神實值得發揚，因為經典書籍中已經蘊藏極多前人的智慧與經驗，而吾人只需透過閱讀便可吸收消化，比起許多需要經過「百死千難」才能得來的生命經驗，

〔註11〕《朱子語類》卷第十一「讀書法下」頁193。
〔註12〕《朱子語類》卷第十「讀書法上」頁173。
〔註13〕同注7。
〔註14〕同注8。

讀書不啻爲一種最安全便宜的方式。雖然中國的學問性格爲「生命的學問」，也就是一種強調實踐爲優位的學問型態，因此朱子也說：「人之爲學固是欲得之於心，體之於身。但不讀書，則不知心之所得者何事。」朱子也重視以實踐爲優位的生命的學問，不過如果不去讀書以擴展視野，那麼怎麼能夠理解這個世界上究竟有多少事需要窮究和認識呢？

「廣大學」之二屬於「格物致知」之事，內容是以「講論古今人物而辨其是非」爲主。關於此朱子曾在回答門人關於「致知」的內容時說道：

> 如讀書而求其義，處事而求其當，接物存心察其是非、邪正，皆是也。〔註15〕

朱子認爲從讀書的行爲中求得義理、從立身處事中尋求當然之道、和與外在世界接觸時辨別人事物之眞假邪正等，都算是「致知」之事，也就是說所有的行爲都可以有道德意志之貫注，都能夠從事事物物中求得義理之正和積極的道德意義。準此，眞氏在「廣大學」之二臚列《六經》、《語孟》中的歷史人物爲典型，作爲求得義理之正的生命實例；諸如子產、伯夷、叔齊、微生高、孟之反等等。除了將品評《六經》、《語孟》中的歷史人物之外，眞氏選擇這種以品評人物作爲格物致知的方法，最主要的用意還是在通過諸聖賢的品評人物的文字中，找到自我反省之道，即眞氏所說「學者觀聖人論人之得失，皆當反而觀己之得失，然後爲有補。〔註16〕」當然，眞氏所臚列的歷史人物（通常是出自《語孟》中），雖然未必能完全表現儒家思想的所有道德面向，如子產爲惠人之因、伯夷叔齊是怨與否、微生高的行爲是否是鄉愿、孟之反的不矜功等等，但是這種方式的確爲眞氏將《大學》中的格物致知作爲方法，實際運用在臧否人物的判斷行爲上。因此眞氏說道：

> 自《語》、《孟》論人物，至此亦格物致知之事，程子所謂辨論古今人物，而別其是非者也。〔註17〕

眞氏希望透過這種「格」聖人論人之道，「以察世俗之毀譽，而斷之以至公之理，深得論人之法。〔註18〕」

「廣大學」之三屬格物致知之事，內容是以「應接事物而處其當否」爲主。眞氏說：

> 程子以應接事物而處其當否爲格物致知之一事，然所謂處事之方，不

〔註15〕同注8。
〔註16〕《西山讀書記》卷二十五。
〔註17〕同注10。
〔註18〕同注10。

過本之以義理，而參之以時與勢而已。

在這部分真氏舉《孟子‧盡心上》中「舜爲天子，皋陶爲士，瞽瞍殺人，則如之何？」一章，說明當道與法、義理與時勢互相衝突牴牾時，君子應該如何自處的問題；真氏之所以獨取此一章，其原因就在於舜與瞽瞍之事，「乃天下之至難，而聖賢之曲盡其道，此即處事之大法也。」在這個部分真氏顯有強調以義理爲判斷標準，而將複雜曲折的現實利害關係置於次要的位置之意。

「廣大學」之四首以《易》六十四卦之大象傳爲條目，附以朱子之說以明。《易》大象傳語辭簡練，多由兩句話所組成，大象傳對六十四卦的解釋，也多從經卦的取象上立說，如《遯‧大象》：「天下有山，遯；君子以遠小人，不惡而嚴」、或《晉‧大象》：「明出地上，晉；君子以自昭明德」等。《大象傳》藉由分析卦體之象以解釋卦名之義，也就是說六十四卦卦名之義，都由卦象而生。《大象傳》大多以「君子以」爲開頭，也就是多闡述道德訓誡之義，強調道德修養，亦爲朱子所說「《易》中取象，不如卦德上命字較親切。〔註19〕」真氏說：

> 蓋有是象，則有是理；理與象未嘗相離，故曰微顯無間。象有形，故曰顯，理無形，故曰微，聖人見其象，即知其理，故發之以示人，欲人體象而盡其理也。在聖人則物自格、知自至，不待窮索而知之。……使學者知天地之間，相塞克滿，無非至道，誠能虛心以體之，則耳目所接，妙理粲然，而形而上者，眞不在形而下者之外矣。

真氏著重《大象傳》中的道德意義，但也只有聖人以虛心體自然之道，以盡得其理；更重要的是真氏所說「形而上者，不在形而下者之外」，宇宙之內無非道理，不是「令人懸空窮理」〔註20〕，而是從日常的自然和人文世界中求得。因此真氏說道：

> 有自然之象，則有自然之理，人之所共睹也；然常人見其象而昧其理，惟聖人之心，虛明洞徹，故見是象，則知是理。……學者誠能虛心以體天下之物，則精義妙道，莫不昭昭然接於吾之心。〔註21〕

真氏爲吾人描述了「聖人物格知至之事」，聖人之心湛然清徹，接物即能實現物之理，所謂「聲入心通」，但也只有聖人能爲之，一般人只能以「虛心」〔註22〕爲工夫，

〔註19〕《朱子語類》卷第六十六。
〔註20〕《朱子語類》卷第十四。
〔註21〕《西山讀書記》卷二十六。
〔註22〕朱子說：「窮理以虛心靜慮爲本。」（《朱子語類》卷第九）朱子在談論讀書之法時也多次提及「虛心」，如「讀書是虛心切己。」、「看文字須是虛心。」、「聖賢言語，當虛心看。」、「凡看書，須虛心看，不要先立說。」、「大抵義理，須是且虛心隨他本文正意看。」朱子以虛靈明覺爲心的本體，因虛靈而易感易覺、能知能覺，但一般

以體天下之物，窮盡事物之理。既然去聖人已遠，便應更求格物致知之事；因此眞氏明「知行並進」以強調道德行爲重在踐履之義。致知而後知至，知至後便應當如「止於至善」、推至極盡之處；致知中之「致」爲方向義，即知道要往什麼方向尋求知，知至中的「至」爲目的義，即知道所要達致之地。朱子謂：「學之之博，未若知之之要；知之之要，未若行之之實。〔註23〕」眞氏在論述經之要指與讀書之法，以爲格物致知的方法與內容後，便立乎其大、取法乎上地以聖人物格知至之事爲最完美的範型，然常人所要努力的，應該是從踐履中以實現義理；但義理不明，致知未達極盡，也無法充分獲得實踐的動力。格物窮理以致知，實爲實踐的必要條件，這是朱子道德實踐的重要特色，而不偏談義理或實踐一面。〔註24〕

「廣大學」之五，言「謹言敏行」、「省身」、「責己」、「省躬補過」之事，凡此種種，皆爲《大學》中「修身」的部分。眞氏在廣大學第五部分，首先揀擇《易》六十四卦中與「言行」相關之爻辭，繫之以朱子之注解，以明君子必愼於言行之動。言與行的問題既然爲君子所重，既而必須談論言行兩者間的關係，眞氏特別強調儒家反對君子「言過其行」、「言而無實」；爲避免產生言行不一的問題，因此在道德實踐中的自覺與反省的意識便極其重要，如曾子三省吾身便是極好的範型，不過眞氏在此也提出荀子「君子博學而日三省乎己，則智明而行無過矣」的說法，與曾子之說相互發明。「廣大學」之四以聖人之物格知至爲典範，然常人雖不能達致，但可以通過自我省察的修身方法，從自我的言行中體察道德法則。這也是《大學》經文所言：「所謂齊家在修其身者，人之其所親愛而辟焉，之其所賤惡而辟焉，之其所畏敬而辟焉，之其所哀矜而辟焉，之其所敖惰而辟焉」的意義，也就是以他人的表現爲借鏡，以省察自己身修與否。〔註25〕眞氏論言行的問題主朱子所說「修身是就應事接物上說〔註26〕」之意，教人除了得義理之正外，更要時時省察言行，謹言敏行。

「廣大學」之六，以《易》家人卦爲主，爲，《大學》中「齊家」的部分。家人卦講的是治家之道，而卦辭曰：「家人，利女貞。」意即女主人貞正則吉，在家庭裏

　　人常因私意間雜，而使心體受到物欲干擾而不易感知事物之理。
〔註23〕《朱子語類》卷第十三。
〔註24〕如朱子說：「有人專要理會躬行，此亦是孤。」正是此意。《朱子語類》卷第九。
〔註25〕鄭玄認爲「辟」應讀作譬；譬，喻也，意即以他人之行爲爲借鏡。但是朱子卻認爲「辟」應解作「僻」，猶偏也，即一般人常因其有好惡之私而有偏差爽失而失其正。本文認爲眞氏在解釋經傳時主朱子說，但他在論述修身之重要的方法上，是不自覺地採取了鄭玄的詮釋進路，以《易》傳、《論語》中的人物及義理爲內容，作爲躬己省身之例。
〔註26〕《朱子語類》卷第十六「傳八章釋修身齊家」。

女人往往扮演極為重要的角色，但這並不是代表重視女人的思想，而且恰好相反地表現出對女人的卑視，意思是男子齊家的的基本問題在於「女貞」，也只有把家中女子的問題解決，才是治家之道〔註27〕，即王船山所謂「齊家之道，惟女貞之為切也」之意。〔註28〕因此真氏後又引孟子「身不行道，不行於妻子；使人不以道，不能行於妻子。」（《孟子・盡心下》）真氏突出婦人在家中的重要性，等於是把治女人視為管理家庭的必要條件，這點到了《衍義》中被發揮到極致。

眞氏將《大學》作為一個詮釋間架，同時把格物致知誠意正心到修身視為核心概念，而未談及治國平天下，這仍是以朱子的思想為基礎，朱子說：

> 若論了得時，只消「明明德」一句便了，不用下面許多。……於格物、
> 致知、誠意、正心、修身之際，要得常見一箇明德隱然流行五者之間，方
> 分明。
>
> 《大學》「在明明德，在新民，在止於至善」，此三箇是大綱，做工夫
> 全在此三句內。下面知止五句是說效驗如此。上面是服藥，下面是說藥之
> 效驗。……後面又分析開八件：致知至修身五件，是明明德事；齊家至平
> 天下三件，是新民事。〔註29〕

眞氏在「廣大學」和《衍義》的綱目裏，都未曾言及治國平天下，但卻把典籍中關於治國平天下的事例放入各篇章中，顯然是受到朱子影響，是希望把「外王」之事置於「內聖」之綱領下，也就是說要從外王的事業中發現一個明德之心隱然流行於其間，從散殊各異的歷史經驗中找到一個貫串的道德之理。這也是朱子與眞氏，或者許多理學家都要先「講明義理」，因為不論是廣大學或是《衍義》，都大量徵引典籍中的事例，這些在還未以義理貫串之前，都只是乾枯的歷史「材料」，直到以義理貫串之後，這些歷史材料才會成為有意義的「知識」。材料的性質是中性的，可是一旦被賦予道德意義，那麼它的價值才被挺立。朱子說：「為學須是先立大本。故必先觀《論》《孟》《大學》《中庸》，以考聖賢之意。〔註30〕」又說：

> 學者若得胸中義理明，從此去量度事物，自然泛應曲當。人若有堯舜
> 許多聰明，自做得堯舜許多事業。若要一一理會，則事變無窮，難以逆料，
> 隨機應變，不可預定。今世文人才士，開口便說國家利害，把筆便述時政

〔註27〕見金景芳、呂紹綱著《周易全解》頁298。上海：上海古籍出版社。2005年1月。
〔註28〕王船山《周易內傳》卷三。船山在此卦下亦說明強調妹喜、妲己、褒姒等「女禍」
　　　　足以覆三代之興，聖人戒懼之，因以言「女貞」。
〔註29〕《朱子語類》卷第十五。
〔註30〕同注6。

得失，終濟得甚事！只是講明義以淑人心，使世間識義理之人多，則何患
政治之不舉耶！〔註31〕

朱子認為識義理之人多，則政治便可舉。義理即為道德之事，屬內聖；政治為眾
人之事，屬外王。內聖與外王分屬兩個不同領域，但朱子說義理明則從此去度量
事物，自然泛應曲當，顯然認為這兩者有共通之處；若以朱子的看法，內聖為明
明德，是工夫，看來與新民無關，但是政治之事（新民）的目的也無就是要「使
人各明其明德也。」因此就如拋棄講明義理，只單談歷史經驗以明教訓，則容易
流於乾枯地說教；離開了道德意識以行政治之事，則政治之事不過是種種權力運
作與複雜的利害關係而已。

因此本文認為真氏的「廣大學」實為《衍義》的方法學或導論，也是具體而微
地呈現《衍義》的操作模型。這個方法學的意義，就在於重講明義理，以實現歷史
典籍中的道德價值，並將《大學》中的格致誠正修齊的內聖觀念，推擴出去以續接
現實世界的種種現象。

第二節 《大學衍義》的思想內容

真氏在進呈《衍義》時，曾上書言：

> 臣聞聖人之道，有體有用：本之一身者，體也，達之天下者，用也。
> 堯舜三王之為治，《六經》、《語孟》之為教，不出乎此，而《大學》一書，
> 由體而用，本末先後，尤明且備。故先儒謂，於今得見古人為學次第者，
> 獨賴此篇之存，而《論》、《孟》次之。蓋其所謂格物、致知、誠意、正心、
> 脩身者，體也；其所謂齊家、治國、平天下者，用也。人主之學，必以此
> 為據依，然後體用之全可以默識矣。〔註32〕

真氏所謂本之一身者，體也，即「內聖之道」；達之天下者，用也，即「外王之事」。
格物致知誠意正心修身為內聖的範圍，屬個人分內之事；齊家治國平天下為外王部
分，屬與人事物相接之事。內聖之本，外王為末，本末先後則未必有價值判斷之意，
而只是強調外王之事，必然起於道德心之自我要求所不得然而發者，在諸多外王事
業的內在必然有道德意識的躍動。因此真氏觀察歷朝治亂的本質，得出帝王不論為
治或為學，必然自心身為起始。

〔註31〕同註20。
〔註32〕〈尚書省劄子〉。

一、帝王爲治之序

《衍義》首卷爲帝王爲治之序，是強調作爲進獻給理宗的治國著作，爲了讓理宗接受這本著作具有「實用」或「應用」的價值，自然會先以理宗有興趣或關心的議題爲首要，而不似《論語》之先「學而」、次「爲政」；因此首先陳述堯帝的聖功事業，眞氏言：

> 先言克明俊德，謂堯能自明其德，次言百姓昭明，謂民亦有以明其德也。德者，人之所同得，本無智愚之間，凡民局（偏）於氣稟，蔽於私欲，故其德不能自明，必賴神聖之君明德，爲天下倡，然後各有以復其初。民德之明，由君德之先明也。〔註33〕

這段話幾乎就是眞氏《衍義》的基本前提了。雖然這個說法實爲孔子所言「爲政以德，譬如北辰，居其所而眾星共之」（《論語‧爲政》）的繼承，不過眞氏似乎將孔子原來強調人君只要以德爲政，則能不動而化成的功效略爲壓抑，而轉而強調既然人民有陷於私慾而沈墮的可能，那麼就有賴神聖之君來明其德，而且要積極而有爲地對天下倡，才會使人民各復其初心。如果說孔子的德治主義著重的是以人治人，那麼眞氏所說人因不能自明其德，所以仰賴神聖之君來明其德以返初心的態度，就爲後來的政治之事預留了發展空間，例如人君要如何明德，人君明德之後，又該如何推擴出去建立一套合理秩序（禮），以使人民都能各復其初，各明其德的種種問題。

二、帝王爲學之本

在正式陳述帝王爲學之本前，眞氏首先釋《尚書‧大禹謨》「人心惟危，道心惟危，惟精惟一，允執厥中」十六字傳授心法，並說明對帝王來說，仁義禮智即是道心，而「宮室之欲其安，膳服之欲其美，與夫妃嬪侍御之奉，觀逸遊田之樂」，此皆是人心之類，並勉勵人君在平時要莊敬自持，省察一念之所起，如有聲色臭味等人欲之意念發動，則用力克治，不使其滋長；如知其爲仁義禮智等道德本心之發，則要一意持守，不使之變。在教導人君爲學前，先要建立人君正確的價值觀，如果道心人心不明，那麼發而爲政，或以此爲學，都會有誤導或陷溺的可能；因此對眞氏來說，「用人乃立政之本，而宅心又用人之本」，能夠安定其心，政事的興廢才有保障。

爲學之本在分辨道心人心，其次則重在能夠「師古」，眞氏言：

> 學必求之古訓，然後有得；若讀非聖之書，其何益乎？獲者得之於己

也，學必自得然後爲功，不然，則道自道，我自我，猶未嘗學也。人君行
事，當以古人爲師，若自任己意，不師古昔，而能長治久安者，無是理也。
〔註34〕
眞氏在《衍義》中十分重視歷史的價值和經驗法則，同時眞氏也有其神聖的歷史觀，
因此他強調讀聖賢書、以古人爲師，就是希望透過正確地理解把握聖賢或經典的意
義，並以此爲基礎，進而找到治亂的規則，因此眞氏說：「蓋人君不明經、不知道，
則無以正心。」這就是突顯經典的意義與價值，一旦能夠講明義理並正確地理解經
典，就穩住了「知」的本源，但是並不能保證必能實踐，所以眞氏以武帝爲例，認
爲武帝就是「徒聞而不尊，徒知而不行」，對於這個隱藏於經典或聖賢言語之中的道
缺乏尊敬，或者對於這個道僅止於「理解」而不「了解」〔註35〕，這才是武帝之病；
也就是說武帝對於如董仲舒般儒生的勸戒，並不是眞心或者「設身處地」地將自己
置入在這個歷史傳統中，而只是把這些勸戒放在自己的生命之外去進行理解，自然
無法體會其中之道。

　　帝王之學必然通過「尊經」，而「尊經」的根本在於「事師」。不過眞氏顯然和
朱子一樣不滿意漢唐「章句之儒」或「文墨之士」，如果人君選擇這兩種大臣爲師，
則必然無益於學，眞氏舉漢元帝和魏文帝爲例，認爲此二帝雖有文采，但此文墨之
事卻非人君所當行，眞氏云：

　　　　人君之學，不過修己治人而已。元帝於此二者，未嘗致意，而所好者，
　　筆札音律之事，縱使極其精妙，不過胥吏之小能，工瞽之末技，是豈人君
　　之大道哉！

　　　　文帝之爲太子也，與一時文士，若王粲阮瑀諸人游，號建安七子。夫
　　曠大之度，公平之誠，勵志存道，克廣德心，此人君所當勉也。……書論
　　詩賦，文士之末技爾，非人君所當務也。〔註36〕

眞氏乃博學宏詞出身，其對於文章之事不可謂之不知，如果說據此以批評眞氏以道
德排斥文藝，則或恐失之偏，而毋寧說眞氏認爲對人君來說，文藝之事恐怕不應該
是他們最需要留意的事，因爲文藝之事容易鼓蕩情志，使心志一往而無返，這是作
爲人君最該注意的事。因此眞氏以「末技」來突顯文藝之事，爲的是要警戒人君，
不可因小害大。那麼人君究竟該讀什麼書呢？眞氏如此回答：

〔註34〕《衍義》卷三。
〔註35〕高達美認爲「所謂理解就是對事情取得相互一致，而不是說使自己置身於他人的思
　　　　想之中並設身處地地領會他人的體驗。」《眞理與方法》第一卷。
〔註36〕《衍義》卷四。

夫古今之書籍雖多，其切於君德治道者，六經而已爾，論孟而已爾。

六經之大義，人主皆所當聞，然一日萬機，無徧讀博通之理，苟顓精其一

二，而兼致力於論孟大學中庸之書，間命儒臣敷陳歷代之得失，則其開聰

明而發智識者，亦豈少哉！

此段已具體而微地陳述《衍義》的內容結構，即以《六經》、《四子書》爲本，輔以歷朝各代之興盛治亂之事以爲鑑，即爲人主爲學最主要的目的。眞氏同時也認爲如果人君沈溺於文藝之事，則容易發生「君臣相狎」或「君臣爭勝」的情形，是故人主必戒於沈溺詞章之藝。

三、格物致知之要——明道術

眞氏在論證其道德政治理論前，必先證成此道德政治之可能，乃在於對道德本性的肯定，因此眞氏首先強調「天能與人以至善之性，而不能使之全其性〔註37〕」，人之稟賦受於天地之性，但是卻容易因爲後天的習氣、慣性、教育、環境等影響而無法盡全其本來之性，因此需要仰賴客觀體制以誘導或復返其本性，眞氏認爲「使人能全其性者，君師之任也。」人之本性初無二致，但因後天氣質之駁雜程度不同而有表現的差異；而政治或客觀禮樂制度之所以有成立的可能，乃在於順著人本性良善的方向行之，眞氏言：

性本至善，因而教焉，是謂之順；若其本惡，而強教以善，則是逆之

而非順也。道即性也，以體而言，則曰性，以用而言，則曰道，其實一也。

順其性，使其安道，非君不能。

道德政治或客觀輔助教化設施之所以可能，有其先驗的條件，即必須肯定人性本善，同時從事政治行爲的動機，全然出自道德本心之自我要求，政治行爲的目的也在發揚或復返善性之全體。眞氏從動力面解釋道德政治的本質，因此他所強調的「道術」，必然不會是「治術」——即不會是統治或管理的技巧而已，而一個最高標準完美的國君，其從事政治的最高準則，就在於「順其性，使其安道。」〔註38〕因此可以說，眞

〔註37〕《衍義》卷五。

〔註38〕 亞里斯多德說：「靈魂的構成已經告訴我們這種狀況，在靈魂中一部分在本性上實行統治，而另一部分則在本性上服從，我們認爲，統治部分的德性和服從部分的德性是不一樣的，其一是理性部分的德性，而另一是非理性部分的德性。……所以統治者應當具有完美的倫理德性，因爲他的職能絕對地要求一種主人的能，這種技能就是理性。」亞氏思索如果人的德性或自由爲平等，爲何會有「統治者治人，奴隸或僕人治於人」的情況，他得到的結論是，統治者與被統治者擁有不同程度的理性，而作爲領導或統治者，他最重要的能力就在於他能擁有完美的道德理性，使一切從屬於他的臣民都能在其位置上發揮各自的理性和技能。在這一點

氏所強調的「道」即是「實現原則」，也就是真氏所引《易》繫辭傳：「一陰一陽之謂道。繼之者善也，成之者性也」的用意所在；天地間無非陰陽二氣交感摩盪變化的過程，陰陽二氣是道之用，道即是理，是陰陽二氣流行變化之所以然之理。即朱子所謂「理乘氣動」，所爲天命流行的最高理則，這個現象背後的理是不活動的〔註39〕，活動變化的是體現理的陰陽二氣，而理乃不可見，但能從陰陽二氣之交錯變化得見。真氏雖則肯定人只要循其本來之性，發而於客觀世界就會有各種合情合理的表現，但是人不能免於氣質之雜等存在的限制，因此於其本心的表現就會產生過或不及的狀況，這也就是制度存在的必要性，是要節制防範人心之錯失虧闕、並樹立教化的規範以將人性導向本來的方向。故孟子言以不忍人之心行不忍人之政，其動機便在此，真氏認爲惟有聖人才能保持全體本心不受私慾障蔽，以此仁心自然流出表現爲仁政；但如果人不能推擴四端以彰顯善性之全體，是「賊其身」，如果是人君不能反求諸己以推擴本心，那麼就是「賊其君」〔註40〕。在此真氏認爲仁政的基礎在於相信人的道德本心，或者說，人君基於凡人不能自盡其性以明其本心，所以立教行政治之事以輔助、支持並推擴保護人的道德本心；如果如告子所說性無善惡，那麼以這種態度立場施之於正，充其量也只能讓人民「民免而無恥」（《論語·爲政》）而已，因此真氏再次描述他心目中理想的道術：

> 由治己而言，則有學；由治人而言，則有教。閑邪存誠、克己復禮，此治己之學也，學之功至，則己之善可復也矣；道德齋禮、明倫正俗，此治人之教也，教之功至，則人之善可復矣。若夫以己之性爲不善，而不以聖人之道治其身，是自暴者也；以人之性爲不善，不以聖人之道治其民，是暴天下者也。〔註41〕

真氏所說「若以人之性爲不善，而不以聖人之道治其民」，接近於荀子的性惡說，即服從或接受性惡說若發於政治就容易發展成法治主義、強調外在節制輔助制度與霸道文化，而服從孟子性善說的就容易發展成德治主義、強調仁政與王道文化。真氏的說法顯然是孟子一系；真氏人性本善的基本論述所開展的政治理論，對於人性存在的惡似乎沒有予以正視（如其批評荀子性惡說「此氣質之異，而非性之

上，亞氏的看法是和真氏極爲接近的。見亞里斯多德《政治學》第一卷。北京：中國人民大學出版社。

〔註39〕見牟宗三《中國哲學十九講》頁399。

〔註40〕如孟子言：「責難於君謂之恭，陳善閉邪謂之敬，吾君不能謂之賊。」（《孟子·離婁上》）人臣唯有以最高的道德標準開陳善道，以閑邪人君之邪心，才是敬君的最高表現，如以人君不能行善道而不誠心以告之的話，便是賊害其君。

〔註41〕《衍義》卷五。

罪也」〔註42〕），也就是說並沒有發展出完整關於「幽暗意識」〔註43〕的觀念，是故其政治理論也向人治或德治的方向傾斜，而沒能發展成因對治糾正人可能沈墮的可能，而發展出的民主法治文化。

在真氏的明道術之綱目下，又強調人君應當正視五倫，因為真氏的基本假說認為，如果人君能將五倫的道德意義窮盡，並切實實踐的話，那麼就能體會政治文化的基本目的；例如從事親的諸種行為中體會何者為「敬」、何者為「孝」，又努力行之，必能樹立良好典範，而上行下效，風行草偃，同時真氏也認為人倫的價值中必然有其不可違逆的原因，甚至真氏不惜以歷史結果論來強調，如果人君無法徹底行孝，那麼災厄就會隨之而來，真氏說：

> 孝子愛敬之心，無所不至，故凡父母之所愛敬者，雖犬馬之賤亦愛敬之，況人乎哉！姑舉其近者言之，若兄若弟，吾父母之所愛也，吾其可以不之愛乎？若薄之，是薄吾父母也。若親若賢，吾父母之所敬也，吾其可以不之敬乎？若嫚之，是嫚吾父母也。推類而長，莫不皆然，若晉武惑馮統之讒，不思太后丁寧之言，而疎齊王攸；唐高宗溺武氏之寵，不念太宗顧託之命，而殺長孫無忌，若二君者，皆禮經之罪人也。〔註44〕

真氏認為晉武帝與唐高宗之朝綱敗亂，都是因為不敬愛父母所致，雖然將此二事混為一談或者有失於推論過速之病，但是未能切實踐履人倫之本，使得一步踏錯而造成更無法收拾的狀況，才是真氏所要人君深切自省的；因此真氏引孟子「事親為大」、以及曾子「樹木以時伐，禽獸以時殺」建立其「仁孝同源」之說：

> 仁孝同源：故孝者必仁，仁者必孝。木不妄伐，獸不妄殺，此仁也，亦孝也；若斷之殺之，不以其時，則是無仁心矣，安有不仁而能孝者邪？武王數紂之罪，曰暴殄天物，人君享天下之奉，苟徇其侈欲之心，用物無節，物猶如此，況於骨肉之親、民生之類、其親之仁之，又當何若邪？
>
> 〔註45〕

仁與孝都是內在根植於心的德性，雖然孝的對象止於親，而仁的對象則擴大至所有的人、甚至人以外的萬物，但真氏以因孝聞名的曾子說「樹木以時伐，禽獸以時殺」來證明能夠行孝道者，必然因其內在有仁心之故；因此真氏才會強調「仁孝同源」。「仁孝同源」的理論型態至少可以確保人君的品格不會有太大的偏差，

〔註42〕同注37。
〔註43〕見張灝《幽暗意識與民主傳統》。
〔註44〕《衍義》卷六。
〔註45〕同注41。

雖然這並不能保證以此以從事政治之道也能獲得同樣的保證，不過也能夠最低限度地確保統治者不致成爲一個暴君——這也是眞氏以商紂爲例的原因。《衍義》中將政治運作模式與倫理觀念相互結合，或者說以政治結構模擬倫理結構，如《尙書‧堯典》曰：

> 克明俊德，以親九族；九族既睦，平章百姓；百姓昭明，協和萬邦。

克明俊德是屬於個人修身的範疇，親九族爲齊家，此二者皆屬於倫理範疇；而平章百姓是治國，協和萬邦則是平天下，此二者爲政治範疇，由修身睦族至平章百姓、協和萬邦，即是由倫理擴大至政治。〔註46〕中國傳統的政治思想，不僅視政治爲倫理之擴大與延長，更視政治爲倫理中之一環，如君臣一倫爲五倫之一，而五倫即是倫理關係的內容，因此君臣關係實包含在倫理關係當中。例如眞氏以舜與其父瞽瞍之關係爲例，強調「天下之爲人子者，皆知無不可事之親」，即使如舜處人倫之變，亦能以其孝心面對；而文王、武王及周公，也能以「繼志述事」（《中庸》第十九章）作爲孝的表現，眞氏以爲舜與文武周公「所遇不同，而其心則一」，不管是在內心本於孝道進而影響親人，或者是以外在事功的建立來繼承家業，都是基於內在之不容己的孝心要求下，所展現出的行爲。

眞氏以政治結構模擬倫理結構的另一個例子，即是以「臣道」〔註47〕喻「妻道」，眞氏云：

> 陽者，天道也，夫道也，君道也；陰者，地道也，妻道也，臣道也。
> 故在天道，則乾始之，坤生之，陽主歲功，而陰佐陽以成歲；在人道，則
> 夫主一家之事，而妻佐之；天子主天下之事，諸侯主一國之事，而后夫人
> 佐之。君臣亦然。妻之與臣，雖有善美，含而晦之，從其事而不敢尸其功，
> 亦猶地道代天，終物而成功，則歸之天也。〔註48〕

事實上君與臣的權力關係並不適合與夫妻關係作連結，然而眞氏爲了突顯臣子與妻子的本質爲強調柔順的「坤道」，臣子與妻子的存在意義乃是輔佐與次要的，其價值在於成就君道與夫（「夫也者，天也」），眞氏在此雖然確立了君道作爲一絕對的權力核心，其他的價值在此之下都退爲次要，不過眞氏卻也注意到這樣不平衡的權力關係，勢必要有輔助的條件以節制人君之權力，因此眞氏認爲君臣關係雖爲絕對權力關係，但也必定在禮的價值規範下進行，眞氏云：

〔註46〕見孫廣德《中國政治思想專題研究集》頁321。
〔註47〕臣有廣義與狹義的分別：廣義的臣指生活在君之統治權下的一切人而言；狹義的臣，是指在君之統治權之下做官的人而言。見注45，頁57。
〔註48〕《衍義》卷九。

君以敬待其臣，是之謂禮，臣以誠事其君，是之謂忠；二者皆職分所
當然，非相爲賜也。然君使臣以禮，則臣事君以忠，亦理之必然也。〔註49〕

君待臣以敬，臣事君以誠，這是職位上有所分別所致，並不是相互賦予，而是扮演的角色不同所產生；因此眞氏認爲唯有君以禮使臣，臣才會以忠事君，這是理之必然，在這裏眞氏繼承了孟子「君之視臣如土芥，臣之視君如寇讎」（《孟子·離婁下》）的觀念，在肯定君道的權威性之外，建立了一條抗議的自由精神。在《衍義》中花了較多篇章描述理想的君臣關係，眞氏特別以孟子「惟大人爲能格君心之非」中的「格」爲例，取張南軒以「感通」釋「格」，蓋「君心之非不可以氣力勝，必也感通至到，必使之消靡焉，所謂格也」，眞氏認同張栻之說，顯然已經暫時擱置君臣間的絕對權力關係，而改以人與人間的互相感通爲主。既然強調基於平等立場的相互感通，那麼必然會遭遇到這種感通是否有效的問題，意即此感通或格君心之非之所以成立，端賴人君是否能夠遇賢臣、知賢而用、甚至能否師臣而定，眞氏言：

王者有師臣之義，不特友之而已。湯之於伊尹，文武之於太公望，成
王之於周公，皆師之者也。故仲虺之誥曰：能自得師者王，而傳亦有師臣、
友臣、僕臣之別焉。〔註50〕

在傳統儒家的政治思想裏，依照孔子正名的原理，認爲臣要有爲臣的條件，盡爲臣的本分，做爲臣的工作，即事君而已；不過如果對於一個有德性、但不具有食祿的一般人民而言，那麼君對之便不能以絕對的權力關係要求驅使，孟子對於這點分辨得非常清楚，孟子曰：

萬章問曰：「敢問不見諸侯，何義也」？孟子曰：「在國曰市井之臣，
在野曰草莽之臣，皆謂庶人；庶人不傳質爲臣，不敢見於諸侯，禮也。」
萬章曰：「庶人，召之役，則往役；君欲見之，召之，則不往見之，何也」？
曰：「往役，義也；往見，不義也。且君之欲見之也，何爲也哉」？曰：「爲
其多聞也，爲其賢也。」曰：「爲其多聞也，則天子不召師，而況諸侯乎？
爲其賢也，則吾未聞欲見賢而召之也。」〔註51〕

孟子認爲他與國君並沒有絕對的君臣關係，故君不應該召見他；但如果君是因爲他的博學或才德而想請教他，那麼就是以他爲師，就更不應該召見他。孟子更以繆公與子思之事爲例，說明如果論及階級地位，則繆公爲君，子思爲臣，不可能以友相待；如

〔註49〕 同注44。
〔註50〕 《衍義》卷十。
〔註51〕 《孟子·萬章下》。

果以道德而論,那麼繆公應該師事於子思,也不能以友相待。由此可以發現,眞氏襲自孟子的說法,以爲君臣的關係自最完美而下,大致可分爲三類:師臣、友臣與僕臣,即以臣爲師、以臣爲友、以臣爲僕;前面兩者約爲儒家所重視的君臣關係,而最後一種爲先秦法家所強調的君臣關係,因爲以臣爲僕即是視臣子爲君主行事的工具,君與臣純粹是以利害關係或權力關係相結合,而較不重視以人爲本的自由和諧關係。

四、皇極——人君爲治之心法

「皇極」一詞大致可以解釋爲「皇朝」、「皇統」等所謂「政治秩序」的意義,但這看似平凡並極爲通俗流行的名詞卻影響了南宋的政治生態,其原因便在於南宋對於此一名詞的訓釋有不同所致,皇極一詞出自《尚書·洪範》:

> 五、皇極。皇建其有極,斂時五福,用敷錫厥庶民。惟時厥庶民于汝極,錫汝保極。凡厥庶民,無有淫朋,人無有比德,惟皇作極。

〈洪範〉是箕子答周武王關於治理天下之問,凡九類,而皇極恰居其中,爲第五,故後世往往以「九五」附會之,因此皇極的意義,基本上是陳述天子怎樣建立一個理想的政治秩序。〔註52〕孔安國傳此章云:

> 皇,大;極,中也。凡立事,當用大中之道。

南宋時以王淮爲首的官僚集團,爲打擊以朱子爲主的理學集團,特別引用漢唐諸儒以「大中」釋「皇極」,想試圖以此改變孝宗欲思振作之志,然而因爲這樣的認識使南宋的朝政充滿一片因循苟且、是非價值不明的氣氛,完全失去「大中」所強調「安中以養善」的目的,因此朱子擺脫漢唐諸儒對皇極的傳統訓釋,將皇極解釋爲人君之則,朱子曰:

> 皇極非大中,皇乃天子,極乃極至,言皇建此極也。東西南北,到此恰好,乃中之極,非中也。但漢儒雖說作「中」字,亦與今不同,如云「五事之中」,是也。今人說「中」,只是含胡依違,善不必盡賞,惡不必盡罰。如此,豈得謂之中?〔註53〕

朱子釋「皇」爲君,釋「極」爲標準,即「人君所以修身立道之本」,那麼皇極的概念便成爲「人君爲治之心法」〔註54〕;因此眞氏繼承朱子的說法,甚至一字不改地轉引(眞氏以皇極關乎聖學之正傳,君道之大體,故「不敢殺」),甚至將之與「人心惟危,道心惟微;惟精惟一,允執厥中」之十六字心法結合起來,成爲人君修身

〔註52〕見余英時《朱熹的歷史世界》(下篇)頁538。臺北:允晨出版社。
〔註53〕《朱子語類》卷七十九〈尚書二·洪範〉。
〔註54〕同注50。

之本。眞氏也以楊時謂「知中則知權，不知權則是不知中也」為證，強調「中」也具有「權變」的意義，而不是死守或呆板地固著於某一境地，但如何權變，何時權變，則必須以「致知」為本，而致知的方式也來自自我反省，如果能夠克制私慾（克己復禮），以使自己的道德修養可以到達「致中和」的地步，那麼就可以正確而適切地判定何時權變及如何權變。至於如何達到「致中和」，眞氏云：

> 致中和而天地位、萬物育，此參天地、贊化育之事也，可謂難矣。然求其所以用功者，不過曰敬而已。蓋不睹不聞之時而戒懼者，敬也；己所獨知、人所未知之時而致謹者，亦敬也。靜時無不敬，即所以致中；動時無不敬，即所以致和。為人君者，但當恪守一敬，靜時以此涵養，動時以此省察，以此存天理，以此遏人欲，工夫到極處，即所謂致中致和。

眞氏曾言「敬者，德之聚，能敬必有德。」又「敬者，聖學之所以成始成終也。〔註55〕」敬實為眞氏思想的重心，靜時以敬之工夫涵養，動時以敬之工夫省察，則必能致中和。除了中和問題外，眞氏也隨之提出和敬相關的誠，描述誠之作為天道的本源，以及道德實踐的準則，這個誠體的本質是眞實無妄的，是實在地存有，眞氏將「誠者，實也」的概念挪用在人君之上，眞氏言：

> 自人君言之，必有修德之實心，然後有修德之實事；有愛民之實心，然後有愛民之實事。未有無是心之實，而能有其事之實者也，以是推之，餘莫不然，是故君子實之為貴。〔註56〕

人在行道德實踐之時，因理義不能充滿於心，而使心有所虛欠或懷疑，那麼便是不實，由此而發用在行為上，必然也會造成不夠圓滿的結果；因此眞氏說必有實心才能導致實事，滿心而發，莫不為理。不過眞氏對於一般人無法如聖人般順理而行也有反省，因聖人能自盡其性，一般人需要另外的復性工夫，故說「其次致曲，即學之事〔註57〕」，也就是說自聖賢以下，都必須在博學、審問、慎思、明辨、篤行之

〔註55〕《眞文忠公文集》卷十三「召除戶書內引荀子一」。

〔註56〕《衍義》卷十二。

〔註57〕同注53。眞氏在此以「學」為「致曲」之事，與牟宗三先生自述其學問的歷程中，「從『直覺的解悟』轉入為『架構的思辨』，實為一『曲折』」的說法類似；牟宗三先生於三、四十年代關於邏輯學與知識論的研究，相對其所強調的生命的學問而言，實為一曲折的意義。除了「曲折」外，牟先生也有「曲通說」，牟先生說：「外王是由內聖通出去，這不錯。但通有直通與曲通。直通是以前的講法，曲通是我們現在關聯著科學與民主政治的講法。我們以為曲通始能盡外王之極致。如只是直通，則只成外王之退縮。如是，從內聖到外王，在曲通之下，其中有一種轉折上的突變，而不是直接推理。這即表示：從理性之運用表現直接推不出架構表現來。」（《政道與治道》頁56。臺北：學生書局，1996年5月。）「曲」表現為「曲折」或「曲通」，

事上用功。

五、異端之辨

　　眞氏對於異端的定義爲「非聖人之道，而別爲一端也〔註58〕」，只要離開或違背堯、舜、禹、湯、文、武、周公、孔子之學者，便是異端。值得注意的是，眞氏以「理一分殊」的觀念看待異端之學，他說：

　　　　夫爲我之疑於義，何也？義者任理而無情，楊朱自一身之外，截然弗恤，故其迹似乎義；兼愛之疑於仁，何也？仁者尚恩而主愛，墨翟於親疏之間，無乎不愛，故其迹似乎仁。殊不知天下之理本一，而分則殊，故君子親親而仁民，仁民而愛物，心無不薄，而其施有序；心無不薄，則非爲我矣，其施有序，則非兼愛矣。楊朱專於爲我，則昧乎理之一，墨翟一於兼愛，則昧乎分之殊。……天下之治亂，其源實出於人心邪說，一溺於心，則發於心而害於事，發於事而害於政，蓋必然之勢也。事者，政之目，政者，事之綱。

眞氏認爲楊朱貴己或利己主義，看似在追求個體的絕對價値與意義，是誤解了「理一」的含義；而墨翟的利他主義，卻又是模糊了人與人之間親疏的差異性，是無視於「分殊」，如果人君不能細察明辨此中的分別處，那麼就會誤認楊朱的主張近乎「義」，而墨翟的主張近乎「仁」，以這種錯誤的價値觀行事，必有害於政事。對於老子，眞氏是這樣批評的：

　　　　清靜慈儉，老氏之所長，而文帝用之，倣其效如此，然富之而未及教也。

漢文帝時以黃老之術治國，重在讓人民得到休養生息，但是當國家社會從衰弱中復原後，便需要更積極的行爲，使國家社會以及人民得以重新走上正軌，這時需要的就是教化的工作。因此眞氏並不否認老莊的思想對於讓人民得以清靜無事的功效，不過站在儒家積極入世的立場上來看，似乎又欠缺了剛健之氣；同時眞氏也批評道家神仙及讖緯之說，以爲這是傷害人君之心的言論，並舉秦皇漢武爲例，強調他們都是在追求長生不死之藥，而忽略王道的精神，那些以世上有仙人有不死藥的人皆爲姦僞之人，是以其言妖惑其君而已；而關於讖緯之說，認爲是害道之文，故曰：「六經者，先王之格言；而讖緯者，末世之邪說。」至於歷史上諸多君王，因信奉佛教而造成影響國運的問題，眞氏云：

　　　　捨天道而談佛果，是謂災祥不在天而在佛也；爲治之道不在脩德而在

　　在牟宗三先生那裏實在具有十分豐富的意義。

〔註58〕《衍義》卷十三。

奉佛也，代宗惟其不學，故載等得以惑之。

真氏分析唐代中葉以後國力漸弱的原因，在於「克己勵善者少，恣情悖理者多也」之故，豈能以佛教之所謂因果報應之說以解釋，而國家日益衰落的最重要因素，乃由於代宗之「不學」，和因「不學」而造成的「不辨」，因此近臣才得以用佛事以惑君之心。

六、王霸之辨

朱子與陳亮關於王道霸道之辨，而王道霸道之辨乃是義利之辨的延長，義即是道德價值，利即是功利現實。朱子認為三代是理想政治型態的典範，而漢唐以下的帝王雖有盛世興治，但其動機並不純然為一道德理性之要求，因此強調「三代專以天理行，漢唐專以人欲行」；但永康學派的陳亮以及永嘉學派的陳傅良、葉適等，卻因為看到南宋積弱不振的國力而欲找到解決的方案，遂將原因歸咎於理學家的道德性命之學，責其無補於國力。朱子為了集中論點，遂將陳亮的政治思想總結為「王霸雙行，義利並用」，但陳亮的論點有一個基本的看法：道德的動機可以以非道德的功利手段來實現，功利的做法可以具有非功利的道德效果；反過來說，道德的手段也可以包藏非道德的功利目的，功利的效果也可以是出自非功利的道德做法。〔註59〕朱子期待建立的，是一個以道德價值觀念作領導，而湧現出之盡心盡性盡倫之「綜和的盡理精神」的政治文化結構〔註60〕；而陳亮則是希望從古今王霸遺事中找到合理的秩序，以找到某種能夠在現實中實現的真理。朱子希望陳亮能重視道德修養與自我約束，因為朱子認為陳亮之所以會有夾纏的歷史偏見，是由於心中對於正邪善惡之義利觀念把持不清所致。對於這個問題，真氏既不採取朱子以哲學論述的模式、也不採取陳亮歷史經驗的呈現方式，真氏云：

> 蓋王霸之辨，曰：德與力而已。力者國富兵彊之謂，初無心於為仁，而借其名以集事也；德者躬行心得之，謂其仁素具於中，而推之以及物也。霸者以力，故必大國乃能為之；王者以德不以力，何待於大乎？以力服人者，有意於服人而人不敢不服；以德服人者，無意於服人而人不能不服。此天理人欲之分，而王霸之所以異也。夫孔子以匹夫不得位，而七十子終身從之，是孰使之然哉？所謂心悅而誠服也。王者之服人，亦猶是也。〔註61〕

真氏和朱子一樣，認為王霸與否並不純然為政治操作的問題，事實上就算是涉及政

〔註59〕見束景南《朱子大傳》（下）頁600。北京：商務印書館。2003年4月。

〔註60〕見牟宗三《歷史哲學》頁185。臺北：學生書局，1988年8月。

〔註61〕《衍義》卷14。

治操作問題也應該有道德主體在其中呈現，才算得上是德治；因此眞氏說崇信王道者，必然有仁心素具於中，即是此意。而孔子弟子對於老師心悅誠服的態度，也說明了唯有稟持這種道德的價值信念，個體對個體、國家對國家、文化對文化，或者個體對國家、個體對文化間，才會產生良性與善意的誘導與啓發，而彼此間的關係才能發展得穩定而長久。

七、君子小人／忠臣佞臣之辨

君子一般被視爲貴族、或指曾受禮樂薰習教化的人；小人則是指平民、或未受人文禮樂開發的人而言。一旦君子小人進入政治領域中，就會出現忠臣與佞臣；對人君來說，如何辨別忠臣佞臣或許比辨識君子小人來得急迫，但是這兩者卻有密切的關係。關於如何知人，眞氏說：

> 聖人雖智周萬物，而不自用其智也。〔……〕雖然，人主欲以堯爲法，將何所用力哉？曰：明其德而已。蓋堯之知人不可學而能，堯之明德，可以學而至。格物致知，於天下之理無所疑；勝私窒欲，於天下之物無所蔽。此所以明其德也，明其德者，知人之本也，有天下者可不勉諸？〔註62〕

唐君毅先生曾在論述人的心靈如何能有智慧之表現時，選擇一種反面的驗證法，即吾人雖不能正面論述智慧之所由生的理據，但是卻可以從阻礙智慧發展的面向，去論證智慧的本質意義，因此唐先生歸納數種原因足以妨礙智慧的產生〔註63〕；同理可知，眞氏在此似乎也選擇這種方式，因爲吾人並不能確切得知堯究竟基於什麼理由將帝位傳給舜，但卻知道堯在選擇舜之後運用了許多方法測試舜是否眞的具有作君王的本質。準此，眞氏說堯之知人，是屬於「不可學而能」的範圍，但是堯之所以具有此「不可學而能」的判斷力（或智慧），是因爲明德的緣故，而明德的唯一方式，即是格物致知。以前所述唐先生論述智慧所由生的邏輯方法，眞氏也不能保證每個君主都有幸可以遇到如舜般之人，這或許是機運的問題；既然不是堯，於是吾人便得尋求一種較爲安全的方式，也就是以格物致知的方式，讓自己的心處在某種

〔註62〕《衍義》卷15。

〔註63〕唐先生說：「人之心靈之所以能有智慧之表現，莫有任何積極的正面的另外的原因或理由可說，而只能有消極的反面的原因或理由可說。我們不能說：有任何其他什麼事物，能決定此人之心靈必有其智慧之表現；我們只能說，原能有智慧表現的人之心靈中，無其他事物來決定之、障礙之，所以人即有其智慧之表現。因此『心靈中無任何其他事物』之本身，即可說爲智慧之表現之所以有之條件原因或理由，亦可說爲智慧之原所在。」見唐君毅《智慧與道德》頁49～50。臺北：學生書局。1985年9月。

清明的狀況，以隨時作為判斷人才或知人的準備。因此真氏說「知人者，智之事也。」「智」可以分成兩個部分來說：其一是指「智慧」，意指某種直覺或與生俱來的感知能力；另一種則指「理智」，意指運用各種已成知識或經驗加以分析、歸納而加以判斷；真氏認為知人一事，實應包含這兩種意義的「智」，在某些狀況下吾人可暫時放下理智的分析判斷，而以直覺的能力感知對象是否為可用之人，即「聖人雖智，周萬物而不自用其智」的意義；但大多數的時候，吾人是需要理性的判斷力，幫助判別對象是忠或佞、是賢或否。

直覺式的感知能力近乎智慧，那是一種綜合已成知識和經驗，而能夠在當下做出正確判斷的能力，這種能力並沒有一定達致的保證；但是運用格物致知的窮理工夫，使心的狀態漸趨於明朗，便能夠接近智慧的境地。因此不論是孔子所說的「視其所以，觀其所由，察其所安」、「視其眸子，察其顏色」、「觀過知仁」、「聽其言，觀其行」的方式，基本上都是一種基於經驗法則的識人法，這些方法之所以有效，其根本的原因就在於以純粹明朗之心遍照世界，因此真氏說道：

> 視也、觀也、察也，出於我者也，苟我之心未能至公而無私，至明而不惑，其於人之情偽，焉能有見乎？以人君言之，一身而照臨百官，正邪忠佞雜然吾前，豈易辨哉？必也清其天君，如鑑之明，如水之止，以為臨下燭物之本，然後於人之所由所安，庶乎其得之矣。〔註64〕

真氏在此將心比喻為「天君」，近於荀子所說「心者，形之君也」（《荀子‧解蔽》），而又強調知人善任的必要條件乃是使心處在清明的狀態，能夠如鏡照物，使正邪忠佞現於其前，也和荀子主心能夠知道的原因，在於保持「虛壹而靜」的清明狀態，荀子也說：

> 故人心譬如槃水，正錯而勿動，則湛濁動乎下，清明亂於上，則不可以得大形之正也。心亦如是矣，故導之以理，養之以清，物莫之傾，則足以定是非決嫌疑矣。〔註65〕

人才的品評拔擢有一套規範，如孝廉察舉等等，但是這些規範是由行政幕僚所制定，然而除了標準的人才晉用系統外，也有許多經由外戚、宦官或近臣等利益管道躋身統治階層，以這些管道接近權力核心的人，往往擁有比行政或技術官僚更具有影響力，例如北宋時的蔡京、童貫，南宋時期的秦檜、韓侂胄、史彌遠、賈似道等權臣，皆是此類〔註66〕；因此真氏有感於這些人並不受到法制的管理和約束，因此只能期

〔註64〕 同注59。
〔註65〕 《荀子‧解蔽》。
〔註66〕 真氏在檢討為何蔡京、秦檜、韓侂胄等人為何能成為權臣的原因時，提出「姦臣顯

待人君能夠具備識人之能，方可使國家不致陷入災難的局面，是以例舉聖賢識人之法以爲人君參考學習，只是這些識人之法並無客觀可學習把握的要領，而只能重新回到道德性描述的方法上去，眞氏云：

> 文帝不以拂己爲忤，景帝專以適己爲悅故也；故人君欲眞知臣下之賢否，其必自去私意始。
>
> 故人君必先正其心，不爲諂惑，不爲利動，然後可以辨羣臣之邪正矣。
>
> 公生明，偏生闇，使德宗持心之平，……則於諸臣之邪正，必不至易位矣。〔註67〕

眞氏舉漢文帝與景帝的氣度與容人程度不同，因此周亞夫在此二朝的際遇也大不相同；漢昭帝因能正其心，遂能以至公之心辨別是非姦邪，使霍光不致因讒言致禍；因此眞氏認爲人君因位極至尊，所以不能有偏曲，唯有讓自己處在公平的狀態下才能夠做出正確的判斷。

　　眞氏認爲理宗可以藉由歷史經驗教訓中，獲得識人的方法，意即透過向歷史學習以借鏡；同時也藉由這格物致知之學，以達到正心的目的，作爲識別人才的方式；因此眞氏甚至也強調，人臣是否勸學，或者鼓勵人君力行格物致知的道德修養，也是判別忠與佞的方式，惟有忠臣才會勸學〔註68〕，佞臣只會賊君之心，而不以正君心爲要務；也就是說忠臣會以道德勸諫人君，而人君也應該以同樣的道德標準要求人臣：

> 惟明主之觀人也，不以文華而以德行，不以虛譽而以功實，不以承迎己意爲善，而以規弼己過爲忠。
>
> 夫人君欲觀其臣之邪正，大略有二道焉：謀議徇國不徇君，此正人也；反是則邪矣；處身徇義不徇利，此正人也，反是則邪矣。〔註69〕

眞氏認爲人君與人臣間，如果能保有健康而合理的道德性溝通，而務以正當正義的方式相互勉勵要求，則上下以義相合，不以利合，才能退佞進忠，達到識人、知人、用人的目的。因此眞氏強調不以文華求臣，不以承己爲善；徇國不徇君，徇義不徇利等標準，都是識人的方法〔註70〕。這也是眞氏以道德爲優位，甚至建立道德國家

　　國，必求士大夫柔懦緘默易制者，爲己之貳」也就是說除了人君不能識人的因素外，權臣專國的原因恐怕也來自士大夫集團中，那些不善於把持自己、而爲姦臣所利用所造成。《衍義》卷二十。

〔註67〕《衍義》卷16。

〔註68〕眞氏言：「忠臣之心，惟欲其君之務學；姦臣之心，惟恐其君之好學。」《衍義》卷18。

〔註69〕同註64。

〔註70〕眞氏在另一處也強調「忠臣從義不從君，從道不從父，使君不陷於不義，使父不陷於非道。」《衍義》卷24。

的基本前提。真氏以格物致知為立論根據，以道德修養之說教育人君，以為「人主修德講學，則天下安，昆蟲草木亦皆得所〔註71〕」，而人君修德講學的方法，真氏強調「必近儒生，必親經史」，這自然有其時代與環境的背景因素使然，蓋其時偽學之禁方弛，理宗也復召前遭罷黜之儒生並起用之，真氏作為當時士林領袖，必然肩負起道學家重新承擔時務之責，故其說必近儒生，是要突顯儒生期待經世致用的大志，而必親經史，則是要一掃當時心學派與浙東事功學派過於強調本心或現實精神，而忽視經典的價值。

八、審治體

真氏在論「治體」——即政治運作的本質、或何謂良好的施政方針時，首先強調「德先刑後」、「任德不任刑」，並以《尚書》中舜典的法制狀況為典範，認為「用刑」一事，也是百聖相傳之心法，後世人君，應該要從德先刑後的原則下，體會形罰背後的仁德之心。用刑非得已，而其乃是教化之輔，其目的在「刑本期至於無刑」。真氏並以大自然的運行的法則是「春生秋殺」，故施刑亦當順循自然之精神，不應以一人（人君）之私意好惡而逆之，真氏舉隋文帝因暴怒下乘怒而在六月殺人，真氏以為「暴怒之私，不知昧於天道〔註72〕」，是以國祚日以衰敗。天之德以好生，故人君更應以此為本，以啟發民智，開民之聰明以復其本性，而不以嚴刑峻罰以為尚，即所謂「徒法不足以自行」，良有以也。

真氏認為一個完美的治體，其存在的目的在於人文化成，能夠導引國家內的人民往良善的方向趨近，而非用強制性的力量壓抑人性，關於這點，真氏云：

> 夫桀紂不能去民之義心者，以其秉彝之善，雖暴君不能奪也；若曰堯舜不能去民之利心，則所謂黎民於變者，果何事耶？聖人之化，所以與天地同流者，正以使民遷善遠罪而不知也。若民有利心而不能去，則非所謂遷善而不知矣。夫利者，人心之蟊賊，不可有也；聖賢之教學者，必使盡去此而後可與為善，其化民必使盡革此心，而後可與為治。〔註73〕

公共制度之所以存在的目的，究竟是順從人性地在滿足大多數人的利益，還是能矯正其私意慾念，使其近於合情合理呢？真氏在此辨義心與利心，也就是道德與功利之別；朱子以來一向視道德與功利為兩個不同的範疇，從道德主義的論點出發，社會上以道德為優位及價值判斷標準，則人的行為動機與目的都被視為具有道德意

〔註71〕《衍義》卷21。
〔註72〕《衍義》卷25。
〔註73〕《衍義》卷26。

涵，同時在性善的前提下，人能夠自主自由地做出道德選擇，實踐其道德本性；但在功利主義的論點下，將人的生活目的界定在滿足慾望的要求，以及實現利益的極大化，這其中便不必然具有道德的意義與價值。眞氏以個人的道德修養論述置於政治的目的上，道德主體才是人存在的意義，因此國家的意義與目的，也在實現此一價值。這仍然是義利之辨的框架下的論述方式，眞氏以此立場批評荀子，自然有其合理性〔註74〕；不過荀子的論點，是否也是強調將人追求利益的行爲視爲某種義的表現、或者將義（或善）的道德概念也同樣視爲某種利益呢？

　　眞氏在關心的是在政治制度與文化傳統背後的道德主體是否能夠挺立的問題，關於此，牟先生曾說：

　　　　蓋此對反之成實根于調護生命，而調護生命即是不安于墮落（物化）之「不容已之眞幾」之透露。此「不容已之眞幾」即是一切理想與價值之根源。墮落物化，即是固生。不安之不容已即是眞生。尊生，則不得不肯任何個體。要尊生，不能不盡性盡倫。精神在這裡表現，價值在這裡表現。聖賢，豪傑，志士，在此成己成物。其成己成物，或忘我犧牲，或順適通達。此精神表現之本質，一般地說，是道德的，其主體自由是「道德的主體自由」。依此，使人成爲一「道德的存在」。〔註75〕

牟先生認爲，人如能夠經由反省的自覺，而與文化傳統背後的道德實體有超越的結合或感通後，便能表現出「主體的自由」，而與存在於生命中的物質部分成一「對反」，此對反成立，絕對精神與主體精神於是成立。由此觀眞氏之不願承認制度的存在目的是順利而行，而務以使民遷善忘利爲要，也就是希望法律制度的設立，無非是根於調護生命、尊生與盡倫盡制的基本動機而已；也就是說法律制度，其實也就是以維持道德倫常之教化作用爲其主要目的。〔註76〕

九、誠意正心之要──崇敬畏

　　眞氏在誠意正心之綱要下，首以「崇敬畏」爲目，並先論事天之敬。眞氏認爲人君當效法天道生生不息的精神，眞氏曰：

　　　　堯、舜、禹、湯、文、武，皆天縱之聖，而詩書之叙其德，必以敬爲首稱。蓋敬者，一心之主宰，萬善之本源；學者之所以學，聖人之所以聖，

〔註74〕《荀子‧大略》：「義與利者，人之所兩有也。雖堯舜之不能去民之利欲利，然而能使其欲利不克其好義也。雖桀紂亦不能去民之好義，然而能使其好義不勝其欲利也。故義勝利者爲治世，利克義者爲亂世。上重義則義克利，上重利則利克義。」
〔註75〕牟宗三《歷史哲學》頁76。臺北：學生書局，1988年8月。
〔註76〕同註72。

未有外乎此者。聖人之敬，純亦不已，即天也；君子之敬，自強不息，由

人而天也。〔註77〕

真氏賦予「敬」以神聖的合法性與合理性，並以歷史的經驗法則證明「敬」之為「堯舜以來，世相傳授」的有效性。敬的根源為天，故人當事天以敬，真氏甚至認為「君臣之間，講論政治，無一事不本於天，無一事不主於敬」、「帝王所當尊者莫如天，所當從事者莫如敬」，其重要性不言而喻。古之君王受命於天，唯一能夠約束君王的理由，也只有天命，君王能夠崇畏天命，盡敬畏之誠，便可達到規範君王的目的。為了達到這個目的，真氏要人君以災異為戒，遇天降災異之象，則必以敬心待之；事天以敬外，也要臨民以敬、畏民如畏天；最後推至己身，以慎獨、戒慎恐懼為敬之工夫。

「敬」的對象除了天、民與道德本心之外，真氏還論及敬「古」。如舉湯之盤銘可引以為修身之戒；以兵器為戒，警惕戰爭之可畏；以老臣史官為戒，可正人君之心；以古器物為戒，可以知禮樂之義；以經史為戒，以收歷朝興衰治亂之理。真氏甚至鼓勵理宗將歷代經典名言、聖賢教訓書於堂廡、設於屏障，深玩意味之，以收到潛移默化、理精義熟的效用。

真氏以人君為天下效法對象與價值之主體，強調人君可以樹立法典規模，故立身行事更應謹慎，戒沈湎欲樂或耽溺酒色，一旦知逸樂酒色之可惡，更要推惡酒戒色之心，以御群物〔註78〕。

真氏希望他心目中理想的國君是個「寡欲」、「少欲」甚至「無欲」之人，他以周敦頤「無欲為聖學之法」為證，強調「有志於學聖人者，必由寡欲充之，以至於無欲而後可」，並舉漢武帝就是個因多欲而導致失敗的例子。真氏說「忠臣之心，惟恐其君之有欲〔註79〕」，又說道：

夫物欲之樂有限，而理義之悅無窮；從禽雖可喜，然車馳馬驟，顛跌頓撼，四體俱疲，觸風日、犯霧露，凜乎有性命之憂，孰若從容帷幄，儒紳環侍，講論道義，涵泳經術，日與聖賢為徒，足以開廣聰明，安固氣體，其為可樂，詎有極邪！……既可為人君進德之助，又可以為養生之法。〔註80〕

此段話儼然就是一位老邁的天子師傅的教誨，也似乎犯了孟子「理義之悅我心，猶芻豢之悅我口」（《孟子・告子上》）的不類之譬的謬誤，以講論道義、涵泳經術所得

〔註77〕《衍義》卷28。

〔註78〕真氏對於女色深惡痛絕，屢以「禍水」、「尤物」等詞名之。

〔註79〕《衍義》卷34。

〔註80〕同註72。

到的理義之悅，與逐禽馳車的感官之快相提並論，真氏甚至認為這絕對不只是一種道德勸說而已，而且有益人君身心健康。在論及沈湎以至於奢侈之行為時，採取一種更高的道德標準：

> 先儒有言，欲者不必沈溺，意有所向，即為欲矣。蓋意之所向，不知自反，即沈溺之漸也。〔註81〕

言物欲者，不必等到沈溺於物中才算是物欲，只要意念發動時有欲之意向，即為物欲；當有物質傾向的欲念起，但不自覺反省以思超克，就是向下沈淪的開始。所謂防微杜漸，等到馳騁田獵令人心狂時再去對治，恐有往而不返之慮。

十、修身之要──謹言行

人君一言可以興，一言可以喪，動見觀瞻，故不可不謹慎為之，故「話語之謹，威儀之敬，皆人主修身之至要」。真氏以「驪姬深宮之泣，書之《國語》；飛燕憤恚之辭，筆之班書；明皇妃子，比翼連理之誓，見之詩歌，皆深宮無人，私語密約，無不暴白於天下」，也就是強調就算再私密的語言表達，都有被公開呈現的可能，以提醒人君言語之傳遞繁衍的性質。不過真氏認為言語的力量雖大，但卻不如行：

> 言可以導人之善，而不能禁人之不善；禁人之不善，其必以行乎！蓋天下之理，有諸己而後可以責諸人，無諸己而後可以非諸人。己無不善之行，雖不禁人，人自從之；己有不善之行，雖欲禁人，人必違之。故空言不可以禁人，惟實行乃足以禁人也。〔註82〕

真氏以漢武帝雄辯之能實為難得，然其因「言浮於行」而終不能施仁義之大道，徒雄辯逞能畢竟無法治國；語言的約束力有限，但是人君若能言副於行，言行一致的話，其效力必然遠大。

十一、齊家之要──重妃匹、嚴內治、定國本、教戚屬

真氏數歷朝各代以來，因人君立后選妃之事未能詳察，而造成國家敗亡之例，故極陳選立之道，真氏定出立后選妃的四大標準，分別是「族姓」、「女德」、「隆禮」、「博議」。「族姓」者，謂古之帝王所與之結為婚親者，必大國聖王之後，不以微賤上敵至尊（務必門當戶對），才能福祚盛大；「女德」者，以三代之興，必有賢妃，其亡也，皆有嬖女之故；「隆禮」者，指天子之婚禮必以隆重盛大為要；

〔註81〕同註72。
〔註82〕《衍義》卷35。

「博議」者，指天子之婚事必參酌執政近臣之意見，以期有所裨益〔註 83〕。真氏認為人君如不先慎於選立之事，必然會有廢奪之失、或宮闈預政的可能。

　　真氏同時也看到國家之本在教育，而人君的教育又更為重要；帝王教育的根本在於恭敬，真氏曰：

　　　　三王之教世子，必以禮樂者，禮所以起人之敬心，敬心生則慢心窒矣；樂所以感人之和心，和心生則戾心消矣。〔……〕故其成也，但見其悅懌而已，恭敬溫文而已。〔……〕禮樂者，教之之具，而師傅者，教之之人。

　　　　〔註 84〕

真氏認為禮樂者乃太子教育的內容，其目的在養成太子恭敬寬和的態度；更重要的是「師保之教」〔註 85〕，師保之教的內容，重在「為人子、為人臣與事天之道而已」，太子為少主，為未來的人君，故其學的內容先教以服從的意義，能為人子後能為人父、為天下人之父；能為人臣後能知如何為天下人之君。因此太子的教育不在傳授治國的實際方法或權謀之術，而務必在開闊其胸襟，故真氏說「然則世之任輔導之責者，不開之以理義，而誘之以術數，未有不誤事而基禍者也。〔註 86〕」至於因外家姻族敗壞朝政者，真氏則垂事以立教，盡陳歷朝之敗事以明其可畏。

第三節　本章結語

　　《衍義》一書的創作目的，在以理學家之義理之學教育理宗，因此也可以從中發現，真氏意識到這樣的教育或溝通之所以能夠成立，其基礎在於帝王能夠虛心接納學習，真氏說：

　　　　蓋治亂之源，在人主之一心，能守法度不縱逸樂，則其心正矣。然後於人之賢否，知所用舍謀之是非，知所決擇。〔……〕。始於君心，終於君心。〔註 87〕

　　　　一國之事，繫於一人之本也。〔註 88〕

真氏「始於君心，終於君心」之言可謂道出《衍義》之最內在的動機與根本侷限，

〔註 83〕《衍義》卷 36。
〔註 84〕《衍義》卷 41。
〔註 85〕師保，指師氏與保氏，職責在教育君王之子，如《禮記‧文王世子》：「入則有保，出則有師，是以教喻而德成也。」
〔註 86〕同注 72。
〔註 87〕《衍義》卷 31。
〔註 88〕《衍義》卷 33。

也突顯出中國傳統政治的根本結構困境,人君作為最高立法者與權力統治者,人臣與人民除了以心望治,期待得君行道外,並無更有效的方式約束人君,因此這種君臣或君民的關係顯得不穩定同時沒有保證〔註89〕。真氏透過對理宗的教導建議,成就「德化的治道」,也就是「從德性的覺醒恢復人的真實心,人的真性情,真生命」〔註90〕,但是這種對人君的高道德標準也的確造成統治者的負擔過重,反而造成人君的反感進而產生疏遠,這其實也說明傳統儒家德化的治道實有所不足。

綜觀《衍義》一書,從格物致知到齊家,而未及於治國平天下,其中的原因,除了是格致誠正修齊實已蘊涵治國平天下於其中的原因外,本文認為真氏已經將其心目中理想的治道,具體而微地放在其《政經》當中;《衍義》專為理宗而發,所關心致力地也就是如何塑造理想的「聖王」,聖王既有,治國平天下等事何慮之有?不過真氏並不是對治國平天下之事毫無留意的儒生,他也知道南宋當時民困兵乏,財耗於浮,邊境侵擾不斷,何可謂國治天下平?但檢討其原因,真氏並不從政體結構、官僚或行政體系上面去思索,卻還是選擇理學家最熟悉的方式解釋國家不穩定的原因,真氏云:

> 夫脩己有安人之效,明德有新民之功,今君德庶幾乎古,而治效則未及,其故何邪?考之在昔,漢武帝欲聞大道之要,……唐太宗謂諂諛嗜慾之交攻,……文帝履節儉先樸素,……顯宗抑後宮敕外戚,……四君,漢唐之盛者也,由其德有未粹,故效亦似之。〔註91〕

即使是漢唐盛世的帝王,真氏也認為他們之所以最後都走向敗亡的地步,原因就在於「德有未粹,故效亦似之」;站在理學家道德判斷的立場,歷史發展中的失敗、墮落與歧出,全都是因為未能把握或堅持道德意識所致,除了人君在道德修養的懈怠外,未能以至公之心取代私意以處理政事,也是造成失敗的原因。

真氏在《衍義》中以理繫事的方法,表現了一種後設歷史的詮釋角度,甚至是歷史決定論的味道,也就是說,真氏本於他的視域,以格物致知誠意正心之學看待歷史的治亂興衰,遂認為聖王明君之成功,都是因行仁義之道,反之則是不行仁義、不事修身所致。雖然失之片面武斷,但是真德秀在《衍義》中謹守這個詮釋進路,絲毫沒有逾越歧出,因此至少呈現出真氏對《大學》之學的基本信仰,是實於中而形於外,無一毫懷疑的態度。

〔註89〕 牟宗三先生也曾說,儒家德化的治道依賴仁者的德性來支持,但「仁者」卻是可遇而不可求的。見牟宗三《政道與治道》頁134。

〔註90〕 同注72,頁27。

〔註91〕 《真文忠公文集》卷32「問大學君德治效」。

第三章　慶元黨禁之哲學性考察

　　要了解兩宋時的儒學發展命運，就不得不從北宋及南宋的二次黨爭談起，是以全祖望說：

> 元祐之學，二蔡二惇（按：「二蔡」指蔡確、蔡京；「二惇」指章惇、安惇）禁之，中興而豐國趙公弛之，和議起，秦檜又禁之，紹興之末又弛之。鄭丙陳賈忌晦翁，又啓之，而一變爲慶元之錮籍矣。此兩宋治亂存亡之所關。（《宋元學案》〔註1〕卷九十六，元祐黨案）

理學一禁於蔡京，再禁於秦檜，三禁於韓侂胄。比起北宋時的元祐黨禁，南宋時的慶元黨禁不論在規模上與牽連的範圍上都遠不及之〔註2〕，同時北宋黨禁在本質上比較接近儒家所謂「君子」、「小人」正邪對立，如以司馬光爲中心的舊黨與以王安石爲中心的變法新黨〔註3〕、以及儒生對抗以蔡京或秦檜爲核心的權臣集團，基本

〔註1〕黃宗羲撰《宋元學案》（下），臺北：河洛圖書出版社，1975年3月臺景印初版。

〔註2〕據《宋元學案》所載，北宋元祐黨禁中，涉及之人曾任宰相者七人，曾任執政者十六人，曾任待制以上者三十五人，餘官三十九人，侍從官二人，共九十九人；南宋慶元黨禁中，曾任宰執者四人，曾在待制以上者十三人，餘官三十一人，武臣三人，士人八人，共五十九人。見《宋元學案》卷九十六「元祐黨案」及卷九十七「慶元黨案」。

〔註3〕王安石變法時所堅持的改革決心——即「三不足」：「天變不足畏，祖宗不足法，流俗之言不足恤」，已經徹底向以舊黨勢力爲核心的儒學保守集團宣戰，因此也可以從後來許多不同文本中發現，王安石已經的形象已經被定型爲「執拗」（如〔明〕馮夢龍《警世通言》中的「王安石三難蘇學士」、「拗相公飲恨半山堂」）、甚至蘇洵所作《辨姦論》中所指的「衣臣虜之衣，食犬彘之食，囚首喪面，而談詩書」、「不近人情」也被視爲針對王安石而發。不過關於《辨姦論》是否爲蘇洵所作，已有學者爲其翻案，認爲《辨姦論》實爲北宋末年邵伯溫冒蘇洵之名專以詆毀王安石爲目的而撰寫。詳見鄧廣銘〈辨姦論眞僞問題的重提與再判〉，收入氏著《北宋政治改革家王安石》，河北教育出版社。2002年2月二刷。

上不論是王安石也好，蔡京章惇呂惠卿或秦檜也罷，都是被劃為與儒家基本信念與價值觀相殊的一群人，因此北宋時期的元祐黨爭可以說是一樁政治事件，因為它所輻射出來的問題大多是與當時北宋變法相關的議題，但因為宋朝給予儒生（包含理學家）參與政治的權力過大，儒生動輒得咎，才間接造成得儒生在參與政治的命運上遭到空前的挫敗。

然而南宋時的慶元黨禁（1197～1202），雖然看起來仍像是繼承北宋的元祐黨爭一樣，甚至元祐黨禁已經成為有宋一代知識分子的永恒鄉愁，到了南宋仍然擺脫不掉巨大的影響，不過很顯然的是，北宋時失去勢力的舊黨和理學家們儘管已經開始使用「姦」（或「奸」）指責勢力集團分子〔註 4〕，不過到了南宋時這種原本近似於意氣之爭〔註 5〕的攻擊字似乎已經形成一套獨立的論述（discourse），一個準確的批判字眼——「偽學」。「偽學」的概念幾乎是入室操戈地直接挑戰儒學的核心精神，也是反理學集團成功地操作儒學內部的道德性論述成為一種政治性語言的展現，而慶元黨禁也從一樁「政治事件」〔註 6〕變成學術迫害事件；然而經過道學家的苦苦掙扎和奮鬥，其學說卻最終攀升為國家正統思想，佔據了廟堂高位。〔註 7〕

第一節　「偽學」的定義

以「偽」一詞的概念批評道學家，最早是由陳賈於淳熙十年六月提出「論道學欺世盜名，乞擯斥」（《宋元學案·慶元黨案》），另李心傳所編《道命錄》中亦有如此記載：

> 監察御史陳賈奏：臣竊謂天下之士，學於聖人之道，未始不同，既同矣，而謂己之學獨異於人，是必假其名以濟其偽者也。邪正之辨，誠與偽而已。表裏相副，是之謂誠；言行相違，是之謂偽。聖人於此，所以謹其

〔註 4〕 如錢穆先生即曰：「宋儒的自覺運動，自始即帶有一種近宗教性的嚴肅的道德觀念，因此每每以學術思想態度上的不同，而排斥異己者為姦邪。」見錢穆《國史大綱》下冊，頁 600。臺北：臺灣商務印書館，1994 年 1 月二版第一刷。

〔註 5〕 見王建秋：《宋代太學與太學生》頁 388。臺北：商務印書館。1965 年 4 月。

〔註 6〕 劉子健對於許多歷史敘述將慶元黨爭歸結為「黨爭」感到疑惑：「這些多數在政治上並不活躍的知識分子怎麼會招致這場浩劫的呢？同時『黨』是一個有意識地投入權力鬥爭的政治群體，然而研究表明，攻擊者除了對道學追隨者共同的反感外，根本就缺乏團結，而被攻擊的一方也沒有採取任何協同一致的政治動作。」見劉子健《中國轉向內在——兩宋之際的文化內向》，頁 132。南京：江蘇人民出版社。2001 年 12 月。

〔註 7〕 同注 5，頁 121。

疑似，而示以好惡者，不得不然，是故居之似忠信，行之似廉潔，孔子之惡鄉原者，惡其僞也。行辟而堅，言僞而辯，孔子之誅少正卯者，誅其僞也。以夫人之飾僞若此，不有以抑之，則將欺世盜名，無所不至矣。臣伏見近世搢紳士夫，有所謂道學者，大率類此，其說以謹獨爲能，以踐履爲高，以正心誠意克己復禮爲事，若此之類，皆學者所當然，而其徒乃謂己獨能之。〔……〕是以己之所甚欲者爵位也。道先王之語，而行如市人；竊處士之名，而規取顯位，輕視典憲，旁若無人；故上焉者得以遂其姦，次焉者得以護其短，下焉者得以掩其不能，相與造作語言，互爲標榜，有善雖小，必交口稱譽，以爲他人所難辨；有過雖大，必曲爲辭說，以爲其中實不然。(《道命錄・卷五》)

由這段文字可以發現，如果說北宋權臣及新法勢力集團對舊黨的攻擊還可以算是意氣之爭的話，那麼到了南宋時，反理學集團似乎更意識到應當在理論的完整性與系統性上加強，並進而形成一套論述，這裏面牽涉到的問題已經從北宋那種關於政治動機、利益分配或隨之而來的人格攻訐，轉變成對於整個儒學價值的質疑；我們當然無法遽爾判斷陳賈的說法是否爲眞，但是這樣的論述顯然已經成爲南宋時對於儒學最大的打擊。陳賈提出關於對當時儒生（嚴格說來是「道學家」）的質疑，並提出「僞」〔註8〕的核心概念，基本上就是認爲道學家是一群名實不符，言行不一，表裏不副的人。陳賈認爲當時整個士林對於學聖人之道之心是沒有不一致的，但爲什麼就有一個特殊的團體單獨霸佔聖人之道，使其它同樣在學於聖人的士人感到疑惑。顯然陳賈對於道學家在政治和學術上全面享有詮釋和理解的優先權感到備受威脅，因此引用孔子誅少正卯的例子〔註9〕及《論語》中孔子所說「鄉原，德之賊也」的理論作爲基本立場，指責這群道學家實際上就是如少正卯之鄉愿之人。除此之外，陳賈更清楚地指陳道學家們的學術重心與成就——即「誠意正心」、「謹獨」、「克己復禮」等來質疑道學家們，認爲道學家們根本與他們所標榜的道德價值不相符合。而「僞學」之稱的正式提出，則要到慶元二年（1196）《劉德秀奏論丞相留正引僞學之徒以危社稷》：

右諫議大夫劉德秀奏：「……少保觀文殿大學士、醴泉觀使、衛國公留正，初無學術，又乏才猷……國家祖宗以來，垂三百年，聖慮深遠，宗

〔註8〕 「僞」隱含種種意味，比如導向錯誤、欺騙性、僞裝、假冒、僞造和扭曲等等。同註5，頁122。

〔註9〕 關於孔子誅少正卯的眞僞問題，參見徐復觀〈一個歷史故事的形成與演進——論孔子誅少卯〉，收入於氏著《儒家政治思想和民主自由人權》。臺北：學生書局。1988年9月增訂再版。

室不得參預機政,乃力薦汝愚,破壞成法。又欲固寵保位,見偽學之徒方
盛,已不能敵,反倚為助,縱臾鉤致,蟠據朝廷……此其大罪一也。……
賣其功名,流傳中外,動搖人心……其大罪二也。……」〔註10〕

沈繼祖亦曾在寧宗慶元二年（1196）批評朱子:

> 臣竊見秘閣修撰、提舉南京鴻慶宮朱熹,資本回邪,加以忮忍,剽竊
> 張載、程頤之緒餘,寓以喫菜事魔之妖術,簧鼓後進,張浮駕誕,私立品
> 題,收召四方無行義之徒以益其黨伍,相與褒衣博帶,食淡餐粗,或會徒
> 於廣信鵝湖之寺,或呈身於長沙敬簡之堂,潛形匿迹,如鬼如魅。士大夫
> 沽名嗜利,覬其為助者,又從而譽之薦之。……臣竊謂熹有罪六,而他惡
> 又不與焉。〔註11〕

在劉德秀奏論《丞相留正引偽學之徒以危社稷》〔註12〕,首以「偽學」之名指稱以
朱子為首的理學集團後,胡紘亦奏論偽學猖獗,圖謀不軌,視朱子之學如洪水猛
獸,到了沈繼祖,對於朱子的批評已經到了無以復加的地步;除了認為朱子不過是
「剽竊」北宋張載和程頤的學術成就外,更對朱子做出人身攻擊,把原來對於某種
「異教徒」的批評字眼「喫菜事魔」〔註13〕加諸在朱子的身上,足見朱子在反道學
當權派的眼中是多麼具有威脅性,甚至不惜將朱子及其門人「妖魔化」以期將之鏟
除。沈繼祖並以嘲諷方式模仿孟子言論批評朱子「臣竊謂熹有罪六,而他惡又不與
焉」(《孟子・盡心上》:君子有三樂,而王天下不與存焉)列舉朱子六大罪狀,分別
是「不孝其親」、「不敬於君」、「不忠於國」、「玩侮朝廷」、「罔顧朝廷大義」、及「有
害風教」等。另外,道學家經常透過某種特殊的服裝或禮儀來尋找屬於自己的身份
認同,以及崇尚「類宗教活動式、復古式的禮儀」藉以調節人的情感和端正道德行

〔註10〕 李心傳《道命錄》卷七上。
〔註11〕 沈繼祖《劾朱熹疏》。事見《續資治通鑑》卷一百五十四,宋紀一百五十四。
〔註12〕 李心傳《道命錄》卷七上。
〔註13〕 關於「喫菜事魔」一詞,最早出現在宣和三年閏五月七日的尚書省上言,原指宋代
被當作具有代表性的邪教而受到官府嚴厲彈壓的秘密宗教。一般皆將之視為與明代
的「摩尼教」(或「明教」)有極大的關連。從唐宋以來,政府便一直對摩尼教「夜
聚曉散」、「傳習妖教」的行為感到如芒刺在背,到了宋朝甚至立下特定的律條壓制。
不過原意用來揭發魔教的結果,也使得佛道二教的宗教活動也受到牽連,如宋代知
識分子模倣東晉慧遠的白蓮社、或被正統佛教視為異端的白雲宗、白蓮宗也被看作
喫菜事魔,在南宋時受到彈壓。所以胡紘攻擊朱子為喫菜事魔之徒,也足以證明喫
菜事魔一語也被使用為非難中傷對方時的譬喻。也就是說,南宋時期,喫菜事魔被
認為是含有擾亂社會的最邪惡者之意。見竺沙雅章〈關於喫菜事魔〉,收入於劉俊文
主編、許洋主等譯《日本學者研究中國史論著選譯》第七卷。北京:中華書局。1993
年9月第一版。

爲〔註14〕——然而這些在其他人看來似乎都有如鬼魅般的神秘性。

宋室南渡後，高宗欲調和北宋以來關於王安石之學與程頤之學〔註15〕，後秘書郎趙彥中上疏批評理學虛浮（1180），二年後（1182）因朱熹彈劾宰相王淮的姻親唐仲友，而使得包括吏部尚書鄭丙及監察御史陳賈交相攻擊朱熹之學。〔註16〕不過反對朱熹之人並不一定也反對「道學」，只是「反對二程及其信徒壟斷了學術的正統」。〔註17〕

第二節　「誠」「僞」之辨

關於二程是否壟斷了南宋的學術正統，劉光祖曾經試圖切開道學與二程的關係，欲爲二者解套：

> 臣觀本朝士大夫，學術最爲近古，足以愧漢唐追三代，其端本也，以居仁由義爲道，以正心誠意爲學，其交際也，以共學爲朋而實非朋；以同道爲黨而實非黨，窮達知其有命，進退知其有義，是以進之不見其泰，退之不見其戚。窮而在下，則以窮性命之奧爲勳名，樂正道之味爲鐘鼎；達而在上，則以責難爲尊主，忠諫爲愛君。本朝盛時，初非有強國之術，而國勢尊安，根本深厚，蓋其學術議論，率由於此故也。〔……〕方今道學伊洛爲宗，實非程氏之私言，出於大學之記載，大學之教民，明德爲先，其間舉詩人之言，遂有道學之目，曰如切如磋，道學也，然則臣所謂以居仁由義爲道，以正心誠意爲學者，又在於切磋之琢磨之，今之道學，其得之有淺深，其行之有誠僞，得之深者，固已合大學之明德矣，得之淺者，又不可不切磋而琢磨之，使之益深，而遽自矜以召禍，則無乃亦非歟！行之誠者，足以爲君子矣，行之僞者，人將見其肺肝。然是固其師友之所不予也，而又何爲乎！臣每因論學之間，必有至平之說，往往僞者色愧，淺者心服，又安敢一概輕譏而痛疾之也！（《道命錄・卷六》，「劉德脩論道學非程氏之私言」））

〔註14〕 見劉子健《中國轉向內在——兩宋之際的文化內向》頁 131。南京：江蘇人民出版社。2001 年 12 月。

〔註15〕 僞學之禁，未必自慶元始，可上推至高宗時請禁程氏之學起。見王船山《宋論》〈寧宗〉。

〔註16〕 見謝康倫〈論僞學之禁〉頁 164。收入於《宋史論文選集》。台北市：國立編譯館。1995 年初版。

〔註17〕 同前注，頁 165。

劉光祖欲將當時加諸在道學家身上的「欺世盜名」、「偽學猖獗不軌」、「姦偽」、「偽邪」等字眼辨誣，他所採取的方式較為迂迴，也用一種較為溫和的方式說明道學家的立場。劉光祖首先引用孟子「責難於君謂之恭，陳善閉邪謂之敬，吾君不能謂之賊」(《孟子‧離婁上》)為理論依據，說明道學家作為一個尖銳的政治批判者的立場是不容懷疑的，而尖銳的批判立場本來就容易與在朝的勢力集團產生對立與磨擦；不過劉光祖接下來的論述，便從政治的說明轉而向道德的說明，他提到宋朝立國本來就不是以武力強盛為本，但是就因為「居仁由義」、「正心誠意」之學根柢深厚，才能夠國勢尊安。然後他提到當時道學雖以伊洛之學為宗主，不過這並非全是二程之言，而是從《大學》一書而來。《大學》首言親民 (或新民)，言明明德，這是大綱領，後有如切如磋，如琢如磨之詩人語，便是強調得之有深淺，得之深者固不必言，得之淺者即需要切磋的工夫。劉光祖認為所謂的「偽」，即是「得之淺者」，也就是尚未豁然貫通之人，並不如鄭丙陳賈所說的「欺世盜名」之徒。

　　劉光祖認為宋朝開國強盛的原因，在於具有根本深厚的學術議論，而不在於以武力式的霸道強國；但重視文治議論的政治文化本來就容易流於正反兩派互相指陳攻詰。據劉光祖的觀察，初時這個問題並不嚴重，只是有些「譏貶」道學之言而已，不過到了後來，演變成「因惡道學，乃生朋黨；因惡朋黨，乃罪忠諫」〔註18〕的惡性循環，最後導致因人廢言的結果。劉光祖本為蜀人，亦有師承，但是他似乎並不想讓南宋步入北宋黨派傾軋的覆轍，所以努力於協調之事，也曾以「蘇程二氏之學，其源則一，而用之不同，皆有得於經術」〔註19〕來化解調停洛蜀兩派間的差異與衝突。〔註20〕在偽學方禁之時，也有人曾說光祖師友為眉山，並非伊洛之學，不必擔心，但是光祖「反覆懇叩為上言之，蓋將協和朝廷，調一議論，培宗社之脈，厚薦紳之風」，無怪乎真德秀認為光祖如生於元祐，必能銷洛蜀之爭，如獲用於慶元，必排慶元之黨禍。〔註21〕

　　劉光祖把政治鬥爭所衍生出來的議題，轉化為儒學內部、或者是個人心性修養以及道德實踐上的問題 (「行之有誠偽」)，把具有強烈針對性的字眼轉化為一種普遍

〔註18〕據李心傳《道命錄》卷六所記；然在真德秀〈劉閣學墓誌銘〉中則記載為「因惡道學，力去朋黨；因去朋黨，乃罪忠諫。」見《真文忠公文集》卷四十三。

〔註19〕見真德秀〈劉閣學墓誌銘〉。

〔註20〕北宋熙寧元祐時，新舊黨間有洛蜀朔三派分裂，「洛」以程頤為領袖，「蜀」以蘇軾為領袖，「朔」以司馬光後學劉摯、王巖叟、劉安世為領袖。在經世致用的目標上，洛派與新黨大致相同，朔派主張漸進式改良，蜀派則與洛朔兩派皆不同，且較為機變，不似洛朔兩派之嚴肅。見錢穆《國史大綱》第六編第三十三章「新舊黨爭與南北人才」。

〔註21〕同注18。

性的道德問題。所以到了這裏「誠」與「僞」的問題便被標舉出來，「僞黨」或「僞學」的問題於是成爲儒學內部的一個新的反省。故朱熹在注《孟子》「是故誠者，天之道也；思誠者，人之道也」一章時也說：

> 誠者，理之在我者皆實而無僞，天道之本然也；思誠者，欲此理之在我者皆實而無僞，人道之當然也。（《孟子集注・卷七》）

朱子對誠的看法，是總結從北宋以來各家的成果，因此接著本文將說明「誠」概念的簡要發展，及其義理內涵，以明朱子對「誠」的領會與理解的發展過程。

一、周敦頤以「无妄」釋「誠」

「誠」是《中庸》的重要觀念，「誠者，天之道；誠之者，人之道也。」「誠」原本是關於人的品性的道德概念，意指眞實不虛妄的主觀原則〔註22〕；到宋明理學家那裏，「誠」被提高到一個具有宇宙論高度的概念，如周敦頤以太極爲宇宙本體，而太極也是道德實踐——「誠」的本源：「大哉乾元，萬物資始，誠之源也。」〔註23〕「誠體」作爲宇宙萬物的創生性原則，「爲眞實生命，人人本有」〔註24〕，因此濂溪在此以誠字替換天道，象徵天道在創造生命這件事情上是眞實不虛、不容懷疑的；人們可以在陰陽二氣的交互感應表現中實現誠體，也就是「道（按：即『誠體』）作爲道德的創造之眞幾，不能不有具體的流行，不能不有其終始的過程」〔註25〕，離開了誠體無以解釋萬物之創造表現，而萬物之性也表現出此誠體之創造之幾。濂溪除了肯定「誠」作爲形上的道德性創造原則外，也將人文世界的意義與誠體連結貫通，因此濂溪說「誠，五常之本，百行之原也。」〔註26〕濂溪把人文世界所有制度行爲都納作誠體的創造範圍裏，人無法孤懸地理解抽象的誠體，所以必須從人倫世界的各種行爲和意義中理解誠體的意義，是故濂溪說「靜無而動有」，理解了誠體作爲本原的根本意義，在人文世界的道德實踐才會有根據把握；因爲誠體創生萬物是不會騙人的（不虛），所以人也應該體會天道此種精神，在道德實踐中彰顯誠體的內涵。這是濂溪心目中理想的聖人範型（即「聖，誠而已矣」），但他也認爲這種境界是「至易而行難」，而這個「行難」之處或聖學之要，最關鍵的就在於「無欲」：

> 聖可學乎？曰：可。曰：有要乎？曰：有。請問焉，曰：一爲要。一

〔註22〕指從自己生命的主體表現出來的，稱爲「主觀性原則」。見牟宗三《中國哲學的特質》頁47。
〔註23〕《周子・通書》〈誠上第一〉。
〔註24〕見牟宗三《心體與性體》一、頁324。
〔註25〕同注23，頁328。
〔註26〕《周子・通書》〈誠下第二〉。

　　者，無欲也。無欲則靜虛動直。靜虛則明，明則通；動直則公，公則溥。

　　明通公溥，庶矣乎！（《周子·通書》〈聖學第二十〉）

濂溪《太極圖說》自始就引起諸多討論，如陸九韶、陸九淵兄弟就懷疑《圖說》不是濂溪所作，即使如果真爲濂溪所作也可能是思想尚未成熟時之所〔註27〕，甚至有的人認爲《圖說》中的「無極」、「太極」的觀念有雜入二氏之嫌，如朱震在〈經筵表〉中曾陳述濂溪的太極圖可能來自華山道士陳搏，並非其自創，而「無極」的概念也襲自老子，並不是儒家傳統思想。姑且不論此二書與濂溪的關係爲何，但「通書」卻被視爲濂溪較純粹無疵的作品卻是定論。〔註28〕濂溪在此段文字中強調聖學的關鍵工夫即是「無欲」，但濂溪卻少了一段自「道德的實體性之體義」的心以達聖學的工夫〔註29〕，雖則能夠「默契道妙」，但是卻無保證性和必然性。

　　濂溪用「乾元」、「誠體」、「太極」等名象徵形上之真理，他所體會到的誠體是剛健不息、至大至久的，因此唐君毅先生對於濂溪之所以要用「誠」字以規定道體的內容有以下的說明：

　　　　此中之說其爲誠道之誠，不只是一真實之意，亦是一真實而能表現之義，因誠之原義即指人之言之誠。人之言能表現其內心中之真實謂之誠。故誠具內在之真實而能表現之義。故說乾元是誠之原，乃尅就其爲一內在之真實而言。說乾道變化，方是言此內在之真實之表現于外。內在之真實必表現，方見其真實，亦完成其爲真實。〔註30〕

濂溪首以「無妄」釋「誠」〔註31〕，所謂「妄」即是不善之動，即惡的動機，人如能無妄，則誠矣。誠體作爲宇宙本體與道德實踐的根源，自然是「有」，然則濂溪何以會以「無」釋「誠」？顯然此處的「無」與佛家或道家式的「無」並不相同；濂溪雖然認爲創始萬事萬物的力量是一原始之有，亦是一無形之寂無——也就是說「萬動萬形，自恒是有，則其所自始之寂無，亦當內涵此一『有』之義」〔註

〔註27〕　《陸九淵集》卷二〈與朱元晦〉：「《太極圖說》與《通書》不類，疑非周子所爲。不然則或是其學未成時所作，不然則或是傳他人之文，後人不辨也。」

〔註28〕　《宋元學案·濂溪學案上》：「《性理》首《太極圖說》，茲首《通書》者，以《太極圖說》後儒有尊之者，亦有議之者，不若《通書》之純粹無疵也。」

〔註29〕　同注23，頁356。

〔註30〕　見唐君毅《中國哲學原論·原教篇》頁56。臺北：學生書局。1990年9月全集校訂版。

〔註31〕　濂溪云：「治天下有本，身之謂也。治天下有則，家之謂也。本必端，端本，誠心而已矣。〔……〕身端，心誠之謂也。誠心，復其不善之動而已矣。不善之動，妄也；復其則無妄矣，無妄則誠矣。」《通書·家人睽復無妄第三十二》。

〔註32〕　同注29，頁53。

32），當「誠」處於無極的狀態時，還是潛在的存在，故稱「無」，但當無極動而顯太極時，就生陰陽、五行、五常和萬物，「誠」的特徵和內容就會顯露出來，此時便可稱「有」。按照唐先生的說法，濂溪所強調的「無」雖是無形，但我們可以從萬動萬形的真實發生中逆推必然有一個原始之有，因此初始之寂無靜默，實隱藏一個無限之動能。準此以觀前引唐先生之說，可以發現唐先生進一步地詮釋濂溪的「誠」，將「無」必隱含著「有」的邏輯用於誠道之上，強調誠道除了作為一個道德實踐或德性之根源之必然有表現以證其為「有」，則誠在人的行為作用上亦應為「能」表現內心中之真實。「內在之真實必表現，方見其真實，亦完成其為真實」，唐先生之見可謂善解，將濂溪「誠」之意義放在體用之貫徹處見之，而不專偏於體或用以言。

濂溪並未以「真實」釋誠，唐先生之說雖有些過快，但也確是儒家看待世界的基本態度，意即道之表現為萬物之生生不息與變化無窮，實為一至善之流行，這也是宋明儒者所共同服膺之真理。〔註33〕然而或有人會問，至善純粹之誠道為何落入人間會有這許多邪暗閉塞之事，關於此唐先生說道：

> 然吾人之所以說世間有惡，要不外自世間之人物生後有種種互賊其生之事說。然此皆不可用以說一切人物之始生。〔註34〕

天道之運行至人間也有如晦暗陰雨雷電等自然現象，人自天道之所稟受的內涵也會因個人形氣之拘而有種種不同之表現，但唐先生強調人不可自此現象以否定本體或根源之不善，也就是說不可因為現實之不夠盡善盡美甚至種種邪暗衝突之發生，而懷疑誠體之價值。在這裏唐先生挺立了一種自尊自信，一種全然對真理的絕對信任與交付，本文認為這也是「誠」的另一種積極表現。

二、張載以「實」釋「誠」

和周敦頤以「無」釋「誠」的特徵不同，誠的概念到了張載那裏，則更進一步定義落實，張載以「太虛」為宇宙之本體，但太虛並不等同於「無」，張載說：「氣之聚散於太虛，如冰凝釋於水，知虛空即氣，則無無。」（《正蒙·太和篇》），因此太虛是一個實有而客觀的存在，從此建構出張載的誠論，張載說：

> 誠則實也，太虛者天之實也。
>
> 誠者，虛中求出實。
>
> 天地之道無非以至虛為實，人須於虛中求出實。（《張子語錄·語錄中》）

〔註33〕同注29，頁58。
〔註34〕同注29，頁57。

橫渠的宇宙論是建立在駁斥佛老的基礎之上〔註35〕，橫渠認爲雖然佛家談到「實際」已與儒家的「誠」相近，但凡談到和人生有關之事，皆以爲虛幻妄念，於是遂否定客觀世界之存在價值，橫渠以爲這種態度是「誠而惡明」──意即佛家雖肯定有一個超越而絕對獨立於人世的主體，但是卻斷絕了通過人不斷從事的道德踐履而感通的可能，與儒家強調的「因明致誠」截然不同。〔註36〕因此橫渠認爲佛家這種「直語太虛」而忽略擱置種種因太虛轉生出如晝夜、陰陽等現象，其實是捨眞際而談鬼神之妄行，佛家只能夠「談」實際，卻不能眞正體會實際。〔註37〕橫渠進一步論述儒家的天命觀，如「至誠，天性也；不息，天命也，人能至誠，則性盡而神可窮矣；不息，則命行而化可知矣。」（《正蒙‧乾稱篇》）不論是人的耳目之感官能力，或者是能知善知惡的道德理性，都屬於人的天性，而這個天性是「至誠」，即「實有之至」；而就天道所以賦予（即「命」〔註38〕）人性之內容來說，則是生生不息永續不斷，所以人必須以其至誠之內在心性以承受不息之天命。〔註39〕張載強調這個至誠的天性與不息的天命，除了可以從四季寒暑的流行變化可知外，也可從人文世界的萬千變化中探得，可以參贊天地化育，亦足以對萬事萬物之理瞭然於心，這個道理並不從虛空變幻中求得，而只在「此形形色色庶物人倫之理」〔註40〕之中。所以張載所要證成的，即是這個我們所生活的世界是眞實存在的，不似佛老二氏所說是虛幻不實的；而人只能從不斷的道德實踐中體會生活與生命的意義，捨棄人倫世界而談天道性命，即是「僞」，故張載說：

> 誠有是物，則有終有始；僞實不有，何終始之有？故曰：不誠無物。

（《正蒙‧誠明篇》）

橫渠所說的「誠明」，是不慮而知不學而能的「天德良知」，非「聞見小知」，順著中庸「自誠明，謂之性；自明誠，謂之教」的說法，橫渠接著說「自明誠，由窮理而

〔註35〕 如張載有言：「浮屠明鬼，謂有識之死受生循環，遂厭苦求免，可謂知鬼乎？以人生爲妄〔見〕，可謂知人乎？」或「釋氏語實際，乃知道者所謂誠也，天德也。其語到實際，則以人生爲幻妄，〔以〕有爲爲疣贅，以世界爲陰濁，遂厭而不有，遺而弗存。……彼（按：指釋氏）語雖似是，觀其發本要歸，與吾儒二本殊歸矣。」見《張載集》〈正蒙‧乾稱篇〉臺北：漢京文化事業有限公司，1983年9月。

〔註36〕 如〔清〕王夫之也曾謂：「《中庸》一部書，大綱在用上說。即有言體者，亦用之體也。〔……〕舍此化育流行之外，別問窅窅空空之太虛，雖未嘗有妄，而亦無所謂誠。佛、老二家，都向那畔去說，所以儘著鑽研，只是捏謊。」《讀四書大全說‧卷三》〈中庸‧第二十章〉。北京：中華書局。1989年4月第2刷。

〔註37〕 〈正蒙‧乾稱〉：「所謂實際，彼徒能語之而已，未始心解也。」。

〔註38〕 見牟宗三《心體與性體》一、頁329。

〔註39〕 王船山《張子正蒙注》〈乾稱篇下〉。

〔註40〕 同註30。

盡性；自誠明，由盡性而窮理」，橫渠這裏所說的「理」，除了是「順天道天命」之理外，也是「當然之理」，因此又名之爲「天理」，人之性既是自虛明之神所出，則爲天德良知之所自出，亦能順天命而行仁義之事之良能之所自出。〔註41〕關於橫渠的性命觀，唐先生說：

> 唯此人依性而感知之形物之氣化歷程之不已者，不特包涵在吾之身外之形物；即吾人之此身之壽夭、生壯老死之氣化歷程之不得已者，亦爲吾人所能自依性而感知之，而更自受之者。故皆屬于命或天命。唯吾人于天之命，加以承受之感知之能，與感知後之應之之行，與其行依理而有法有則，方本于性也。故在此性中，既包括其所承受所感知之形物氣化之一面，又包括此能承受感知之能，與應之之行，及其行之理與法則之一面。故性爲命此能所主客之兩者，而命則只是人所受之分。人既于命有所受，更能盡性窮理，使應之之行合理而有則，其行即貞定而不移。〔註42〕

唐先生在此推擴橫渠「命行于氣之中」與「命爲人所受也」的說法，強調人能感受到這個形軀或生命的限制（即壽夭生老病死等），本來也是屬於大化自然流行之一部分，而能夠「自受之」，唐先生喜言「感知」，此「感」近於宗教式的直悟，是一種對超越性體之體驗直悟（即「神」）之感，而「知」又是對超越性體之逆覺反省工夫（即「用」）之知。人所自天道流行所承受的總有不夠完美的部分，人自然不能對此無感，然而人卻也能夠有能力從此限制中體會超越，並進而有與這個不夠完美的生命經驗相面對之行。唐先生稱橫渠這裏所說的性，是兼有「能」與「所」兩種內容的能力，即人除了因生命經驗或形氣限制而有種種差異，亦不免有「所」感，但人亦能從中體悟人有依理而行之應之之「能」，如此一來，便是橫渠所說的「義命合一存乎理，性與天道合一存乎誠」、和唐先生所說橫渠是「以人道合天道之道」之意義所在。橫渠在這裏把「誠／僞」一組概念與「有／無」對立起來，這裏的「無」除了是形容詞，意指虛無空有，也就是說如果沒有辦法感知天之神明對一切物之創造、生養、發展以至於消失這一歷程的實有，而斷以萬物之毀滅壞空而以爲無終始的話，那麼這個世界當然便生去其自身之意義，落入虛妄不實（即「不有」）；另一種「無」則是價值語，意指如果沒有把誠作用到事事物物之上，那麼所有行爲便無眞誠的意志貫注其中，那麼這事物也不具有道德價值。

〔註41〕同注29，頁108。
〔註42〕同注29，頁114。

三、二程以「无妄」、「實理」釋「誠」

　　二程在濂溪和橫渠二者的基礎上進一步對「誠」的內涵加以界定，二程繼承了橫渠關於宇宙本體是「實」的概念，但是修正橫渠所提出「氣」為宇宙本體的看法，二程認為宇宙的本體是「理」，「天地之化，自然生生不窮，更何復資于既斃之形，既返之氣，以為造化？〔……〕自然能生，往來屈伸只是理也。」〔註43〕明道更明確地說道：

　　　　理者，實也，本也。〔註44〕

在二程那裏，「理」除了作為宇宙的本體外，也是人文世界道德實踐之根源，其內容即是道德實踐之種種行為，對二程來說，「誠」就是實有之理，「誠者，實理也」，同時程頤弟子呂大臨也解釋道：「信哉實有是理，故實有是物；實有是物，故實有是用；實有是用，故實有是心；實有是心，故實有是事。故曰誠者實理也。〔註45〕」到這裏便將「誠」解釋為「心充滿實理而能發而為用於事事物物上」的意義。除了以實理釋誠之外，二程更提出以「无妄」釋誠：

　　　　无妄之謂誠，不欺其次矣。〔註46〕

「妄」指的是私心雜念，或云「意」、「必」、「固」、「我」，二程在此將「誠」的內容定義在「心」之上，從心上說誠，便更明確地奠定誠的價值及意義。然而「无妄」本於易卦，「无妄」之意歷來多有解釋，一指不虛妄，不妄為，如王弼、孔穎達、陸德明等人持此說；二指無亡，如《周易集解》引虞翻注；三是指無望，無所希望，如京房、馬融、鄭玄、王肅。然「无妄」應作「無望」是解，或解釋為「不存奢望」、「不可預料」解。〔註47〕不過在程頤那裏，「无妄」被賦予積極的道德解釋，程頤在解釋无妄卦之「无妄，元亨，利貞。其匪正，有眚。不利有攸往」時說道：

　　　　　　无妄，言至誠也。至誠者，天之道也。天之化育萬物，生生不窮，各
　　　　正其性命，乃無妄也。人能合無妄之道，則所謂與天地合其德也。無妄有
　　　　大亨之理，君子行無妄之道，則可以致大亨矣。無妄，天之道也；卦言人
　　　　由無妄之道也。利貞，法無妄之道，利在貞正，失貞正則妄也，雖無邪心，
　　　　苟不合正理則妄也，乃邪心也。〔註48〕

無妄卦是談論人遭遇災禍的問題。雖然然遭遇災禍，不利行事，但只要存心貞正，

〔註43〕見《二程遺書卷第十五・伊川先生語一》。
〔註44〕見《二程遺書卷第十一・明道先生語一》。
〔註45〕見《河南程氏粹言》卷第一〈論道篇〉。
〔註46〕見《二程遺書卷第六・二先生語六》。
〔註47〕廖名春《周易經傳十五講》頁99。北京：北京大學出版社。2005年4月第3刷。
〔註48〕〔宋〕程頤《易程傳・卷三》釋「無妄」卦。

則仍然是有機會。伊川在此所謂「利在貞正」，其義便在此。然而伊川更細緻地論述所謂「妄」，即是失去貞正之心，也就是失去正道的方向，那麼就算內心並無姦邪之意，也算是妄；這裏可以看出伊川對於「理」有其堅持之處，不合理即是妄、即是邪。伊川認爲就算無意爲姦邪，但只要不合正理，就是妄。朱子對此甚至以佛家爲例，強調佛氏並無邪心，然而卻不合正理來說明伊川在此之意。〔註 49〕顯然伊川所言之「理」，是儒家所說的實理，是在肯定人文世界價值下所建構出來之理，與佛家不同。朱子繼承二程以「實理」、「无妄」釋誠的成果，將誠的內涵做更完整地論述。

四、朱子以「眞實无妄」、「誠實無欺」釋「誠」

朱子有言：

> 誠，實理也，亦誠愨也。由漢以來，專以誠愨言誠。至程子乃以實理言，後學皆棄誠愨之說不觀。《中庸》亦有言實理爲誠處，亦有言誠愨爲誠處。不可只以實爲誠，而以誠愨爲非誠也。〔註 50〕

「誠愨」即誠實的意思，在這裏朱子顯然不只認爲誠是具有本體論高度的意義，他也認爲人能夠在日常生活中做到誠實，也是誠的表現。人能夠在生活如理而行，誠實而動，自然是因爲心與理合一的緣故，這也就是說「實理在物在外，而誠愨在心在內」，而心之所思與表現於外之行爲之合一──即內心與外行之表裏如一。〔註 51〕因此朱子認爲「不獨行處要如此，思處亦要如此，表裏如此方是誠」、「若外爲善，而所思有不善，則不誠矣」〔註 52〕，朱子認爲伊川僅以「誠」字釋「思無邪」爲粗略，因此特別拈出唯有表裏皆善，才算得上是誠，若所思有所不善，那麼即使所言所行爲善，也算不上是誠。朱子看到人有可能言無邪、行無邪，但也未必就是見得實理，因此強調唯有「實心」才是誠，也就是說此心充滿實理，滿心而發，則皆得其正。然而人如何能得知此心之所發無非是理？當然也只能從意念上作工夫，朱子云：

> 「思無邪」，思至此自然無邪，功深力到處，所謂「心正、意誠」也。若學者當求無邪思，而於正心、誠意處著力。然不先致知，則正心、誠意之功何所施；所謂敬者，何處頓放。〔註 53〕

〔註 49〕《朱子語類·卷第七十一》頁 1798。
〔註 50〕《朱子語類·卷第六》〈性理三·仁義禮智等名義〉，頁 102。
〔註 51〕錢穆《朱子新學案》第二冊「朱子論誠」，頁 408。
〔註 52〕《朱子語類·卷第二十三》〈論語五·爲政篇上〉，頁 543。
〔註 53〕同註 51，頁 545。

朱子在此強調誠意必然以致知爲必要條件。「知至而後意誠，須是眞知了方能誠意」〔註54〕，而關於致知誠意的先後問題，朱子則認爲當意念發動時此二者是同時的工夫，但是到最後才會表現爲知至而後意誠，也就是說當人們的本心意識到意念有所不善時，良知也同時發動，也唯有良知發動於是人方能得知意念之善與不善，所以致知與誠意初始之時乃一而二、二而一的工夫〔註55〕；但是工夫既深，則良知一發動，則意念無有不善，「不是方其致知，則脫空妄語，猖狂妄行，及到誠意方始旋收拾也。」〔註56〕

不過朱子對於大學誠意章的說解也多有修正與補充，以下分論之：

（一）《大學或問》中強調「欲誠其意者，先致其知」

朱子的《大學或問》約成書於淳熙四年（1177）年〔註57〕，其中關於大學誠意章有如下的解釋：

> 〔……〕是以人之常性，莫不有善而無惡，其本心莫不好善而惡惡。然既有是形體之累，而又爲氣稟之拘，是以物欲之私，得以蔽之，而天命之本然者，不得而著。〔……〕夫不知善之眞可好，則其好善也，雖曰好之，而未能無不好者以拒之於內；不知惡之眞可惡，則其惡惡也，雖曰惡之，而未能無不惡者以挽之於中。是以不免於苟焉以自欺，而意之所發有不誠者。夫好善而不誠，則非惟不足以爲善，而反有以賊乎其善；惡惡而不誠，則非惟不足以去惡，而適所以長乎惡。是則其爲害也，徒有甚焉，而何益之有哉？〔……〕故爲大學之教，而必首之以格物致知之目，以開明其心術，使既有以識夫善惡之所在，與其可好可惡之必然矣，至此而復進之以必誠其意之說焉，則又欲其謹之於幽獨隱微之奧，以禁止其苟且自欺之萌。〔註58〕

朱子在此先原則性地肯定人之本心有好善好惡的本能，但受到後天氣質稟賦之累與物欲牽累，遂使人不得體驗到內在本心好善惡惡的部分。朱子認爲如果人不能眞正完全體認善之可好或惡之可去，那麼便會對此本心產生懷疑，則意念之發用就會有不誠，接著便有自欺的情形發生。在這裏朱子所用的「誠」字，意思應該是指「實」，

〔註54〕《朱子語類・卷第十五》〈大學二・經下〉，頁302。
〔註55〕錢穆先生也認爲誠慤之誠與實理之誠，工夫所到，實應是一非二。同註50，頁413。
〔註56〕同註53，頁303。
〔註57〕關於《或問》成書年代自來多所討論，本文據束景南《朱子年譜長編》考訂。見氏著《朱子年譜長編》卷上，頁585。上海：華東師範大學出版社。2001年9月。
〔註58〕〔宋〕朱熹《四書或問》頁29。上海：上海古籍出版社，2001年12月。

也就是說對良知本心把握不夠切實踏實。朱子認爲這種不踏實甚至會妨害原來保有對本心一點眞切的把握，那種虛欠、懷疑、猶豫、不徹底的態度不如沒有來得好，一點幫助也沒有。在這裏朱子便帶出另一個問題，即「要先識夫善惡之所在，與其可好可惡之必然」的「致知」問題，朱子要人先「識得」善惡之所在，也就是先致其知，致其道德本心的全部內容，一旦道德本心被完全啓動發用，那麼必然知道德行爲中何者爲可好與可惡。此段文字的重點在於朱子相信人的本心一旦發用，則「必由中及外，無一毫之不好不惡也」，然而之所以會產生自欺的狀況，乃是因爲對本心的內容認識不實所致。朱子繼而詳述：

> 若彼小人，幽隱之間，實爲不善，而猶欲外託於善以自蓋，則亦不可謂其全然不知善惡之所在，但以不知其眞可好惡，而又不能謹之於獨，以禁止其苟且自欺之萌，是以淪陷至於如此而不自知耳。此章之說，其詳如此，是固宜爲自脩之先務矣。然非有以開其知識之眞，則不能有以致其好惡之實，故必曰「欲誠其意者，先致其知」。又曰「知至而後意誠」。

朱子在此指出一般未經道德修持的人，在人所未見到的地方（朱子此處所言「幽隱之間」當指「心」），可能會有明知其爲不善、但假託善的外在以掩蓋，不過朱子並不認爲這人可謂全然不知善，因爲也只有人知道善究竟爲何才能夠矯飾，只是一般人容易在這個地方鬆懈怠惰或錯放，即不謹於獨，才會任其苟且放任至自欺的地步。比較令人關注的是，朱子在此使用開「知識」之眞方才有以致好惡之實的可能，這個「知識」是指認知心或是道德心？本文以爲朱子所說的好善惡惡的根本仍然是依止於道德本心，但朱子所要求能夠指導人道德行爲的方式並不同於象山或陽明之單提良知，而是需要靠漸進累積工夫才能成就道德事業；也就是說，「此琢磨工夫的執行者固然是認知心，但指點出當琢磨之處而引導工夫進行的則仍是良知。〔註59〕」不過這種解釋誠意的義理型態仍然容易被視爲朱子是析心與理爲二，有失大學本意。〔註60〕

（二）意之不誠乃因見理不實

《朱子語類》中記載朱子與其弟子沈僴及李燔對誠意章的討論：

> 問：『誠意』章『自欺』注，今改本恐不如舊注好。」曰：「何也？」
> 曰：「今注云：『心之所發，陽善陰惡，則其好善惡惡皆爲自欺，而意不誠矣。』恐讀書者不曉。又此句，《或問》中已言之，卻不如舊注云：『人莫

〔註59〕見曾昭旭師〈論朱子之格物義〉，收入於《在說與不說之間——中國義理學之思維與實踐》頁96。臺北：漢光文化事業公司，1992年2月。

〔註60〕同注50，頁417。

不知善之當爲，然知之不切，則其心之所發，必有陰在於惡而陽爲善以自
欺者。故欲誠其意者無他，亦曰禁止乎此而已矣。』此言明白而易曉。」
曰：「不然。本經正文只說『所謂誠其意者，毋自欺也』；初不曾引致知兼
說。今若引致知在中間，則相牽不了，卻非解經之法。〔……〕蓋言爲善
之意稍有不實，照管少有不到處，便爲自欺。未便說到心之所發，必有陰
在於惡，而陽爲善以自欺處。若如此，則大故無狀，有意於惡，非經文之
本意也。所謂『心之所發，陽善陰惡』，乃是見理不實，不知不覺地陷於
自欺；非是陰有心於爲惡，而詐爲善以自欺也。」〔註61〕

沈僩在此以爲「因知之不切，故心之所發有陰在惡而陽爲善以自欺」的說法較好（即
沈僩所謂「舊注」），沈僩顯然認爲朱子在《或問》時期所提點人因對道德本心的把
握不夠切實，所以會造成懷疑虛欠的情況，進而造成意之不誠的說法較爲滿意，沈
僩也認爲大學誠意章的重心也就在禁止這種狀況；不過朱子似乎修正了他先前的看
法，以爲若引致知以言誠意會造成夾纏，於是集中地說「爲善之意稍有不實，照管
少有不到處，便是自欺」。衡諸朱子與沈僩之說，可以發現朱子不滿意沈僩的看法，
乃是因爲朱子認爲大學中並未如沈僩所說「陽善陰惡」是內心有意爲惡，但旁人卻
無法從外在察覺的情況，而應該是更細緻地（朱子說「此處工夫極細」）體察心之所
發之意念是否不實不到；也就是說朱子將大學誠意的工夫集中在心體上，才能夠與
後面的謹獨連起來說，因此認爲沈僩的看法略粗。

不過沈僩仍然對於朱子認爲只要意有不誠便是自欺，不必等到意念發用成行爲
才稱得上自欺感到未妥貼；於此朱子也只是以「實於爲善便無待於自欺」來回應。
然而朱子弟子似乎對無法完美解釋爲什麼仍然會有不善之意念摻雜於心感到懷疑，
李燔就以爲人大多「容」不善之雜於心質疑朱子。朱子認爲人之所以中雜不善，乃
其人自不奈此不善何，非是知其不善而加容藏；朱子在此似乎較爲寬容地看待人心
有不善之雜的現象，並試圖切割人的惡根是從內心源頭來的關聯，實則朱子仍不願
意把人因見理不實、或有不善的現象看作是人的根本惡——此與陰欲爲惡仍有有
別。至此朱子仍然固守將誠意的工夫和對象集中在心體之上；不過後來朱子又修正
自己的說法，以爲似乎陳意過高，於是才說人會有一種「將那虛假之善來蓋覆這眞
實之惡」的情形發生。然而究竟是何種能力讓吾人判定何者爲虛假之善或眞實之惡？
則必然還是道德良知；是故朱子仍然從這裏來自證良知之存在。

大學誠意傳只言「所謂誠其意者，毋自欺也」，並沒有順著經文將「欲誠其意者，

〔註61〕《朱子語類》卷第十六「大學三：傳六章釋誠意」。

先致其知，致知在格物。物格而后知至，知至而后意誠」繼續發揮解釋，似乎意在打斷致知與誠意的因果關係〔註62〕；但朱子從致知以說誠意，雖是與大學本文有牴牾〔註63〕，但對人心的曲折幽闇卻有深切同情之理解。朱子說：「格物者，知之始也；誠意者，行之始也。〔註64〕」又說「格物、致知，如『知及之』；正心、誠意如『仁能守之』。〔註65〕」在理想的狀況下即物以窮理以達致知的境界，則意無所不誠；然而人總有知及之仁不能守之的時候，因此朱子特別建立致知與誠意的關係，也就是希望可以建立一條暫時透過認知心（或認知理性）以檢別事事物物內在之理的輔助工夫，以漸漸達到體悟事事物物背後總有一個最高理則的境界。這也是朱子為什麼說致知是「夢與覺之關」、誠意是「惡與善之關」的原因〔註66〕──當知有不窮、理有未盡時即是「夢」，當吾人體會到事事物物都有道德之理貫注其中即是「覺」，在夢覺後才有可能實其意念以發用在行為並與世界發生意義。

（三）「必自慊」──心與理合一

清人王懋竑纂訂的《朱子年譜》中，是如此記載朱子在慶元六年（1200）三月的行止：

> 三月初，先生病已甚，猶修書不輟。夜為諸生講論，多至夜分，且曰：「為學之要，惟在事事審求其是，決去其非，積累久之，心與理一，自然所發皆無私曲。聖人應萬事，天地生萬物，直而已矣。」是日，改《大學》〈誠意〉章。午後暴下，不能興，隨入室堂，自此不復能出樓下。〔註67〕

錢穆據江永考訂朱子生平，證明朱子在易簀前所修改的並不是誠意傳，而是大學經文中誠意最早出現的部分，即將《大學章句》原本在經文中釋「誠意」為「誠者，實也。意者，心之所發也。實其心之所發，欲其一於善而無自欺也。」中的

〔註62〕牟宗三《心體與性體》第三冊，頁403。不過也有論者指出大學經文中的「先」與「后」關係可能表示「發生時間的前後」、「居先者為因，居後者為果」、「居前者為價值之首出，居後者為價值之次要地位」、或「居先者為居後者的先決條件」等數種意涵。在大學經文中「物格而后知至，知至而后意誠，意誠而后心正，心正而后身脩，身脩而后家齊，家齊而后國治，國治而后天下平」應指的是居後者以居前者為其先決條件而存在。見岑溢成《大學義理疏解》頁43。臺北：鵝湖出版社，1991年10月四版。

〔註63〕同注50，頁421。

〔註64〕同注53，頁305。

〔註65〕同注53，頁312。

〔註66〕同注53，頁299。

〔註67〕〔清〕王懋竑撰；何忠禮點校《朱子年譜》卷之四，頁265。北京：中華書局。1998年10月。

「一於善」改爲「必自慊」。〔註68〕蓋「一於善」中的「一」，可以指「統一」或「依止」言，也就是說朱子認爲吾人如不能致其知，則必見理不實，心裏必然有不善之雜，所以要人能夠實用其力以統一意念於善之下，而不被邪意妄念或習氣慣性所影響；然而朱子後來改爲「必自慊」，「慊」者「快也」、「足也」，也就是說朱子描述誠意的最完美境界，即像惡惡臭好好色般直順理而發，自然而無所造作、勉強和委曲，因而達到表裏如一，清朗光明的滿足境界。「必自慊」所指涉的是一種主觀心理上的滿足，但「一於善」則是將主客觀境界交融於一，這也是將「一於善」作爲「誠意」通解或定本的原因。〔註69〕無論是「必自慊」或「一於善」，朱子在此似乎也強調「合于道德法則的思想和行爲會引起欣慰，違反道德法則的思想和行爲則引起羞愧和不安〔註70〕」的心理狀態，這種論述的觀點也似乎與象山陽明的心學一系有類似之處，因此錢穆認爲在理學與心學的二元架構下，學者容易忽略朱子言心體之精微處〔註71〕，錢穆也有意爲朱陸異同做一兼述與調合。不過吾人並不能全然以自慊來識得良知本心，因爲心不安不快固然可能表示違反某種道德法則，然而心之快意滿足也並不完全就是保證符合道德法則，也有以欲爲理的可能；因此如果良知在道德的判斷上不夠充分圓滿，那麼就需要另一種省察原則，以保證人不會以欲爲理，在這個部分顯然象山陽明的良知說是有所限制或無法清楚分疏的地方。〔註72〕

「誠」在朱子那裏除了以「心」的層次來解釋外，也同時包涵「理」的意義；是故朱子在《周易本義》釋「无妄」卦時也說道：「无妄，實理自然之謂。」〔註73〕朱子在釋无妄卦時繼承了程頤的成果，程子認爲以至誠之心行人生之无妄之地，而朱子也強調无妄卦中的初九，是「以剛在內，『誠』之主也」，初九的陽爻不僅剛健，同時也是主誠，表示遇人生之无妄，必以剛健之誠心與誠理以應之，方能无妄。

然而誠實不僅是不欺騙他人，也同時包含不欺騙自己。表裏不一、心不如理便

〔註68〕同注51，頁424。

〔註69〕眞氏在其《大學集編》中對「誠意」解釋亦採「欲其一於善而無自欺也」之說；在眞氏《四書集編》中，《學庸集編》確爲出自眞氏手定（據眞氏眞志道原書序），而眞氏所編多從朱子《大學或問》、《朱子語錄》等出，眞氏所採朱子「誠意」解釋必然是定本，而非未定本。

〔註70〕見陳來《有無之境：王陽明的哲學精神》頁176。北京：人民出版社。1991年3月第一刷。

〔註71〕見注51，頁424。

〔註72〕同注68，頁177。

〔註73〕〔宋〕朱熹《周易本義》，據朱傑人、嚴佐之、劉家翔主編《朱子全書》本。上海：上海古籍出版社、合肥：安徽教育出版社。2002年12月初版。

是所謂「自欺」，在《大學》中所謂「誠其意者，毋自欺也」，朱子曾經多處解釋「自欺」，如「譬如一塊物，外面是銀，裏面是鐵」、「不知義理，卻道我知義理，是自欺」、「只是自家知得善好，要爲善，然心中卻覺得微有些沒緊要底意思，便是自欺，便是虛僞不實矣。」〔註74〕朱子在這裏提出人之心若不是十分眞實爲善，或有一分心在主張他事，或心存僥倖懷疑，都不可謂之誠意；朱子肯定地說：

> 自欺者，心之所發若在於善，而實則未能，不善也〔……〕自欺者，外面如此做，中心其實有些子不願，外面且要人道好。只此便是二心，誠僞之所由分也。〔註75〕

「若」指外在看來言行舉止似善，但內心卻懷不善；這種情況有可能是因爲致知後的工夫——即「克己」工夫之未臻究竟，所以才導致知至之後還會產生意念未誠的情況。〔註76〕準此，可以重新審視劉光祖所謂「今之道學，得之有深淺，行之有誠僞」的說法，朱子謂「格物者，知之始也；誠意者，行之始也」〔註77〕，人對道體的體會有深有淺，有粗略有精微，因此便會造行爲上會有私意物慾夾雜的可能，也就是「爲是眞底物事，卻著些假撬放裏，便成詐僞」〔註78〕的意思。誠意乃行爲之先行與指導，如意不誠而私慾夾雜，便容易流於詐僞。

　　然而道德實踐本來就是無論在《中庸》或宋儒的思想體系裏，這個概念都被解釋成一個貫通天地與現實世界的本體論概念，也就是說有一個超越客觀的誠體與能夠直貫至人心的力量，因此朱子在注解《中庸》此章時非常一致地說：

> 誠者，眞實無妄之謂，天理之本然也。誠之者，未能眞實無妄，而欲其眞實無妄之謂，人事之當然也。（《中庸章句》）

> 「誠者」，眞實無妄之謂，天之道也。此言天理至實而無妄，指理而言也。「誠之者」，未能眞實無妄，而欲其眞實無妄之謂，人之道也。此言在人當有眞實無妄之知行，乃能實此理之無妄，指人事而言也。蓋在天固有眞實之理，在人當有眞實之功。聖人不思不勉，而從容中道，無非實理之流行，則聖人與天如一，即天之道也。未至於聖人，必擇善，然後能實明是善，然後能實明是善；必固執，然後實得是善。（《朱子語類·卷六十四》）

〔註74〕《朱子語類·卷第十六》〈大學三·傳六章釋誠意〉，頁 328。
〔註75〕同注 55，頁 331。
〔註76〕同注 53，頁 303。
〔註77〕同注 53，頁 305。
〔註78〕同注 53，頁 304。

陳淳（1159～1223）曾說道：「誠字後世都說差了，到伊川方云无妄之謂誠，字義始明。至晦翁又增兩字曰眞實无妄之謂，道理尤是分曉。」〔註79〕朱子以「眞實無妄」釋「誠」，並解釋「誠」指的就是天理流行至實而無妄，如「寒便是寒，暑便是暑，更不待使它恁地」（《朱子語類・卷五十六》），那是一個絕對終極的本體，一點都不虛妄，而聖人的生命就是自然地呈現誠體，不勉而中，不思而得，與天地合其德；而常人未能達至聖人境地，故需要一段擇善固執的工夫，也就是「明善」，「明善是格物、致知，思誠是毋自欺、慎獨」（《朱子語類・卷五十六》），通過格物致知的工夫以明善，以了解天理流行之實理，便是人之道。朱子之說與劉光祖的說法而以合而觀之，也就是說「誠」的概念從《中庸》講天道流行，到了宋儒手上完成了「誠」作爲道德實踐的標準──「誠身有道，不明乎善，不誠乎身矣」，即使人在外在世界的行爲都能合乎常理，然而反諸身不誠，就不能算是明乎善、誠乎身，這也就是《中庸》所說「自誠明，謂之性；自明誠，謂之教」（第二十一章）的意義。〔註80〕

從天之道／人之道、自誠明／自明誠、從容中道／擇善固執，到誠／僞，我們會發現儒學對於道德實踐的關注愈加細緻，同時也愈加嚴格，從最初了解到聖人與常人在道德實踐上的落差，到如何彌補挽救這種落差，一直到宋儒發展出一套格物致知以擇善明善，這當中是有對一般人在道德實踐中未能如實表現天理的深切同情，因此劉光祖強調缺乏這段工夫，或者説未能在實踐上「得之淺」者實在不能遽稱爲「僞」，而更需要切磋琢磨的懇切工夫。因此朱子也說道：

> 若夫人物之生，性命之正，固亦莫非天理之實，但以氣質之偏，口鼻耳目四支之好，得以蔽之，而私欲生焉。〔……〕此常人之心，所以雖欲勉於爲善，而內外隱顯，常不免於二致，其甚至於詐僞欺罔，而辛墮於小人之歸，則以其二者雜故也。惟聖人氣質清純，渾然天理，初無人欲之私以病之。是以仁則表裏皆仁，而無一毫之不仁，義則表裏皆義，而無一毫之不義。其爲德也，固舉天下之善而無一事之或遺，而其爲善也，又極天下之實而無一毫之不滿，此其所以不勉不思，從容中道，而動容周旋，莫不中禮也。（《中庸或問下》）〔註81〕

〔註79〕〔宋〕陳淳《北溪字義詳講》「誠」字條，頁117。臺北：廣文書局。

〔註80〕自誠明的明是指明覺朗照，並且有創造性的功效；生命在什麼地方表現，什麼地方便會生起道德的創造，實現價值。見楊祖漢《中庸義理疏解》頁202。臺北：鵝湖出版社。1990年3月四版。

〔註81〕朱熹《四書或問》。上海古籍出版社。2001年12月。

朱子的看法與劉光祖殊無二致，強調「一則純，二則雜，純則誠，雜則妄」〔註82〕，然而常人畢竟無法如聖人渾然天理自然呈現，畢竟有私欲雜之，所以會有「表裏不一」、「詐偽欺罔」的情況出現，這是因爲誠之理無法充實其心，而未免有所虛歉的緣故。朱子此處用「實」來訓解「誠」，除了人應勉勵自己朝如實地呈現天理之正外，更要能夠讓此天理充塞心中，便如孟子所說「充實之謂美，充實而有光輝之謂大」的意義。〔註83〕

　　同時我們也可以發現在原始儒家並沒有對「偽」的一套論述，最完整而直接描述「偽」的概念，要算是荀子了：

　　　　人之性惡，其善者偽也。（《荀子・性惡》）

　　　　孟子曰：人之學者其性善。曰：是不然。是不及知人之性，而不察乎人之性偽之分者也。〔……〕不可學不可事而在人者，謂之性；可學而能可事而成之在人者，謂之偽。是性偽之分也。（《荀子・性惡》）

　　　　〔……〕故有俗人者，有俗儒者，有雅儒者，有大儒者，不學問，無正義，以富利爲隆，是俗人者也；逢衣淺帶，解果其冠，略法先王而足亂世術，繆學雜舉，不知法後王而一制度，不知隆禮義而殺詩書，其衣冠行偽，已同於世俗矣。（《荀子・儒效》）

　　　　知而險，賊而神，爲詐而巧〔註84〕，言無用而辯，辯不惠而察，治之大殃也。（《荀子・非十二子》）

在《荀子》中的「偽」有幾種不同的用法，其意義也不同；如引文中前二則之「偽」被訓爲「爲」之意〔註85〕，即在荀子的人性論中，荀子認爲孟子所說的性善論有所不足，因爲情由性發，然而他所見到的情與孟子所見到的四端之情不同，乃屬惡的層面，故荀子認爲人性中有惡的部分，需要靠隆禮義、師法先王後王才可以化性起偽──即化去性中屬惡的部分而爲善。因此「性」與「偽」是屬於先天與後天的差異，是屬於並置於同一層次的語詞，所以有性偽之分；然而在引文的後二則，則是

〔註82〕同注60。
〔註83〕《孟子・盡心下》。《孟子》一書中有諸條與「實」相關之說法，如「離婁上」：「仁之實，事親是也；義之實，從兄長也；智之實，知斯二者弗去是也；禮之實，節文斯二者也；樂之實，樂斯二者，樂則生矣：生則惡可已也，惡可已，則不知足之蹈之，手之舞之。」也就是說當仁義禮智四端充塞於心，發而爲情而與物接時，則事親從兄之意油然自生，無所勉強。
〔註84〕王先謙《荀子集解・卷三》「非十二子篇第六」引俞樾曰：「爲與偽通，爲詐即偽詐也。」臺北：華正書局。1993年9月初版。
〔註85〕王先謙《荀子集解・卷十七》「性惡篇第二十三」引郝懿行曰：「性自然也，偽作爲也。偽與爲古字通。楊氏（按指楊倞）不了而訓爲矯，全書皆然，是其蔽也。」

批判當時擾亂社會、混淆價值的一些人，這裏所指涉到的「僞」，則具有不眞實、虛僞的意義。〔註86〕荀子把那些穿著寬大的衣服、戴著緊束的帽子，議論言談似是而非的人視爲言行不一，也就是和「世俗之人」同流；另外更說明了一種特殊的人格型態，即雖有識見，但內心陰賊害於物，機變如鬼神之難測，荀子指出這類人是國君在統治上最大的危害。孔子與孟子都是德治的提倡者，自然在立論與措意上不會特別看到「詐僞」之人，孔子與孟子看到的都是沒有能力行道、或者行道氣餒之人，並沒有把明明心裏知道如何行道、卻故意擱置而爲機巧詐僞的行爲；但是荀子以性惡立論，他的政治思想自然充滿對人性的懷疑〔註87〕，因此這類可能影響統治的人自然就是荀子所欲除之而後快的人，這也是爲什麼孔子誅少正卯的故事便堂而皇之地出現在《荀子》書中的原因。〔註88〕

朱子自認平生所學，莫過於「正心誠意」四個字〔註89〕，而在《大學章句》「誠意」一章云：

> 自欺云者，知爲善以去惡，而心之所發有未實也。〔……〕言欲自脩者知爲善以去其惡，則當實用其力，而禁止其自欺。使其惡惡則如惡惡臭；好善則如好好色，皆務決去，而求必得之，以自快足於己，不可徒苟且以殉外而爲人也。然其實與不實，蓋有他人所不及知而己獨知之者，故必謹之於此以審其幾焉。

儒學關心的成聖成德之學，從孔子辨君子小人之別，到孟子辨人禽義利王霸之別，幾乎都是在回應時代的挑戰，儒學的意義與價值也全在於此；然而到了宋代，儒學面臨的問題除了佛學的理論威脅外，更有來自政治上的時勢攻擊；而且這樣的攻擊還是從儒家所力求保存其完整與不可質疑其尊嚴的政權而來。〔註90〕那種過去能夠簡單「辨僞」的小人已不復存在，取而代之的是思慮更縝密、議論更閎肆的政治陰謀者；沒有單純的敵人，只有更加複雜險惡的政治處境，不穩固的政權與國君，時時虎視在側的

〔註86〕王先謙《荀子集解·卷四》「儒效篇第八」引王念孫曰：「行僞二字本篇者見，非十二子篇一見，正論篇一見，賦篇一見，其見於正論及賦篇者，後人皆已改作僞，唯此篇及非十二子篇未改，而此篇注遂讀僞爲詐僞之僞矣。」

〔註87〕見徐復觀〈荀子政治思想的解析〉，收入於氏著《儒家政治思想與民主自由人權》頁153。臺北：學生書局。1988年9月增訂再版。

〔註88〕孔子誅少正卯的故事記載於《荀子·大略》。

〔註89〕見《宋史·朱熹傳》，卷四百二十九；此外，朱子在獲任侍講後，便常以「誠意」二字以明君心，如「專務積其誠意，期以格乎親心」（《朱子年譜·卷之四》）、「先生每講，務積誠意，以感悟上心」（《朱子年譜·卷之四》）

〔註90〕被視爲僞學集團之首的宰輔趙汝愚，就是被韓侂冑利用「臺諫」言事所中傷。事見《宋史·韓侂冑傳》卷四百七十七。

權相與佞臣，儒生無法取消外在的限制，只有更加深切自我反省，因此也使得宋代的內聖之學達到空前的圓熟，卻也無可奈何地突顯出道德的困境——這套純粹的自律道德規範如何能使他人信服，並進而通往一個真正德治的社會？（註91）顯然朱子也無法回答這個問題，所以他也只能說「然其實與不實，蓋有他人所不及知而己獨知之者」，我無法了解他人究竟為什麼做不到，他人也同樣無法了解我究竟做得如何，因此我唯一能夠彰顯的價值，就是「不患人之不己知」，也就是誠己意，毋自欺而已。朱子所謂「自快足於己，不可徒苟且以徇外而為人」的心情，除了展現了一種道德的神聖與莊嚴之外，更流露出一種堅定的意志與不肯妥協的精神。對於外在世界的質疑與步步進逼，朱子選擇更加嚴厲地面對自我，作為一種抗議的表現。

　　另朱子在言及周子《通書》中「誠無為，幾善惡」時也強調「誠，實理也；無為，猶『寂然不動』也。實理該貫動靜，而其本體則無為也」（《語類》卷九十四）此處朱子將周敦頤的「誠」與《易》之「寂然不動」與《中庸》之「天命之謂性」「喜怒哀樂未發之謂中」關連起來，把誠提高到本體的形上高度，同時也是絕對的善；但落實下來便有「幾」、有「感而遂通」的善惡之別；也就是說朱子仍然相信天地間有個流行生生不已具有創生意義的「誠體」（或天性），然而落貫到人性裏仍然會有向善與向惡的分別，那對於凡人要如何感受「誠體」？朱子的回答是這樣的：

> 只是說心之所發，要常常省察，莫教他自欺耳。人心下自是有兩般，所以要謹。謹時便知得是自慊，是自欺，而不至於自欺。若是不謹，則自慊也不知，自欺也不知。（《語類》卷九十四）

朱子這裏對《通書》中的「誠無為，幾善惡」的解釋到了前面所提的釋《大學》誠意章中達到了高峰，朱子所謂的「自欺」，是指「知為善以去惡，而心之所發有未實也」，也就是孔子所說的「知及之，仁不能守之」的進一步發揮，朱子看到當時士人的一個問題，即良知可以了解要為善以去惡，但是這個道理未能充滿在人的心中，就會產生「向惡」、「表裏不一」的可能。這可以說就是一種「信道不篤」、「為德不卒」的表現；一旦信道不篤，心念自然容易雜而不純，落而為虛假矯態的情況。因為朱子在注《大學》「誠意」章之「小人閒居為不善，無所不至，見君子而后厭然，揜其不善，而著其善。人之視己，如見其肺肝然，則何益矣。此謂誠於中，形於外，

〔註91〕關長龍說：「守法者（指執政者）之私心一肆，則道學賴以經世的最基本前提——外王政治就消失了，而事道學者的努力也勢必反于涵養性理之內傾或流于阿政之用名卻實的末流一路。」見氏著《兩宋道學命運的歷史考察》頁 396。上海：學林出版社。2001 年 12 月。

故君子必慎其獨也」時說：

> 此言小人陰爲不善，而陽欲揜之，則是非不知善之當爲與惡之當去
> 也；但不能實用其力以至此耳。然欲揜其惡而卒不可揜，欲詐爲善而卒不
> 可詐，則亦何益之有哉！

朱子固然對於暗地裏想爲不善、但又想掩飾自己的人感到同情，認爲他們並非不知善之當爲與惡之當去，只是不能「實用其力」，或者是沒有力量以至乎此；然而朱子畢竟認爲在道德實踐裏，沒有力量或是偷懶僥倖的人就算一時矇混過他人，但卻騙過了自己的道德良知（自欺），又有什麼好處呢？況且存心與動機不純正也終不可隱瞞，因爲最大的仲裁者便是自己的良知明覺。朱子在此提到了「欲詐爲善而卒不可詐」，應該可以說是對當時攻擊朱學門人最大的自清與自律，然而在當時學術與政治雙重的打壓下，無怪乎朱子也只能夠回到經典中，試圖爲這樣的歷史困境找到一點解答。〔註92〕

有學者認爲經過僞學之禁後，道學的勢力不降反升，朱子的地位也愈見提高，甚至到了理宗時得到配享；同時，僞學之禁也進一步激化了儒學內部的共體感與族類感，並且使儒生開始重新對所信仰的價值信念做檢視與省思。〔註93〕因此本文認爲朱子對於《大學》「誠意」章的重視十足反映他在這場有驚無險的政治風暴中的心情，對於那些反對道學的人來說，他們使用儒家內部的語言來攻擊道學家，除了是「出於私怨或想塞住批評政府的人的口」之外，更呈現出將道德判斷的語言帶進政治場域的偏見與誤用，反道學家游疑的批評標準不僅洩露他們的缺乏自信與學術能力，卻也爲宋代儒生喜歡以道德性命之說規範人君作了一個反諷。

第三節 真德秀對「誠」的看法

一、以「知」爲首

真氏論「誠」，亦是從《易》、《中庸》、《大學》入手；從《易》之乾卦、无妄卦等樹立誠體的本體意義，而後以《中庸》之三達德、五達道、治天下國家之九經以言誠體之用，以《大學》誠意章以明修身之工夫與慎獨之要。〔註94〕真氏認爲儒家義理的勝義所在，即在於肯定眼前這個生活世界的絕對意義與價值，真氏說：

〔註92〕徐復觀先生曾說：「書是朱學的骨幹，而事是陸學的骨幹。」見氏著〈象山學述〉。
〔註93〕見謝康倫著、何冠環譯〈論僞學之禁〉。收入於 John Winthrop Haeger 原著；陶晉生等譯《宋史論文選集》。臺北：國立編譯館，1995 年初版。
〔註94〕見《西山讀書記》卷十七。

朱熹嘗言格物者，窮理之謂也，然不曰窮理，恐人索之於空虛高遠之
中，而不切於己，其弊流於佛老。故以物言之，欲人就事物上窮究義理，
則是於實處用其功，窮究得多，則吾心之知識自然日開月益。〔註95〕

真氏在此段文字所提出於實處用功，並要人（尤其指人君）能從事事物物上窮究義
理，是建立在對抗佛老反人文世界的基礎之上，希望人的意識不要往虛空中求，而
要著眼於實存世界。至於「窮究得多，則吾心之知識自然日開月益」一句與朱子在
格致補傳所說「至於用力之久，而一旦豁然貫通焉，則眾物之表裏精粗無不到，而
無心之全體大用無不明矣」相似，只是朱子在補傳裏是強調心之「用」，意即充分實
現本心存在的全部內容；但是真氏卻似乎更往認知心的方向傾斜，強調即使無法隨
時體現本心，至少理性的運作可以讓心體保持在某種清明的狀態，而不致懸空無根。
所以真氏才說：

《大學》必以知為首者，須是見得天下之理，了然明白此為善，此為
惡，此為正，此為邪，則私意邪念自不敢發，所以格物致知最為切要也。
〔註96〕

能夠知善知惡的自然是道德本心，雖然判斷正邪與否（可能是正念邪念，也可能是
淫邪妄行）就非必然是道德本心的作用，但畢竟是以證得道德本心為主。真氏又言：

蓋理之淺近者易見，精微者難知。若於義理，只見得皮膚，往往便以
未善為已善，小善為大善。惟是窮究到精微處，方知三分之善只是三分，
七分之善只是七分；不至以下為高，以淺為深。此學者所以貴於致知也。
〔註97〕

學問的進程本來就是致廣大而盡精微，於義理尤是如此；真氏以為吾人往往常陷於
識得淺近而誤以為高明，此可謂理智的盲點、或是理性的傲慢，這是人在追求義理
時容易發生的限制。究竟如何才能夠擺脫這種謬誤或限制，真氏所提出的解決方法，
是盡量窮究義理，也就是保持永無止盡地追求真理的態度，而唯有在這永恆追求真
理（致知）的歷程中，才有機會感知到藏在這客觀的事事物物背後的支配之理，此
窮理的工夫才愈見精微。所以關於吾人如何能判斷「致知」的程度，以及吾人所識
得之義理已達至何種地步的問題，本文認為，此解決之道一方面需要靠「天行健，
君子以自彊不息」的道德力量外，還需要「不以下為高，以淺為深」的自謙精神支
持，而支持這自謙精神的力量，當然還是來自根本的道德本心。因此真氏以「知」

〔註95〕見《真文忠公文集》卷十八「講筵卷子：大學格物致知章」。
〔註96〕見《真文忠公文集》卷十八「講筵進讀大學章句手記」。
〔註97〕見《真文忠公文集》卷十八「講筵手記」。

爲《大學》之首，除了繼承朱子引致知以言誠意的道德意義外，也更加挺立了追求客觀眞理或知識的價值。

二、以敬輔誠意工夫

眞氏認爲，大學誠意傳後所提「愼獨」爲自古聖賢之學及入德之門，因爲如人無法誠意則必流於自欺（何必欺人？自欺而已），自欺則關乎人是否能在幽隱之處把持操存本心之善；於此，眞氏把人能夠無愧屋漏、內省不疚的可能歸諸「敬」，意即對一超越的道體有深切的敬畏感，或者說，對所有存在物永遠保持敬意，此敬畏心或敬意感，是眞氏認爲人能夠愼獨的保證，眞氏說：

> 詩曰：相在爾室，尚不愧于屋漏。故君子不動而敬，不言而信，聖賢
> 心法相傳，莫要於此詩。人稱文王之德，曰不顯亦臨，無斁亦保，言其雖
> 居幽隱之地，亦若有臨乎其上者，雖無厭倦之意，亦常有以自守焉。此所
> 謂純亦不已也。〔註98〕

孔子曾說「祭如在，祭神如神在。」（《論語‧八佾》）程注此言「祭神主於敬」，而朱子注此章時亦言「此門人記孔子祭祀之誠意」。祭祀之行爲之所以具有意義，當然因爲祭者之心相信所祭之眞實存在，如稍有懷疑不信，此祭祀行爲之意義便打了折扣；對於超越存在與否所採取的態度，程朱顯然一致認爲需要具備「敬」與「誠意」，因爲時時保持敬畏這超越的存在，所以內心意念便踏實穩當，其意必誠。〔註99〕儒學對於大化流行與創生之本源存有無限敬畏感（即孔子所言「畏天命〔註100〕」），但是也有將帶有宗教意味的敬畏感收攝於一身，如孔子所說「脩己以敬」（《論語‧憲問》），將道德本心的視爲是既超越而又內在的存在，時時視道德本心爲「臨乎其上」的存在，時日既久，則便會有如眞氏所說「尊嚴若神」的莊嚴感，如明道所說「毋不敬，可以對越上帝。〔註101〕」眞氏的宗教情懷在其文集中表現得十分明顯，這種

〔註98〕見《眞文忠公文集》卷十八「講筵卷子：誠意章」。

〔註99〕明道先生也有言：「祭者所以盡誠。或者以禮爲一事，人器與鬼器等，則非所以盡誠而失其本矣。」《二程遺書》卷第十一「明道先生語一」。

〔註100〕見《論語‧季氏》。朱注此章云「畏者，嚴憚之意也。天命者，天所賦之正理也。知其可畏，則其戒愼恐懼，自有不能已者。」朱子把天命解釋爲天所賦予之正理，擺脫了可能被視爲敬畏某種超越的人格神、或原始力量的解釋，朱注使此章的意義被嚴格定義在道德行爲之上。在《聖經‧箴言》中也有「敬畏耶和華是智慧的開端」語，在西方聖經文化中，本來就有基於宗教意義的超越意識，但是反觀宗教意識較爲薄弱的中國文化，在解釋敬畏的理論效用上就比較有限，但不管中國或西方世界，敬畏的文化意義顯然與某種超越意識有關。

〔註101〕同注91。

宗教情懷往往與超越意識有極大的關聯，因此眞氏在論述道德行爲時常常帶有某種宗教感或超越感〔註102〕，如眞氏曾爲鄉里孝女立坊，其中述及該女因父病重而祝禱上天願意己身代父，其時天垂異象，「群鵲遶屋飛噪，仰眠空中，有大星三燁，煜如月，正照楣楹間，精魄森然，若有鬼神異物陰相之者〔註103〕」，眞氏在此以極似筆記小說的筆法敍事，然而最後眞氏卻以道德言說的方式總結其事，眞氏曰：

> 夫以身代君者，金縢之事也。呂氏（按：呂良）女生深閨中，未嘗從師友講問學，而請父之辭乃與金縢之義叶，顧不異哉！君親之身，重於其身，無哲愚咸知也。物欲昏焉，利患休焉，始喪其本眞爾。惟誠於孝者，心純而慮一，心純而慮一，則其天者全，天者全則其心與聖賢之心一也。夫以女子而能致其一日之誠猶若是，況於學道之君子終其身而從事焉。〔註104〕

《尚書·金縢》：「武王有疾，周公以身代之。」周武王在克殷後次年重病，周公將爲武王祝禱之詞封入金縢（金質繩索緘束的櫃子）中。武王後來病癒，後成王即位，管叔、蔡叔、霍叔欲誣陷周公不利成王，乃陰爲中傷，於是成王與諸公一起開啓金縢，才知周公之心。此事眞實與否，歷來多所爭議；不過眞氏在此仍引用此歷史典故以讚呂女之孝可比周公；值得注意的是眞氏在此段文字後面的評論，眞氏相信「誠於孝」可以使心純而慮一，心純慮一則能全天德，由此人心可以與歷來聖賢之心相契，與天心道心相感通。眞氏強調道德行爲之所以可貴，就在於能夠「一於誠」，然而吾人若仔細推敲，可知「一於誠」前有一必要的工夫須做，即對此一道德行爲及其根源存有敬意；如以周公或呂良而言，他們之所以願以身代之君親，除了誠心祈求祝禱之外，自然還有一虔敬信仰某種超越存在的心情，此即是「敬」，而此敬足以收斂其身心，或者如眞氏所言能夠「心純而慮一」。

另外眞氏也說：

> 緬觀往昔，百聖相傳，敬之一言，實其心法。蓋天下之理，惟中爲至正，惟誠爲至極；然敬所以中，不敬則無中也。敬而後能誠，非敬則無以爲誠也。〔註105〕

眞氏在此將敬的重要性提高到百聖相傳之心法心訣，足見其在眞氏理論體系的優位

〔註102〕 見〔日〕小島毅著：《中国近世における礼の言説》第四章〈眞德秀的祈禱〉。東京大學出版會，1996 年 6 月。
〔註103〕 見《眞文忠公文集》卷二十四「懿孝坊記」。
〔註104〕 同注 95。
〔註105〕 《眞文忠公文集》卷二十六「南雄州學四先生祠堂記」。

性，眞氏言存誠存敬，甚至強調敬是誠的必要條件，是故眞氏模擬《大學》經文中的句法模式，以爲「敬而後能誠」；不過誠與敬畢竟是工夫論，便如程頤所說「主一之謂敬」、「敬以直內」，以敬之工夫涵養此心，使其不受私慾干擾，涵養既久，則此心常貞定，即能夠讓心從實然的狀態轉至道德的狀態，而能長保如理合法度。〔註106〕眞氏言敬以濂溪主靜、程子主一無適（主一之謂敬，無適之謂一）、及朱子的進路，是以「經驗的敬直那實然心理學的心」，而不是即本體即工夫的孟子明道一系的進路，因此牟宗三先生描述這種歷程是由涵養此經驗的敬心來漸迫近那「於穆不已」之體，並漸轉成道心；然而無論如何迫切，即使轉成道心，亦始終仍是如理合道之心，不是即理之實體性的本心，仍是心理爲二之心。〔註107〕眞氏相信以誠敬的態度，必可上契聖賢之心，眞氏云：

> 士以一身之微，而欲窮天地萬物之理；然而以誠求之，則無不可得。
> 蓋天地之所以爲天地，聖賢之所以爲聖賢，亦日誠而已矣。世之學者，昧
> 操存持養之實，而徒事於語言文字之工，是其心既不誠矣。以不誠之心，
> 而窺天地聖賢之蘊，猶持塵昏之鏡而鑒萬象也。〔註108〕

眞氏在此以「塵昏之鏡」以喻「不誠之心」，除了帶有道家意味的以鏡喻心的本體意義外，當也認爲誠的工夫也就是把心上蒙塵沾灰部分擦拭拂去的工夫。〔註109〕是故眞氏特別拈出當時學者大多昧於「操存持養」的話頭，而缺乏懇切的自省和誠敬的工夫。眞氏曾自述其持敬之道的師承，是合程頤的「主一之謂敬，無適之謂一」、謝上蔡「敬是常惺惺法」與尹焞「敬者，其收斂不容二物之謂」等三者之道〔註110〕；程頤所說強調整齊嚴肅，上蔡強調心不昏昧、戰戰兢兢，尹焞強調收斂身心。此三者之意正可說明「敬」在眞氏道德實踐體系中的意義與傳承。

論者認爲作爲朱學在南宋末期的後勁之一的眞德秀，其主要著作《大學衍義》即是一部特別強調「誠心」理念的著作〔註111〕；同時眞氏整理並組織從周敦頤到朱

〔註106〕 見牟宗三《心體與性體》（二）頁386。
〔註107〕 同注104，頁387。
〔註108〕 《眞文忠公文集》卷二十七〈臨齋遺文序〉。
〔註109〕 朱子亦常以鏡喻心，如其弟子曾問何謂「明明德」，朱子云：「明德是自家心中具許多道理在這裏。……緣爲物欲所蔽，故其明易昏。如鏡本明，被外物點汙，則不明了。」（《朱子語類》卷第十四）又《朱子文集》卷四十九「答王子合」：「心猶鏡也。但無塵垢之蔽，則本體自明，物來能照。今欲識此心，是猶欲以鏡自照，而見夫鏡也。既無此理，則非別以一心又識一心而何？」
〔註110〕 《西山讀書記》卷十九。
〔註111〕 見朱鴻林〈理論型的經世之學——眞德秀大學衍義之用意及其著作意義〉頁17。《食貨月刊》15:3～4（1985）

子對「誠」的看法，並以此觀念為核心帶領出其整部《衍義》的論述，這也是眞氏把此一觀念放在《衍義》首章的用心中看出。從「誠意」到「誠心」，如果以《大學》的理論進路，即心——意——知——物而言，的確是「認識的焦點再不是待格之物而是待誠之心」、「內在優於外在，形上決定形下」〔註112〕，不過這是否就是眞氏的理論侷限之處便有待進一步釐清。眞氏說：

> 誠者無它，不善之萌動於中，則亟反之而已；誠者天理之眞，妄者人為之偽。妄去則誠存，誠存則身正，身正則家治，推之天下，猶運之掌也。
> （《衍義·卷一》）

眞氏在此將「誠」置換格物致知及誠意正心，意謂著缺漏了格致誠正的各條目，也同樣被質疑這樣的做法無疑是縮小（或窄化）了朱子的思想規模；不過如果我們重新檢視，便會發現眞氏此舉的用心，其實是希望集中焦點，避免分散理論力量所不得不用的方法，蓋眞氏認為「蓋誠意正心皆脩身之事，言身則心在其中矣」、「敬則意誠心正在其中矣」（《衍義·卷一》）《衍義》作為經筵進講的文本，在理論上必須暫時放下其道德性論述，並策略性地採取較為簡明直捷的方式讓人主了解（指宋理宗），如果在一開始便從格物致知說起，必然會使理論向哲學性傾斜，而削弱在言說上的力度。但眞氏顯然理解到這一點，所以他把《大學》的格致誠正脩齊治平的一套實踐順序簡化成「誠存則身正，身正則家治，家治則可將天下運乎掌」，讓理宗能夠很快進入《衍義》的言說氛圍與理論體系裏。因此與其說眞氏此種做法是縮小了朱子的思想規模，不如說是策略地改變言說方式以適合場所，然而其精神仍然沒有遠離朱子的思想，只是在推論時暫時地擱置格致誠正而代以「誠心」之說而已。所以這種做法是否眞的如論者所言是「對客觀存在的事物與人們所產生的關係之處理，卻顯得次要了」〔註113〕，是值得再三斟酌的，畢竟《衍義》首章是言「帝王為治之序」，眞氏已經把從中庸、周敦頤及朱子論誠偏向道德性論述的重心，轉移到尋求帝王為治時必先誠心，也就是說當說服的對象從個人轉變到帝王時，就不能只憑藉理論性的說明，而必須援以歷史經驗與教訓來讓理論趨於可信，此時所謂的「客觀存在的事物與人們所產生的關係」，也不必全然是從道德主體所輻射出去的世界，而必然更加曲折複雜，所以本文以為眞氏的簡化是必要的，也是聰明的做法。

此外，眞氏在《衍義》首章論誠心時再次印證「誠偽之辨」依然是理論重心，也繼承了北宋諸家以及朱子對於「誠」的看法，如：

〔註112〕同前注，頁 19。
〔註113〕同前注。

臣嘗論之中也者，以其天理之正而無所偏倚也；仁也者，以其天理之
公而不蔽於私欲也；誠也者，以其天理之實而不雜以偽妄也。(《衍義‧卷
第十三》)

這裏所說「誠者以其天理之實而不雜以偽妄」實已不言而明地繼承了周子、張載、
二程以及朱子對誠的解釋傳統；然而如前所說，真氏所強調的誠心，其心所發用之
處，已經逐漸剝落其道德性，而轉而以心發用於現實世界所取代；也就是說真氏著
重於由歷史經驗中淬鍊出終極的法則，從具體的事件中反覆證明誠心的重大效用，
其說表面上看起來真氏是主張帝王必先誠心然後才能脩齊治平，然而細觀之會發
現，其實真氏所採取的是以經驗法則來驗證誠心的重要性，也就是從認知心逆推回
道德心，以具體實存的事件反證抽象事理的存在與重要性。

　　另外真氏對「誠」的理解，也把誠的本源為一道德創造性的自由無限心的性質，
轉化為一「超越的道心」，此一道心實際上即為一由客觀歷史發展所提煉出的道，而
原本發用於道德行為的「實理」，也變成「實存之事理」，而不僅是具有真實呈現的
性理之義而已。真氏當然關注形上之理，然而在形下的意義上，真氏顯然已經進一
步把朱子認為道就在日用倫常（如君臣父子夫婦昆弟朋友）中的呈現，推擴到一個
比較遠的地步，或者說真氏所掌握的「實理」，就是「實有是體，實有是用」〔註114〕，
與其說誠體，不如說誠之發用作用來得更加易於把握，也證明「體用一源」之妙。
因此真氏曾引宋高宗之言以喻理宗：

　　臣某嘗恭聞　高宗皇帝有曰：「人欲明道見理，非學問不可，惟能務
學，則知古今治亂成敗，與夫君子小人善惡之迹，善所當為，惡所當戒，
正心誠意，率由於此。」夫務學然後能明道見理，明道見理然後能誠意正
心，與《大學》之言脗若合符。(《真文忠公文集‧卷十八「講筵卷子：大
學致知誠意二章」》)

真氏在這裏將《大學》中格物的內容，除了定位在辨君子小人善惡之迹外，更視「古
今治亂成敗」為帝王格物之學之重要內容，真氏落實《大學》中所說「自天子以至
於庶人，壹是皆以修身為本」的精神，並在教育帝王的方法和內容上做出調整，以
為「至於輔臣奏對，尤當從容；人材進退，必叩之以賢否。凡此皆所謂格物。」、「惟
陛下曲留聖心，孜孜不倦，若於事物之理，窮得一分，則陛下之知識亦進一分，此
之謂知至。」〔註115〕真氏並不因墨守其儒生身份，專以心性之學言《大學》，反而
突顯程頤謂所說之格物義，如多讀書講明道義、或論古今人物而別其是非，皆是窮

〔註114〕　《西山讀書記‧卷十五》釋「道」。
〔註115〕　《真文忠公文集‧卷十八》「講筵卷子：大學格物致知章」。

理之方法，來教育帝王。至於誠意，較容易流於格君心之非，所以眞氏將誠的工夫「謹獨」與「敬」等同起來，強調「陛下以文王爲法，臨朝必敬，而退居深宮亦必敬，對群臣必敬，而退與嬪御近習處亦必敬，如此則謹獨之道得矣」，事實上眞氏將誠與敬合爲一說，程頤就曾經說過：「誠然後能敬，未及誠時，卻須敬而後能誠。〔註116〕」又說「敬是閑邪之道。閑邪存其誠，雖是兩事，然亦只是一事。閑邪則誠自存矣。〔註117〕」然而誠與敬在程頤那裏畢竟還是人在獨知時所須把握的工夫，但到了眞氏那裏，便把敬的對象從內在擴大到外在，從形上延伸至形下，因爲對帝王來說，他所要誠所要敬之事自然不必只限於個人道德之事，而必以政事以說明，才能讓帝王感到親切而實際。

在此以眞氏另一段文字總結其論誠之成果：

> 夫誠之爲道，可以參天地、贊化育，其功用大矣。然求其用力之地，不過曰無妄也，不欺也，悠久不息也。盡此三者，而誠之體具矣。何謂「無妄」？純乎眞實，而不雜以虛僞是也。何謂「不欺」？戒謹其所不睹，恐懼其所不聞是也。何謂「不息」？終始惟一，時乃日新是也。此三者有一之未至焉，則去誠遠矣。〔註118〕

從眞實無妄到不欺，到至誠無息，眞氏繼承易傳到中庸的誠的精神，也總結了北宋以來理學家論誠的成果，徹上徹下，由內而外，從本體到工夫，眞氏對誠的論述具體而微地體現了當時理學家對此重要品格的召喚，與深切的期待。

第四節　師道〔註119〕──「誠」的另一種實踐

「師」的原意原指兩千五百人之眾，大概與軍事集團有密切的關係，後來發展成以教化爲師已經是引申出來的意義。一般來說，「師道與君道正和傳統所謂道統與治統二義相當」。〔註120〕在春秋戰國以前處於政教合一的狀態，因此君即是師、師即是君；但在春秋戰國之後，禮崩樂壞，政治體制瓦解，士大夫從封建貴族階層中游離出來，於是他們以道自居，使得「政統與道統兩個相涉而又分立的系統遂孑然

〔註116〕 《二程遺書・卷第六》〈二先生語六〉。
〔註117〕 《二程遺書・卷第十八》〈伊川先生語四〉。
〔註118〕 《眞文忠公文集》卷三十七〈辛己上皇子書〉。
〔註119〕 「師道」作爲聯屬的名詞產生於《漢書・匡衡傳》：「望之奏衡經學精習，說有師道，可觀覽。」見鄧志峰《王學與晚明的師道復興運動》頁 23。北京：社會科學文獻出版社。2004 年 1 月。
〔註120〕 同前注，頁 19。

挺立，前者以王侯爲主體，後者以師儒爲根幹，道統高於政統，道相對於勢具有無比的優先權。」〔註121〕

　　慶元黨禁或許是韓侂胄向那些好批評政府的儒學展示權力的一個示範，但對於儒學內部來說，也可能是對程朱獨霸學術地位的一個反動〔註122〕；不過更重要的一個問題，卻在南宋儒學殿軍時期的眞德秀和魏了翁的言論裏得到新的發現。魏了翁曾說：

> 〔……〕而知莫敢言，言莫敢盡，非誠不敢也，彼其心謂吾君不能行，謂吾相不能受，寧襮順而裏藏，面從而腹誹，人見其同也，而臣見未嘗同也。人謂其有禮且敬也，臣謂其至無禮也至大不敬也。雖然，士習於此，亦有由然者矣：老師宿儒，零替殆盡，後生晚輩，不見典刑，既無所則效，重以正人端士，散漫不合，故妄揣時尚，習諛踵陋，而久不知覺，臣爲此懼深。（《鶴山先生大全文集》卷十六，「論士大夫風俗」）

〔註123〕

> 猶以見　先朝表章風厲，有益於人心者若此，自學禁既密，士習日浮，夫所謂伊洛之學，非伊洛之學也；洙泗之學也。非洙泗之學也，天下萬世之學也。〔……〕然老師宿儒，零替殆盡，後生晚學，散漫亡依，其有小慧纖能者，僅於經解語錄，諸生揣摩剽竊，以應時用，文詞浮淺，名節隳頓。（《鶴山先生大全文集》卷十六，「論敷求碩儒開闡正學」）

朱子於慶元六年辭世（1200），對於才剛登第的眞德秀（1199）和魏了翁而言，他們所看到的學術現象，正是「老師宿儒，零替殆盡」的青黃不接的窘境，所以魏了翁或許已經發現剛剛遭受政治打擊的程朱學派有受到強烈質疑的情形，所以爲他所信仰的朱子學說正名，從「伊洛之學」到「洙泗之學」再到「天下萬世之學」，魏了翁希望能夠扭轉當時士大夫從政治衝擊下產生的迷惘與成見，再一次建立起士大夫對儒學的信心。而關於「師道不立」的問題，北宋初年的理學之士就已經意識到這個問題：

> 師道廢久矣，自明道景祐以來，學者有師，惟先生（按：指胡瑗）暨泰山孫明復石守道三人，而先生之徒最盛，其在湖州之學，弟子去來，常數百人，各以其經轉相傳授，其教學之法最備。〔註124〕

〔註121〕同前注，頁21。
〔註122〕同前注，頁185。
〔註123〕據景印宋刊本《鶴山先生大全文集》，收入《四部叢刊正編》集部。臺灣商務印書館。
〔註124〕見《五朝名臣言行錄・卷十「安定胡先生」》。

徂徠石守道常語學者曰：「古之學者急於求師。孔子大聖人也，猶學
禮於老聃，學官於郯子，學琴於師襄，矧其下者乎！後世恥於求師，學者
之大蔽。乃爲〈師說〉以喻學者。」〔註125〕

北宋三先生胡瑗、孫復、石介在師道思想的發展史上具有重要的地位，胡瑗以教育
聞名，孫復與石介則因維護道統而爲人所熟知。

真德秀在《西山讀書記》中亦有專論「師道」篇章，足見其重要性。而師道不
立，除了與當時東南三賢朱熹、張栻、呂祖謙皆已謝世而無足以爲法式之人的原因
之外〔註126〕，另一個重大的原因恐怕就在於儒學受到政治的壓迫，但道學家囿於「治
道」（即「政治制度」）還處在一個摸索建立的階段，一時還找不到適當的方式與當
權的政治勢力作制衡，所以便產生回到儒學的內部傳統中去尋求解答，這樣的外緣
因素也讓儒學在宋朝時獲得另一種深化的改變。〔註127〕準此，一個人人望治的聖君
尚未出現，而政治制度又未臻建全，所以道學家就期待一個聖人來作爲人君、或準
備進入官僚體系的士人的範式；同時，道學家也不放棄作爲政治最高領導地位的國
君同時具有聖賢德性的終極想望，故真氏引《禮記》云：

知學者至乎學之難易，又知其資質之美惡；能博喻然後能爲師；能爲
師然後能爲長；能爲長然後能爲君。故師也者，所以學爲君也。是故擇師
不可不愼也。〔註128〕

此處「師也者所以學爲君也」當爲一比喻，比喻「爲師」與「爲君」在某種程度
上有其類似之處，或者說此處其實也隱含了道學家的一種素樸的民主思想——即
提醒人民善選師長（國君）的重要性，不可不愼，而道學家召喚完美聖君形象或
者也可從此窺見一二。因此真德秀在論師道時最後摘取了周敦頤在《通書》中的
話作爲結尾：

或問曰：曷爲天下善？曰：師。何謂也？曰：性者、剛柔善惡中而已

〔註125〕同前注。

〔註126〕如劉光祖也說：「比年以來，士大夫不慕廉靖而慕奔競，不尊名節而尊爵位，不樂
　　　　公正而樂軟美，不敬君子而敬庸人，既安習以成風，謂苟得爲至計。良由前輩老成，
　　　　零落殆盡，後生晚進，議論無所據依，學術無所宗主，正論益衰，士風不競。」見
　　　　《宋史》卷三百九十七，列傳第一百五十六「劉光祖傳」。

〔註127〕古時君王除了對少數知識分子的前輩領袖是以「師禮」事之外，其次平輩而聲譽卓
　　　　著的以友處之，至於一般有學問知識的人則用之爲臣。因此對儒家所信仰的道統來
　　　　說，師儒才是主體，當然不免產生「德」與「位」的衝突。見余英時〈道統與政統
　　　　之間〉。收入於氏著《史學與傳統》，臺北：時報出版公司。

〔註128〕見《西山讀書記·卷二十一》「師道」。景印〔清〕文淵閣四庫全書本，冊715。臺
　　　　灣商務印書館。

矣。不達。曰：剛善：爲義，爲直，爲嚴毅，爲幹固。惡：爲猛，爲隘，爲彊梁。柔善：爲慈，爲順，爲巽。惡：爲懦弱，爲無斷，爲邪佞。惟中也者，和也，中節也，天下之達道也，聖人之事也。故聖人立教，俾人自易其惡，自至其中而止矣。故先覺覺後覺，暗者求于明，而師道立矣。師道立，則善人多。善人多，則朝廷正而天下治矣。

周子此段言師道，「旨在明道德踐履惟在經由師友之相感召自覺地變化氣質以完成其仁義中正之德行也」〔註129〕，牟先生同時指出周子此處所指的「性」，實爲「氣質之性」而言，而非指「誠體」爲性；但是到了朱子那裏，卻強調「氣質」在性中的作用產生的差異，而與明道強調超越性體之性也同樣能夠從限制的氣質之性中展現不同。順著前文的討論，容或可以如此判定：即朱子與北宋周敦頤或程明道在論「誠」體不同的地方，在於朱子看到了人性較爲曲折的表現；朱子在面對「誠」與「僞」的問題時，就已經把他與前行儒者的差異劃分出來，這種「義理之性」與「氣質之性」的對揚，或許也是朱子在此時已經對人性的詐僞奸邪的部分有了新的體認，但仍不願放棄改造的決心，於是朱子的誠意說便展現了他對人性包容與諒解；也就是本章前面所引關於劉光祖與朱子對於誠意的看法，即以「實」來釋誠，在肯定純粹的天道流行直貫性命的同時，也看到了人在道德實踐上的艱難或游疑的地方。

儒學一向重視師道，從韓愈〈師說〉開始，就確定儒學之所以如此重視師道的原因，即在於師道就是「學爲人之學」，錢穆先生說：

> 儒學最重要的中心，乃是學爲人之道。授業解惑，固亦師道所宜盡，但其最主要中心，則爲傳此學爲人之道。〔……〕凡學儒學，其主要目標，即在學爲人，學爲聖賢，而其道即師道。〔……〕師道之重要，即在傳授此道，解釋發揮此項大理論，教人實踐此爲人之道。最低限度，不要淪爲不算人。〔註130〕

從誠僞之辨開始，宋儒便開始反省當時士人學習的動機，程頤曾經憂心士多爲名利而學，「爲名而學則僞」〔註131〕是程頤以嚴屬的語氣對這種扭曲的現象的沈痛發言，也就是說當時士人已經在價值觀上迷失，到了南宋這種情況更加在僞學的政策打壓下更加嚴重，所以召喚或重建師道的原因不在於儒生想爭回地位，而是

〔註129〕 見牟宗三《心體與性體》（一）、頁336。臺北：正中書局。1989年5月臺初版第八次印行。
〔註130〕 見錢穆《歷史與文化論叢》頁234。臺北：東大圖書公司，2004年3月。
〔註131〕 《西山讀書記》卷三十三。

希望透過老師以傳授正確的爲人之道，而整個宋代理學，也就是爲樹立一個爲人之學而努力。

第五節　本章結語

本章通過對南宋的慶元黨禁的考察，提出「誠僞之辨」可以作爲了解南宋理學發展的一個進路；周敦頤消化自中庸易傳的誠，把誠提高到本體的高度，到了朱子將誠進一步在大學誠意章裏發揮「眞實無妄」之意，以「實」來釋誠，是因爲朱子在遭受僞學之禁的攻擊之後，對於誠體是否能夠如此圓滿而純粹地貫注到人心感到保留，於是把原本反道學家的「僞」、「表裏不一」等攻擊性語言轉化成爲豐富其理論的驅力，藉以反省人在道德實踐中所產生的行爲高下差異的究竟原因。反道學家偷渡儒家道德判斷的字眼「僞」來攻擊道學家，以是使道德性的論述開始進入政治性的場域裏，實是中國政治在道德判斷與歷史判斷上夾纏的再一次呈現。朱子接受這個挑戰，在僞學之禁極密時退而結網，以認識並把握天理的實與不實來解釋聖人與欺瞞詐僞之人所產生之由。

眞德秀作爲朱學的私淑弟子，其說自然謹守師說，然而在釋誠的部分卻把朱子的誠意進一步內化成誠心，並將之提高成歷史的某種法則，以作爲《衍義》的理論之用。除了道德性的論述外，眞氏以諸多歷史具體實存的事件爲例，說明誠的發用之重要性與優位性，以此作爲「帝王爲治之序」第一；假如暫時擱置究竟內聖是否能夠通外王的問題的話，或者我們也可以說：眞氏此舉實是秘密地爲僞學之禁辨誣，爲朱學解套，並把朱子平生自認最有所得的「正心誠意」之學視爲爲治之道，其做爲學生的心意不言而喻；然而這種完全仰賴聖君賢相的不穩定理論，似乎又反證某種政治發展的侷限——制度或結構的問題最終必將牽涉到人或行爲動力的問題，也就是說南宋作爲一個以文士爲主要政治結構的國家型態，或許正是實踐某種文官制度可能的開始，不過也就因爲過於仰賴文官，所以間接地導致一種「理論化的經世之學」的產生。〔註132〕不過，南宋儒者（尤其是道學家）雖然深受欺世盜名之污名化所苦，然而他們似乎也看透了皇帝和這套官僚制度的虛僞，並深切覺悟到非得從改善道德風氣上來倡導精神改革，這其實也就是南宋道學最基本的問題所在。〔註133〕

〔註132〕元人譏宋謂曰「宋治儒弱，文繁實少」。見《宋史紀事本末》張溥前敍。臺北：華世出版社，1976 年 12 月。

〔註133〕見劉子健〈南宋君主與言官〉，收入於氏著《兩宋史研究彙編》頁 18。臺北：聯經出版公司。

　　至於「誠」之是否能夠實踐，除了靠個人所學及所領悟外，其實也要靠客觀制度的建立。「誠」之所以爲宋朝以來儒生及理學家常見的討論主題，當然是因爲理學家們有感於道德教育或品格教育在不斷淪喪中；而品格教育有幾種學習過程，一種是經由結果來觀摩學習，例如從一個聖賢人師身上學習（即「師道」）；另一種則要靠客觀機制的建立，要眞正學習到好的品格，需要一個有效的機制，譬如去找到主流價值、考量社會傳統文化的種種條件，找到社會共通價值。從北宋以來，理學家們就希望藉由儒學內部的傳統，試圖建立一個共有的價值體系，樹立一以「誠」爲主流價值的社會。然而光是從儒學內部去尋找動力，似乎仍然不脫爲封閉系統而缺乏更大的力量，甚至在推動這個價值的建立中也遭遇到學術與政治上阻礙，再一次無奈地掉入歷史的循環中。

第四章　眞德秀的道統觀

第一節　道統的意義

《宋史・道學傳》言：

> 道學之名，古無是也，三代盛時，天子以是道爲政教，大臣百官有司
> 以是道爲職業，黨庠術序師弟子以是道爲講習，四方百姓日用是道而不
> 知，是故盈覆載之間，無一民一物不被是道之澤，以遂其性，於斯時也，
> 道學之名何自而立哉，文王、周公既沒，孔子有德無位，既不能使是道之
> 用漸被斯世，退而與其徒定禮樂、明憲章、刪詩、修春秋、讚易象、討論
> 墳典，期使三五聖人之道昭明於無窮，故曰夫子賢於堯舜遠矣。孔子既沒，
> 曾子獨得其傳傳之子思以及孟子，孟子沒而無傳，兩漢而下儒者之論大
> 道，察焉而弗精，語焉而弗詳，異端邪説起而乘之，幾至大壞，千有餘載，
> 至宋中葉周敦頤出於舂陵，乃得聖賢不傳之學，……，張載作西銘又極言
> 理一分殊之情，……，仁宗明道初年程顥及弟頤是生及長，受業周氏已，
> 乃擴大其所聞，表章大學中庸二篇與語孟並行，於是上自帝王傳心之奧，
> 下至初學入德之門，融會貫通，無復餘蘊。迄南渡新安朱熹得程氏正傳，
> 其學加親切焉，大抵以格物致知爲先，明善誠身爲要。

《宋史》首創「道學傳」，並標舉「道學」一名，並明確地說明三代以上因爲道自然
眞實地流行於日用倫常，故如老子所言之「太上，下知有之」的理想社會，不論堯
舜禹湯文武周子等天子以至人民，都能充分實現道之本性；然而從孔子開始，便開
始遠離這種儒家式道德的烏托邦社會，孔子成爲一個有德無位的聖人，於是退而結
網作文化學術的創造與整理的工作。這一區分確如余英時所強調：

　　自「上古聖神」至周公是「道統」的時代，其最顯著的特徵為內聖與
外王合而為一。在這個階段中，在位的「聖君賢相」既已將「道」付諸實
行，則自然不需要另有一群人出來，專門講求「道學」了。周公以後，內
聖與外王已分裂為二，歷史進入另一階段，這便是孔子開創「道學」的時
代。宋代周、張、二程所直接承續的是孔子以下的「道學」，而不是上古
聖王代代相傳的「道統」。〔註1〕

余書清楚說明「道統」的由來，並提出「道統」二字最早是由李元綱在《聖門事業
圖》拈出，但李文的原文是「傳道正統」，而不是「道統」，而真正將「道統」觀念
奠定意義的，實為朱熹大弟子黃榦。黃榦在〈徽州朱文公祠堂記〉中說：

　　道原於天，具於人心，著於事物，載於方策：明而行之，存乎其人。
　　〔……〕堯、舜、禹、湯、文、武、周公生而道始行；孔子、孟子生而道
　　始明。孔、孟之道，周、程、張子繼之；周、程、張子之道，文公朱先生
　　又繼之。此道統之傳，歷萬世而可考也。（《勉齋集》卷十九）

所以上古聖神的時代，是一個「道統的」、「內聖與外王合一的」、「道始行」的時
代；而從孔子、孟子以下，則是一個「道學的」、「內聖與外王分離的」、「道始明」
的時代。關於上古聖神是否為一個內聖與外王合一的時代，可以以孟子之說作為
佐證：

　　孟子曰：「由堯、舜至於湯，五百有餘歲。若禹、皋陶則見而知之；
　　若湯則聞而知之。由湯至於文王，五百有餘歲。若伊尹、萊朱則見而知之；
　　若文王則聞而知之。由文王至於孔子，五百有餘歲。若太公望、散宜生則
　　見而知之；若孔子則聞而知之。由孔子而來至於今，百有餘歲，去聖人之
　　世，若此其未遠也，近聖人之居，若此其甚也。然而無有乎爾，則亦無有
　　乎爾！」（盡心下）

這一段文字也同樣被將上古三代之治，視為是一個「聖王合一」的傳統〔註2〕；儒
家之所以會將上古聖神視為理想的帝王，其原因就在於他們能夠將道德與政治結
合，由一個完美的道德人格精神發而為政治之用，也使人民從禮樂政治制度中陶冶
性情，各得性情之正。因此牟宗三先生有言：

　　堯舜禹湯文武周公是王者開物成務之盡制，是原始的綜和構造，是皇
　　極之一元，而孔子對於道之本統之再建則是太極人極皇極三者之並建，而
　　以太極人極為本，以皇極為末：太極是天道，人極是仁教，皇極是君道；

<hr />

〔註1〕見余英時《朱熹的歷史世界》頁42。臺北：允晨出版公司。2003年6月。
〔註2〕見王邦雄《孟子義理疏解》頁363。

太極是本，人極是主，皇極是用；仁者人之所以立，證實天之所以爲天，

而皇極則是其廣被於客觀政治社會之用。〔註3〕

所以儒家道統所要證成的「道」，是以道德性（內聖）爲優位，而不是以政治性（外王）爲優位；「道德性是每個人之必然的義務，而外王是得之有命，是每一人之偶然義務」〔註4〕。固然儒生都希望經世致用，但「有道則用，無道則隱」的最高指導原則還是深深影響著儒生的出處進退。

宋史之所以獨標「道學」，固然是因爲道學本是宋代學術的最主要成就，也是後代辨識宋代的符號；但更重要的是，道學傳所樹立的學術社群，也以程朱之學爲主幹，僅有二十三人，分別是周敦頤、程顥、程頤、張載、邵雍、劉絢、李籲、謝良佐、游酢、張繹、蘇昞、尹焞、楊時、羅從彥、李侗、朱熹、張栻、黃幹、李燔、張洽、陳淳、李方子、黃灝。《宋史》特立「道學」傳，以與「儒林」有別，亦即是以專言天道性命爲道的道學的重要意義。除此之外，更可以從李心傳之《道命錄》進一步看出宋代道學的特色：

〔……〕蓋自伊川之被薦而入經筵，逮今百四十年矣，愚不佞，蓋嘗網羅中天以來，放失舊聞，編年著錄，次第送官，因得竊考道學之廢興，乃天下安危國家隆之所關繫，未嘗不歎息痛恨於惇京檜侂之際也！程子曰：「周公殁，聖人之道不行，孟軻死，聖人之學不傳。」夫道即學，學即道，而程子異言之何也！蓋行義以達其道者，聖賢在上者之事也；學以致其道者，聖賢在下之事也。舍道則非學，舍學則非道，故學道愛人，聖師以爲訓，倡明道學，先賢以自任，未嘗歧爲二義焉。自數十年不幸憸邪讒諂之小人，立爲道學之目以廢君子，而號爲君子之徒者，亦未嘗深知所謂道所謂學也，則往往從而自諱之，可不嘆哉！子曰：道之將行也與，命也；道之將廢也與，命也。故今參取百四十年之間，道學廢興之故，萃爲一書，謂之道命錄。蓋以爲天下安危國家隆替之所關繫者，天實爲之，而非惇京檜侂之徒所能與也。（《道命錄》序）

李心傳在這裏質疑程頤將「道」與「學」析之爲二，似乎與本章前述所徵引之諸條文有差異，不過李心傳反對程頤的部分，似乎是李心傳認爲程頤所說會讓後人誤認「道」與「學」爲二事，其實程頤之說，應該是描述某種歷史現實之語，李心傳因爲感受到國家受到奸邪竊柄而辭氣略顯激憤而作此言；同時也可以從後文中發現，

〔註3〕見牟宗三先生《心體與性體》第一冊，頁262。臺北：正中書局。1989年5月第八印。

〔註4〕同注3，頁263。

李心傳對於那些因為偽學之禁而噤聲晏行之人感到失望，並且認為這些人就是因為將「道」與「學」析為二事，所以臨事退卻；「道」既然遭禁，就退居第二線的「學」以全身保命。因此在《道命錄》的序文中，處處流露出李心傳對於道學不可二分的堅持，以及對奸邪讒佞小人的痛恨之情。

同樣的，真德秀在「道」與「學」是否二分的問題上，也提出看法：

> 蓋古者，學與事一，故精義所以致用，而利用所以崇德。後世學與事二，故求道者以形器為粗跡，而圖事者以理義為空言。此今古之學，所以不同也。自聖門言之，則灑掃應對，即性命道德之微，致知格物，即治國平天下之本，體與用未嘗相離也。（〈鉛山縣修學記〉，《文集》卷二十五）

真氏這段解釋他心目中古今之學之異的言論，似乎也粗略地描繪了人文發展的簡單脈絡；如果不過分引喻失義的話，那麼《莊子》的混沌寓言，也可以挪用來解釋道與學被區分為二的斷裂情形。只是對儒家來說，道家回返生命本然之真的要求，在這裏被回返道德的烏托邦所取代，儒家思想中那種嚮往理想的德治主義和人文精神，經過歷史的演化已變得去聖邈遠，而原來的理想也掛空成為乾枯的永恆形象，於是後繼者也只能從前行者的不斷追憶重述中重建儒家道德的理想主義。這也就是為什麼孟子會特別點出「禹和皋陶之於成湯」、「伊尹和萊朱之於文王」、「太公望和散宜生之於孔子」這數組關係，並強調沒有這幾組關係的前者，就不會有後者的王者之興，德治之盛，這也是突顯人文主義傳統需要透過一代代的傳述者的認識和把握，才有將傳統繼續維繫的可能，也就是說這些中介者的出現，是因為後者已經難以完全掌握歷史文化的精神全貌，所以才需要通過中介者、傳譯者，而這種型態也正是所謂「學」的型態。只是真氏除了這層意義之外，他更提出當時他對宋代學術環境的觀察，認為文化傳統已經從「學與事一」下降到「學與事二」之外，更對學的精神認識不清，「求道者以形器為粗跡」「圖事者以理義為空言」，原本可以通過學以回返事與學合一（或道學合一）的境地，然而當時的情形似乎往而不返，求道者與求學者成為一種緊張的態勢，互相懷有成見而不再彼此信任。這種情形似乎與當代關於「兩種文化」的論戰有某種程度的類似。﹝註5﹞不過與當代論戰不同的是，真氏並不認為這是人文歷史發展的必然趨勢，而把這種情形歸咎於對「體用合一」

﹝註5﹞ 所謂「兩種文化」的衝突，是英國小說家及科學家史諾所提出，他指出以「文學為主的知識分子」與「自然科學為主的知識分子」在學術性格與價值理念上有極大的不同，並以此認為世界因為以此二者為主的知識分子而割裂。史諾主要抨擊是來自對於以文學為主的知識分子長期霸佔「知識分子」此一頭銜感到不滿意而發此言論。見 C.P Snow《兩種文化》，臺北：貓頭鷹出版社。

的把握不夠所致。這樣的說法不免令人感到失望，也無怪乎論者會認為將「政治生命化」的傾向〔註6〕，而沒有意識到歷史發展的趨向，忽略了客觀世界已經改變的事實。關於這部分，早有歷史學家挪用物理學中的熱力學第二定律「熵」（entropy，即「能趨疲」）的概念試圖解釋這種歷史現象〔註7〕，而得出歷史的發展總是從穩定趨向混亂、從單純趨向複雜、從集中趨向離散，因此如《聖經》中「創世紀」所言及關於人的墮落、《莊子》關於「混沌」（chaos）的寓言，都可以看做這種歷史發展的隱喻（metaphor）。因此「道」與「學」或「道統」與「道學」的關係，也可以視為這種能趨疲現象在儒學發展中的呈現。

　　道統的觀念前行學者已經論述得十分清楚，尤其以陳榮捷先生將伏羲——神農堯——舜——禹——湯——文——武——周公——孔子——顏子——曾子子思——孟子——周子——二程——朱子為儒家道統的基本圖式，並將此儒學道統本質規定為哲學性的意義。陳榮捷先生說：

　　　　道統之緒，在基本上乃為哲學性之系統而非歷史性或經籍上之系列。

　　進一步言之，即道統之觀念，乃起自新儒學發展之哲學性內在需要。于此

　　吾人可知新儒學之整個觀念，乃建立在理之觀念上。〔註8〕

陳榮捷先生此處所標舉的道統之內在哲學性，是以書經之「人心惟危，道心惟微，惟精惟一，允執厥中」為起點，堯得之於天，舜得之於堯，舜命禹，文、武、周公又得禮、敬、義諸德於禹，孔子得之於文、武、周公，並以之傳授與顏子為博文約禮之學，再傳至曾子而為大學格致誠正之學，子思受曾子之學以傳孟子，孟子講求放心與集義，周子對誠意之說有發展，二程放居敬窮理之學有體會，而前此諸說，均可從朱子所編集之四書中找到線索，故以朱子作為儒學道統之集大成者。〔註9〕陳榮捷先生並以此哲學性之本質排除漢唐經學章句諸儒，以其「對理學並無貢獻」，其實陳榮捷先生之說法也就是以程朱（尤其是以朱熹為主）學派為道統的主要脈絡主幹。這樣的了解自然有其合理之處，尤其是南宋儒學在經過反省北宋儒學的失敗後，發現到北宋儒者介入政治過深，過於在意經世和制度，才導致朱子學派想要以重建哲理來挽救儒學在當時所面臨到的困境。〔註10〕朱子提出道統的問題，是要以改進當時的風氣和整體環境為著眼點，當然他首先遇到的問題就是建立系統的合法

〔註6〕見蔣慶《政治儒學——當代儒學的轉向、特質與發展》頁25。北京：三聯書店。2003年5月。

〔註7〕見雷夫金（Jeremy Rifkin）《能趨疲：新世界觀》，臺北：志文出版社。

〔註8〕見陳榮捷《朱學論集》頁17。臺北：學生書局。

〔註9〕同前注。

〔註10〕見劉子健〈宋末所謂道統的成立〉，收入於氏著《兩宋史研究彙編》頁257。

性，因此他編纂《伊洛淵源錄》〔註11〕，「伊洛」指的是「伊水」和「洛水」，伊川學派也被稱爲「洛學」，表明是上承北宋五子的眞傳；除了在學術上爭「正統」外，也要爭政治的領導地位——即「道統」。〔註12〕朱學「以漢抗夷，確定南宋是正統；要保存國粹，確定洛學是道統」，但是把哲學的傳統拿來作爲政治正統，似乎有些混淆不清之處，這也就是爲什麼反道學家會對朱學要既作學術正統，又想要爭政治正統的心態感到不耐的原因。〔註13〕

　　姑不論道統問題的提出，究竟是因爲儒學理論內部哲學性的需要而不得不發生，還是因爲宋朝儒學面臨異端（尤以禪宗爲主）的挑戰而對之回應所建立，都不得不承認《宋史》所說「道學之名，古無是也」的基本眞實。然而平心而論，道學家所肯認的「道統」，實爲一虛擬的傳統；如從純粹考據的立場來看，也就是「根據許多未證實的傳說所構築成的一種主觀信念」〔註14〕；然而如果我們從代代相傳之聖哲所再三重申發揚的道統意義中可以發現，「道統成立的眞正基礎在於此心此理之體認」〔註15〕當是不易之論。而本文所說道統實爲一虛擬的、想像的傳統（眞氏所謂「相傳之大概」〔註16〕），其意義也在於唯有透過這種「想像的傳統」或「想像的共同體」的凝聚，才能在道與命相互衝突的時代環境中找到安身立命的理據。因此回到李心傳的《道命錄》裏，我們會發現李心傳之所以不用「道統錄」爲名，也同樣是因爲他切實地感受到作爲儒學價值根源的「天理」，已經被諸多邪魔外道所障蔽，即已經到了孔子所說「道之將行也與，命也；道之將廢也與，命也」的道命對

〔註11〕《四庫全書總目》卷五十七《伊洛淵源錄》提要說：「宋人談道學宗派自此書始，而宋人分道學門户亦自此書始。」後來《宋史》立「道學傳」更接續此書的思路，在歷史記載中眞的確立了所謂「道統」。葛兆光《中國思想史》卷二）頁227。另外，朱子的《伊洛淵源錄》並不是如南宋以來諸多虛玄地談論儒家道統、或藉攀援道以爭取名位，而是一部匯編伊洛二程學派的資料而研究它的學派傳授淵源的專著。見束景南《朱子大傳》（上）頁332。

〔註12〕程朱學派以道爲出發點，並進而強調道統的概念，即是爭取合法傳承譜系。這個道統有兩重的借用意義：一方面借用歷史編纂學當中的「政統」，即王朝之間的合法繼承關係；另一方面，借鑒了佛教，特別是禪宗祖師向繼任者傳衣缽的行爲。見劉子健《中國轉向內在——兩宋之際的文化內向》，頁136。南京：江蘇人民出版社。2001年12月。

〔註13〕這種以「思想傳承」來爭取正統地，有可能間受佛教宗派傳承的啓示。佛教門徒藉修史來爭取正統地位，自有其長遠的歷史。見黃進興〈「學案」體裁產生的思想背景〉收入於氏著《優入聖域》，臺北：允晨出版公司。

〔註14〕見劉述先《朱子哲學思想的發展與完成》第八章「道統之建立與朱子在中國思想史上地位之衡定」，頁421。臺北：學生書局。

〔註15〕同前注。

〔註16〕《西山讀書記》卷二十八「孔子顏曾傳授」。

揚的地步，道統之說到了後來的確成了一個「超越信仰層次的問題」〔註17〕，甚至變成所謂「知其無可奈何而安之若素」的最高實踐原則。然而李心傳對於程頤的誤會，或者也可以解釋「道學」與「儒林」的分別：即「道」與「學」是兩端，如果人之生命或人格型態（道）與其學術性格或成就（學）距離愈遠，則愈不純粹，也就是說愈不能接近道學傳所設立的標準；反之如果「道」與「學」的距離愈接近，也就愈接近道統所隱含的價值。道統所預設或隱含的最高理想範型，其實就是道與學合一，不過這裏的「道」顯然還是以「性即理」爲學術特色的程朱學派爲主，而不以在理論性格上可能更接近道德與生命合一的「心即理」的陸學爲考慮。在這一點上，道統的問題的確有某種程度的主觀性與排他性，以及理論的缺陷。〔註18〕這恐怕也是直到身後仍未得見僞學弛禁的朱子所未料想到的「不虞之譽」吧〔註19〕。

道統之說從孟子以降，經歷了韓愈重新提倡獲得新生命，到了朱子的《中庸章句》裏說道：

> 道統之傳有自來矣。其見於經，則允執厥中者，堯之所授舜也。人心惟危，道心惟微，惟精惟一，允執厥中者，舜之所以授禹也。……自是以來，聖聖相承，若成湯文武之爲君，皋陶伊傅周召之爲臣，既皆以此而接夫道統之傳。若吾夫子則雖不得其位，而所以繼往聖開來學，其功反有賢於堯舜者。然當是時，見而知之者，惟顏氏曾氏之傳得其宗。及曾子之再傳，而復得夫子之孫子思。……又再傳以得孟氏。……及其沒而遂失其傳焉。……故程夫子兄弟者出，得有所考，以續夫千載不傳之緒。

由此段可以得知朱子所樹立的道統意義有三，一爲「排除漢唐諸儒」，二爲「特尊二程」，三爲「首標周子敦頤」。〔註20〕此一道統意識之所以特別強烈，應該是與時代氛圍有極大的關係；當儒學受到外部的挑戰愈強時，所要求返回儒學傳統的呼聲就愈強大，因爲儒生除了要面對異文化的敵人外，還要面對自家人的內部歧見與詰難，因此如孟子所身處的楊墨的強勢挑戰、或儒分爲八的分裂危機；或者是韓愈所面對佛學的傳入與流行對儒學所產生的衝擊；乃至於朱子面對外部強敵環伺的國際詭譎局勢、和內部奸佞讒臣中傷挑撥、以及學術圈對朱學獨佔學術領導地位的質疑等，

〔註17〕同前注，頁427。

〔註18〕如錢大昕說，「劉彥沖、胡源仲、劉致仲，朱子之師也，而不與」、「呂東萊、陸子靜，朱子之友也，而不與」、「南軒非受業於程氏者也，南軒與東萊俱爲朱子同志，進南軒而屏東萊，此愚之所未解也」等問題。關於此問題，詳見蔣復璁〈「宋史道學傳」的意義〉，收入於中國文化大學《國際宋史研討會論文集》。

〔註19〕慶元黨禁約於1204年弛禁，朱子死於1200年。

〔註20〕見陳榮捷〈朱子道統觀之哲學性〉。《東西文化》第十五期。1968年9月。

在在都顯示出當儒學受到外部挑戰時，其對道統的渴望也愈強烈，也愈依賴這個超乎信仰層次的終極的道德的系譜，來做為安心立命和自我說服的理據。

第二節　真德秀對朱子道統觀的繼承與修正

一、真德秀在道統觀上的猶豫

真氏云：

> ……三代而下，其書失傳，其書雖存，概以傳記目之而已。求治者既莫之或考言，治者亦不以望其君；獨韓愈李翱嘗舉其說，見於〈原道〉〈復性〉之篇，而立朝論議，曾弗之及。蓋自秦漢以後，尊信此書者，惟愈與翱，而未知其為聖學之淵源。（《衍義》序）

被視為唐宋新儒學的重要人物韓愈，標舉出自堯舜禹湯文武周公孔子孟子為儒學之道統，而孟子後道統便不傳，戰國末年以至於兩漢，儒學道統僅能舉出荀子與揚雄，而此二儒亦是「擇焉而不精，語焉而不詳」，並以自己做為紹承堯舜孔孟以來之儒學新道統。真氏所處之時代，方經歷過一場學術與政治之鬥爭——慶元黨禁，道學人物相繼被罷黜，道學因此也改名為理學，其後黨禁稍弛，真氏在《衍義》中再次欲恢復本朝自周敦頤以來之道學傳統，希望延續唐代韓愈所挺立之儒學道統，真氏云：

> 臣不佞，竊思所以羽翼是書（按：指《大學》）者，故劇取經文二百有五字，載于是編，而先之以堯典、皇謨、伊訓、與思齊之詩、家人之卦者，見前聖規模不異乎此也。繼之以子思、孟子、荀況、董仲舒、楊雄、周敦頤之說者，見後賢之議論，不能外乎此也。堯舜禹湯文武之學，純乎此者也。（《衍義》序）

真氏在《衍義》中把韓愈的道統範疇再度擴大，甚至包含韓愈認為不夠純粹的荀子〔註21〕、董仲舒及揚雄，和五經當中所語及之聖王賢相，目的就是要讓理論型的儒學走向政治型的儒學〔註22〕，這也反映了真氏所處的晚宋，其迫切需要對政治運作

〔註21〕論者認為荀子雖以經驗主義為原則而視性為惡，但荀子只是在工夫和修養論上與孔孟有程度上的差異，因此荀子之於孟子，可謂是「相當之轉向」，而非「澈底的轉向」。見高柏園〈格物致知新論——兼論台北市的文化地位及其發展方向〉，收入於《臺灣儒學與現代生活國際學術研討會論文集》頁240。臺北：學生書局，2000年12月。

〔註22〕蔣慶認為作為以「心性之學」為基本精神的宋明儒學，與以「經學」為本源的「政治儒學」是兩條不同的路，政治儒學不關注個人生命成德成聖，而是關注社會的完整和諧，同時指出當代新儒學之所以開不出外王，原因就在於新儒學繼承的是宋明儒的心性之學。見氏著《政治儒學——當代儒學的轉向、特質與發展》。北京：三聯

具有高度敏感的儒生，因此在眞氏其它著作中也可見到諸多揄揚荀子、賈誼、董仲舒及揚雄的證據。〔註23〕

（一）朱子對漢唐諸子的評價

朱子對荀子、賈誼、揚雄、韓愈等有不一的評價〔註24〕，如其評荀子有云：

「只是粗。」

「荀子雖然是有錯，到說得處也自實，不如他（指揚雄）說恁是虛胖。」

「荀卿則全是申韓。」

評賈誼有云：

「賈誼之學雜。」

評董仲舒有云：

「仲舒卻純正，然亦有偏，又是一般病。」

「只有董仲舒資質純良，摸索道得數句著。然非它眞見得這道理。」

評揚雄有云：

「揚子說到深處，止是走入老莊窠臼裏去，如清靜寂寞之說皆是也。」

「揚雄則全是黃老。某嘗說，揚雄最無用，眞是一腐儒。」

評韓愈有云：

「韓退之則於大體處見得，而於作用施爲處卻不曉。……緣他費工夫去作文，所以讀書者，只爲作文用。……只是火急去弄文章；而於經綸實務不曾究心，所作用不得。……如論文章云：『自屈原荀卿孟軻司馬遷相如揚雄之徒』，卻把孟軻與數子同論，可見無見識，都不成議論。」

「如韓退之雖是見得箇道之大用是如此，然卻無實用功處。它當初本只是要討官職做，始終只是這心。他只是要做得言語似六經，便以爲傳道。」

「退之卻見得大綱，有七八分見識。如原道中說得仁義道德煞好，但是他不去踐履玩味，故見得不精微細密。」

書店。2003 年 5 月。

〔註23〕眞氏對於荀子的態度基本上採取消極的接納，因爲荀子主張性惡，使得眞氏對於荀子在儒學以心性爲本的道德系譜上顯變格格不入，不過眞氏卻也曲折隱約地表現出他對荀子能讓「小人之爲不善猶必有所顧忌」的「剛愎不遜」性格的欣賞；對於董仲舒則稱許其「強勉學問道德」的致知力行精神，不過仍然對董仲舒雖潛心大業，終未能窺大道之全，或流於災異之術感到惋惜。《眞西山全集》卷三十「荀揚之學」、「董子之學」。

〔註24〕以下關於朱子對於漢唐諸子的評價，見《朱子語類》卷第一百三十七「戰國漢唐諸子」。

朱子對荀子、賈誼、董仲舒、揚雄、韓愈等「諸子」的評價標準不一，有的涉及道德判斷，有的則是學術判斷，但最重要的，即是朱子評價與判斷的根本，是基於儒家內聖外王的基調而論，因此凡有涉入佛老，或在心性問題的把握上不夠切實，都被視爲不夠純粹。至於對韓愈的評價，則多半集中在韓愈並不眞切想在內聖方面用功（只想討官），甚至韓愈的文人性格也被朱子認爲是妨礙韓愈見道的原因。然而《語類》的記載本來就含有語言的意義，而語言本來就具有場所性或情緒性的不穩定特質，因此無法準確而詳明朱子如何看待或評價漢唐諸子的態度。

（二）朱子與《昌黎先生集考異》

朱子在慶元三年（1197，朱子六十八歲）撰成的《昌黎先生集考異》（《韓文考異》）十卷，這部書被視爲是朱子透過對韓愈文集的整理〔註25〕與批評來宣揚自己所信仰的道學，朱子也在這部書中再次確認韓愈在他所信仰道統中的位置，是一代文宗，而不是一代儒宗。〔註26〕朱子對韓愈的批判見諸《昌黎先生集考異》裏，朱子云：

> 蓋韓公之學見於原道者，雖有以識夫大用之流行，而於本然之全體，則疑其有所未睹，且於日用之間，亦未見其有以存養省察而體之於身也。是以雖其所以自任者不爲不重，而其平生用力深處，終不離乎文字言語之工。至其好樂之私，則又未能卓然有以自拔於流俗。所與遊者，不過一時之文士，其於僧道，則亦僅得毛于暢、觀、靈、惠之流耳。是其身心內外所立所資，不越乎此，亦何所據以爲息邪距詖之本，而充其所以自任之心乎？是以一旦放逐，憔悴亡聊之中，無復平日飲博過從之樂，方且鬱鬱不能自遣，而卒然見夫瘴海之濱，異端之學乃有能以義理自勝、不爲事物侵亂之人。與之語，雖不盡解，亦豈不足以蕩滌情累，而暫空其滯礙之懷乎？然則凡此稱譽之言，自不必諱，而於公所謂不求其福、不畏其禍、不學其道者，初亦不相妨也。雖然，使公於此能因彼稊稗之有秋，而悟我黍稷之未熟。一旦翻然反求諸身，以盡聖賢之蘊，則所謂以理自勝，不爲外物侵

〔註25〕 朱子在《昌黎先生集考異》集序云：「悉考眾本之同異，而一以文勢、義理及它書之可證驗者決之。苟是矣，則雖民間近出小本不敢違；有所未安，則雖官本、古本、石本不敢信。」（據上海古籍出版社《朱子全書》版，冊拾玖，頁367。）韓愈文集在其身殁後，便湮沒無聞二百餘年，直至宋初在經歐陽修多方搜求補綴校定而得到整理。南宋孝宗時，方崧卿參校諸多碑石本、唐本和官修本等編集成《昌黎先生文集》，並有《韓集舉正》十卷、《外集舉正》一卷。但朱子晚年發現方氏校訂不合韓文原意者多，於是便有《昌黎先生集考異》一書產生。

〔註26〕 見束景南《朱子大傳》（下）頁1042。

　　亂者，將無復羨於彼，而吾之所以自任者，蓋恢乎其有餘地矣。豈不偉哉！
〔註27〕

朱子此段考異文字出自韓愈〈與孟尚書〉文中「要自胸中無滯礙以爲難得」句下。
孟尚書即孟簡，曾被貶官吉州，孟簡篤信佛教，曾翻譯佛經，他因聽說韓愈在潮州
時曾與僧人大顚交遊，因而以爲韓愈改信佛教；韓愈此文即是說明此事。韓愈在此
文中先對他與大顚間的交往作了解釋，老僧大顚因「頗聰明，識道理」，故有有了往
來，但這只是一般友誼，而且強調自己「非崇信其法，求福田利益也」，其次說君子
在世立身行事，自有可師法可資，並不會因懼怕佛會降禍而信從。更重要的是，韓
愈對維護先聖先賢之道作了慷慨激昂的陳述，他說昔日異端爲楊墨，今日異端則爲
佛道，而且佛道之危害人心更甚於楊墨，並認爲「孟子不能救之於未亡之前，而韓
乃欲全之於已壞之後」，即是要以自身以上接孟子之道。在前段引文中，朱子認爲歷
來皆以韓愈與大顚的交往行誼爲避隱〔註28〕，所以此句文字往往遭到刪去（刪去「胸
中無滯礙」五字），因此朱子力主過往諸本皆刪節太過，故多脫落而失韓文正意。上
段引文之所以文繁不殺，乃由於正可以此看出朱子對韓愈的看法，以及對自我的期
許。朱子認爲韓愈雖以道自任，但是卻對存養省察本體工夫不甚留心措意，加上與
之相遊者皆爲僧道之士，因此當韓愈遭遇仕途上之挫敗時，便無法挺立道德主體以
面對命之所遇，只能寄情於文學語言之中，而僧道之士雖不能完全拯救韓愈此刻心
情，但也可暫時作爲其生活上的情緒支持系統。朱子在情感上可以理解韓愈的遭遇
與抉擇，但是於義理上說便不能認同韓愈，於是朱子認爲韓愈如能「以理自勝」，則
才能夠「無復羨於彼」，而韓愈所樹立的道，才有宏大的堅固的根本。朱子語重心長
地指出韓愈在生命情調的選擇上偏於僧道的原因，並寄予同情的理解，然而又深慨
韓愈徒有以道自任的意氣，卻無眞實行道的決心和毅力。所以後來朱子才會說：「韓
退之、柳子厚輩只要作好文章，令人稱賞而已。究竟何預己事，卻用了許多歲月、
費了許多精神，甚可惜也。〔註29〕」

　　韓愈之於儒學道統之重要性已不言而喻，然而朱子反覆申論韓愈的文與人，究
其原因，乃在於強調韓愈在廣義的儒學文化傳統繼承上固然有其重要性，不過韓愈
在儒學內聖的本質工夫上，卻似乎仍不切合儒學的核心價值。朱子又有言曰：

　　　蓋韓公爲道，知其用之周於萬事，而未知其體之具於吾之一心。知其
　　可行於天下，而未知其本之當先於吾之一身也。是以其言常詳於外而略於

〔註27〕見韓愈《昌黎先生集考異》卷五，頁494。
〔註28〕朱子有《考韓文公與大顚書》（《朱文公文集》卷七十一），證韓愈與《大顚書》非僞。
〔註29〕見《朱子文集》卷七十四「滄州精舍諭學者」。《朱子全書》冊貳拾肆，頁3593。

內，其志極於遠大而其行未必能謹於細微。雖知文與道有內外淺深之殊，而終未能審其緩急重輕之序，以決取捨。雖知汲汲以行道濟時、抑邪與正爲事，而或未免雜乎貪位慕祿之私，此其見於文字之中，信有如王氏所譏者矣。〔註30〕

朱子在此段評價韓愈文字中，以「體用」、「內外」、「遠近」等儒學核心價值語詞評價韓愈的學術性格。朱子並不否定韓愈在外在事功上的成就，但就因爲韓愈對儒學核心價值的把握不夠眞切，以致表現在外在事功上顯得本末倒置、事倍功半而終於枉費精神。準此，朱子顯然對於韓愈在儒學系譜上的純粹性持有保留的態度。

（三）朱子與揚雄

至於揚雄，朱子也曾在慶元四年（1198，朱子六十九歲）時完成《楚辭集注》〔註31〕。朱子在《楚辭集注序》云：

> 竊嘗論之：原之爲人，其志行雖或過於中庸而不可以爲法，然皆出於忠君愛國之誠心。原之爲書，其辭旨雖或流於跌宕怪神、怨懟激發而不可以爲訓，然皆生於繾綣惻怛、不能自已之至意。

一般皆認爲朱子之所以在晚年集中心力箋注《楚辭》，其原因不外乎是因爲「爲現實政治所觸動」、或「有感於趙忠定（按：即趙汝愚）之變而然」。朱子一生所繫乃儒家人文秩序之建立，但自入仕宦之途後，卻不斷遭遇橫阻，權相佞臣當道，雖欲利用經筵講讀之便教育國君，但卻因觸怒韓侂胄而遭貶斥；與朱子同道的宰相趙汝愚也遭誣構而被貶往永州，不幸暴死於途。〔註32〕朱子此時境遇與屈原當時極爲類似，因此朱子對於屈原其人及其作品自然深有所感。和《昌黎先生集考異》一樣，朱子似乎也希望透過注解《楚辭》以婉轉地表達其忠君愛國、憂讒畏譏的心情，在《楚辭集注序》中可以看出朱子雖對於屈原過於內縮的行事風格感到不可以爲法度，但仍可看出屈原在其作品中所透顯忠君愛國的「誠心」。〔註33〕在《楚辭後語》中，

〔註30〕見《昌黎先生集考異》卷十，頁 627。
〔註31〕朱子著有《楚辭集注》八卷、《楚辭辯證》二卷、《楚辭後語》六卷，是繼東漢王逸《楚辭章句》、北宋洪興祖的《楚辭補注》後一部重要的楚辭注本。本文所引《楚辭集注》據《朱子全書》版本。
〔註32〕當朱子之時，時人多以朱子是爲趙汝愚之卒而注《楚辭》，但是朱子通過屈原以建立一個在儒學意義下完美的忠君愛國之士的目的卻清晰可見，因此與其說朱子是爲趙汝愚一人而注《楚辭》，不如說他是爲整個道學而注《楚辭》。同注26，頁 1048。
〔註33〕朱子在此以「誠心」描述屈原的當時的心志，是不是也間接地表達徒具誠心並不足以實現客觀的目的、或者百代以降，後人也只能以「誠」的態度以感通古人的心情呢？

朱子對於揚雄作《反離騷》以表達其所謂「君子得時則大行，不得則龍蛇，遇不遇命也，何必湛身哉」的態度感到質疑，朱子認爲既然《反離騷》的創作動機是強調出處進退一切依於「命」，這種看法與儒家相同〔註34〕，但是揚雄後來卻事王莽朝，顯然與其說有所違背，又何足以論屈原。因此朱子視揚雄爲「屈原之罪人」、「《離騷》之讒賊」〔註35〕，不過苟且偷生之徒罷了。

　　朱子所以激烈地批評揚雄，絲毫不因爲揚雄開啓了以「詩人之賦」的評價值《楚辭》觀點而動搖，最重要的因素，乃是因爲揚雄的出處退退背離了儒家得君行道、不仕非義的基本信仰。

　　非僅朱子批評揚雄、韓愈，程頤也曾說道：

　　　　韓愈亦近世豪傑之士。如《原道》中言語雖有病，然自孟子而後，能將許大見識尋求者，才見此人。至如斷曰：「孟氏醇乎醇。」又曰：「荀與揚擇焉而不精，語焉而不詳。」若不是他見得，豈千餘年後便能斷得如此分明也！如揚子看老子，則謂「言道德則有取，至如捶提仁義，絕滅禮學，則無取。」〔……〕則自不識道，已不成言語，卻言其「言道德則有取」，

　　　蓋自是揚子已不見道，豈得如愈也？（《二程遺書卷第一・二先生語一》）

程頤對於揚雄以爲老子「言道德則有取」爲「不見道」，因爲韓愈至少曾判斷荀子與揚雄是擇焉不精、語焉不詳，在這一點上韓愈的判斷與朱子所說「揚子全是黃老」是相同的。不過揚雄曾自言「古者楊墨塞路，孟子辭而闢之，廓如也，後之塞路者有矣。竊自比於孟子」，眞氏對此曾評論云：

　　　　子雲此言，不可謂無意於衛道者。然其論老子以言道德爲有取，則未可謂知道者。夫未能知道，而欲以衛道自任，可乎？此所以見識於程子也。

　　　（《西山讀書記》卷三十六「吾道異端之辨」）

眞氏此處固然認爲揚雄之言慨然有衛道之意，但是在程朱的強大質疑下，眞氏也只能用懷疑或質問的語氣，去試探揚雄在儒學道德譜系的定位會在那個位置之上。

　　前文曾提及，眞氏所信仰的道統，有若干與韓愈等傳統儒生不合之處，即加入了如董仲舒、揚雄等人，這樣的道統觀似乎亦不合於宋儒心中的道統觀〔註36〕，眞

〔註34〕宋儒辨出處進退之道，往往以「義命之辨」、「義利之辨」爲基本命題，見朱子、呂東萊編《近思錄》七卷「出處進退辭受之義」。

〔註35〕見朱子《楚辭後語》卷二「反離騷第十六」。

〔註36〕如朱子曾說：「假令親見聖人說話，盡傳得聖人之言不差一字，若不得聖人之心，依舊差了，何況猶不得其言？若能得聖人之心，則雖言語各別，不害其爲同。如曾子說話，比之孔子又自不同。子思傳曾子之學，比之曾子，其言語亦自不同。孟子比之子思又自不同。然自孔子以後，得孔子之心者，惟曾子子思孟子而已。後來非無

氏說：

> 臣按：韓愈之書，深排釋老，可謂有功於衛道者，故劉其略著若干
> 篇，然愈所謂堯傳之舜，舜傳之禹，至于孟子沒，而不得其傳者，亦言
> 其概耳。而所以相傳者，則未之詳也。然則所以相傳者，果何道邪？曰：
> 堯舜禹湯之中，孔子顏子之仁，曾子之忠恕，子思之中之誠，孟子之仁
> 義，此所謂相傳之道也。……然此數者之中，曰中、曰仁、曰誠，皆道
> 之全體，是三者果一乎？果二乎？臣嘗論之中也者，以其天理之正而無
> 所偏倚也；仁也者，以其天理之公而不蔽於私欲也；誠也者，以其天理
> 之實而不雜以偽妄也。雖所從言者不同，而其道則一而已爾。《虞書》言
> 中而不及仁，《論語》言仁而不及誠，夫豈偏於一哉？中則無不仁，仁則
> 不無誠矣。（《衍義》卷 13）

眞氏在論及韓愈時，認為韓愈所標舉的道統實在只是「梗概」，並對韓愈的道統觀做
了以上的補充和修正〔註37〕；眞氏認為，儒家所形成的道統，應該不能狹隘地被範
限在某些特定的人和某些特定的著述，而應該重視「道」究竟在那些人和那些著述
中被保留下來，因此舉凡眞氏所列諸如「中」、「仁」、「忠恕」、「誠」這些中心概念，
只要後世之人能正確把握其精神，又何必被侷限在道統之中呢？〔註38〕或者說，孔
子顏子的仁，曾子之忠恕，子思之中之誠，孟子之仁義，其實都是儒家道統的本質
和精神，而不論是仁、誠、忠恕等精神卻是互相涵攝，並不是有此則失彼，甚至會
造成外表看來誠但是卻無仁心的矛盾狀況。然眞氏除了描述了他心中的儒學傳統之
外，也說明有宋一代的學術概況：

> 竊惟方今學術源流之盛，未有出湖湘之右者，蓋前則有濂溪先生周
> 元公生於舂陵，以其心悟獨得之學，著為《通書》、《太極圖》昭示來世，

能言之士，如揚子雲《法言》模倣《論語》，王仲淹《中說》亦模倣《論語》，言愈
似而去道愈遠。直至程子方略明得四五十年，爲得聖人之心。」《語類》卷第九十三。
頁2356。可見朱子對於揚雄與王通的評價並不在於其著作，而在於他們是否傳「聖
人之心」，否則就算模擬得再像孔子之言，也只能證明去道愈遠而已。

〔註37〕眞德秀說韓愈「撥衰反正，功與齊而力倍之，所以過況雄不少矣。」《西山讀書記》
卷三十。在眞氏心中韓愈因為其所身處的時代環境對儒學更加險惡不利，所以認為
韓愈所貢獻之「力」實超過荀子揚雄。

〔註38〕眞德秀說：「〔……〕然其（指堯舜禹湯文武周孔）所傳之道，若堯舜禹之「中」，
湯文之「敬」，武王之「極」，周公之「禮樂」，孔子之「六經」，與凡心學性學之類，
各已散見諸篇，合而觀之，然後見聖賢傳授之全體。」《西山讀書記》卷二十八「堯
舜禹湯文武傳授」。眞氏釐析儒學道統中各聖賢傳授的本質，雖其中各有不同，但
要言之都是與心學性學相關，也可看出眞氏把道統的內容規定在心性學基礎上的證
明。

上承孔孟之統，下啓河洛之傳：中有胡文定公以所聞於程氏者，設教衡
嶽之下，其所爲春秋傳，專以息邪說、距彼行、扶皇極、正人心爲本，
自熙寧後此學廢絕，公書一出，大義復明。其子致堂五峰二先生，又以
得於家庭者，進則施諸用，退則淑其徒，所著論語詳說、讀史、知言等
書，皆有益於後學。近則有南軒先生張宣公寓于茲土，晦庵先生朱文公
又嘗臨鎮焉，二先生之學，源流實出於一，而其所以發明究極者，又皆
集諸老之大成，理義之秘，至是無復餘蘊。(《眞文忠公文集》卷四十「勸
學文」)

按照文集的安排，此篇「勸學文」應當是順承前篇「泉州科舉諭士文」而來，當爲
「泉州勸學文」。眞氏此處所提出當時湖湘之學無有能出其右，當是事實〔註 39〕；
而湖湘學派在宋學的開宗始祖爲周濂溪，也可以從眞氏此文中獲得印證〔註 40〕。眞
氏在此點出湖湘學派的壯大隊伍，從周濂溪到胡安國、胡寅、胡宏、及張栻，湖湘
學派之所以能夠在江南地區開始發展，當然與程門弟子楊時、謝良佐等人將理學南
傳有極大的關係，因此眞氏又說：

二程之學，龜山（楊時）得之而南，傳之豫章羅氏（羅從彥），羅氏
傳之延平李氏（李侗），李氏傳之考亭朱氏（朱熹），此一派也。上蔡（謝
良佐）傳之武夷胡氏（胡安國），胡氏傳其子五峰（胡宏），五峰傳之南軒
張氏（張栻），此又一派也。(《眞文忠公讀書記》卷三十一)

眞氏在此肯定湖湘之學由二程而來，這也是後來黃宗羲說「上蔡之傳，始自胡文
定公入衡湘」〔註 41〕，也證明湖湘學派是與朱子學派並起的重要理學學派。湖湘
學派最主要的學術性格，即是不主張空談義理，或因爲追求內聖品德而忽略外在
事功，並講求內聖與外王、道德與事功統一的體用合一說。〔註 42〕眞德秀除了在
儒學傳統的縱的繼續上納入了荀子、董仲舒與揚雄外，也在橫的共時性上吸納了
湖湘學派的精神，這當然與南宋當時國力不振，而湖湘學派多勇於任事，且戰功
彪炳有關。〔註 43〕

〔註 39〕黃宗羲在《宋元學案》卷五十「南軒學案」有「湖南一派在當時爲最盛」之語。
〔註 40〕田浩指出眞德秀非常重視朱熹描述周敦頤體會道時的「先知式」(即牟宗三先生所謂
　　　「默契道妙」) 的語氣。見田浩《朱熹的思維世界》頁 351。臺北：允晨文化。1996
　　　年 5 月。
〔註 41〕《宋元學案》卷三十四「武夷學案」。
〔註 42〕見朱漢民《湖湘學派史論》頁 45，湖南大學出版社。2004 年 2 月。
〔註 43〕如張栻父親張浚即爲抗金名將。因此《宋元學案》「南軒學案」盛讚張栻「爲人坦蕩
　　　明白，表裏洞然，詣理既精，信道又篤，其樂於聞道，而勇於徙義，則又奮勵明決，
　　　無毫髮滯吝意。」良有以也。

　　真氏未曾及親炙（只言「私淑〔註44〕」）朱子〔註45〕，其學大多被認爲與詹體仁有關〔註46〕；然而這樣的論斷或許並無大錯，但卻可能模糊真氏學術的重心所在。詹體仁父詹慥，早年與胡宏從游，而且詹體仁亦曾官至湖廣總督，與湖湘學派有學術傳承與地域的關係，衡諸詹體仁一生行事，亦有爲有守、勇於任事，輔助當時宰相趙汝愚與韓侂冑對抗甚力。真氏曾這樣總結詹體仁之學行：

　　　　其學以存誠謹獨爲主，造次弗渝，常患世儒論經，多失本指。（「司農卿湖廣總領詹公行狀」《真西山文集》卷 47）

詹體仁所強調的「存誠謹獨」，似與程朱理學所強調的「性理」有所差異，而與湖湘學派以《易傳》、《中庸》爲發明之本相近。胡宏《知言》中反對「世儒」以「性」類「理」，他說：「世儒之言性者，類指一理而言之爾，未有見天命之全體者也。」（《知言·卷 4》），而這樣的觀點被歸類爲「性一理殊」〔註47〕，與朱子所謂「理一分殊」之說不同。詹體仁在朝時遭遇韓侂冑，真德秀在朝時史彌遠與之爲難，都是面臨到所謂「道」與「命」的衝突扞格，而純粹以理來對抗或解釋時不我予的時代彷彿已然過去，朱子及其弟子講友等遭到的鉗制與打壓，在經歷一段時間的反省後，儒生似乎恍然大悟：哲學上的信仰與道德的堅持實不足以扭轉亂世於傾頹，真與僞的分辨也絕不僅止於學問的高下，或道德人格上的正邪，而應該是調和內聖和外王，使儒學經世的理想得以發揮。

　　因此，同樣曾任湖南守撫的真氏，再一次清楚地描述有宋以來的學術傳統：

　　　　濂溪先生周元公、明道先生程純公、伊川先生程正公、武夷先生胡文定公、五峰先生胡公、南軒先生張宣公、晦庵先生朱文公，聖學不明，千有餘載，先生相繼而出，遂續孔孟不傳之統，可謂盛矣。惟時湖湘，淵源最正，蓋濂溪之生，實在舂陵，而文定父子，又以所聞於伊洛者，設教於衡嶽之下。……然則天之生數公也，所以幸天下與來世，而湖湘之幸，抑又多焉。頖宮有祠，其來尚矣。某雖不敏，然於數先生之學，蓋嘗用其力者，而庸駑之質，欲進未能。（「先賢祠」《真西山文集》卷 49）

湖湘學派從周濂溪到胡安國胡五峰父子、張南軒、以至於明末劉蕺山、王船山等人，被認爲是獨立於程朱學派的一個重要學統〔註48〕，朱子曾經大力判批過湖湘學派的

〔註44〕私，竊也；淑，善也。

〔註45〕見陳榮捷《朱子門人》頁 184。臺北：學生書局。

〔註46〕如《宋史·詹體仁傳》：「郡人真德秀早從其游，嘗問居官蒞民之法，體仁曰：『盡心、平心而已，盡心則無愧，平心則無偏。』」另《宋元學案》亦將真氏視爲詹氏門人。

〔註47〕見侯外廬等編《宋明理學史（上）》頁 293。北京：人民出版社。

〔註48〕見牟宗三《心體與性體》。臺北：正中書局。

學說，使湖湘學說一直未受到適當的重視；然而身為宋朝道學殿軍的真氏，雖然在注解經文的方向不出朱子之說，然而在他的認識裏，已然融會了朱子之說與湖湘學派的精神；也就是說在學統的繼承上，真氏無疑是嚴守師說，但在立身行事和歷史觀上，真氏不僅肯定湖湘學者的貢獻，也受到湖湘學派的影響。在這個地方是與朱子之說有若干出入的。

真德秀在南宋道學史上雖然被視為重要的人物，並與魏了翁並稱西山鶴山，《宋元學案》「西山之望，直繼晦翁」，除了與真氏曾官拜參知政事之外，當然也與他的學術地位有關；然而黃百家卻對西山鶴山兩人的學術成就有判然二分的論斷：

> 從來西山鶴山並稱，如鳥之雙翼，車之雙輪，不獨舉也。鶴山之誌西山，亦以司馬文正范忠文之生同志死同傳相比，後世亦無敢優劣之者。然百家嘗聞先遺獻之言曰：兩家學術雖同出於考亭，而鶴山識力橫絕，真所謂卓犖觀群書者，西山則依門傍戶，不敢自出一頭地，蓋墨守之而已。（《宋元學案》卷 81「西山真氏學案」）

黃百家大概不會知道，這個從他父親黃宗羲那裏聽來的論斷幾乎主宰了後世對於真德秀的學術成就判斷，諸多談及宋明理學史之書籍，對於真德秀的評價不是存而不論，便是寥寥數語便交代過去，然而我們可以大膽地假設，黃百家這個對真氏的評斷，實在是來自於真氏在政治上的高度參與而得出的評價。這同樣也是前章所提，如果道學家所期待的政治源頭（即國君）不是一個守法者，那麼道學家所信仰的那套學說，很可能就會內縮成為涵養性理之學、或者如果沒有急流勇退，就會被視為曲學阿世之徒。所以黃百家儘管認為西山鶴山之學都出於朱子，不過仍然站在一個學術的立場批評真氏，其實隱含的意義就是全祖望所說西山「晚節何其委蛇」的暗示。即使是生於同世的鶴山，也沒有那麼嚴厲地批評過他的道友，鶴山還曾說「惟與公（指真氏）同生於淳熙，同舉於寶慶，訖端平，出處又相似，然志同氣合，則海內寡二」（「參知政事資政學士致仕真公神道碑」）何以論者於此置之不論，而憑以一己之私意論斷真德秀的學術成就？本文以為，真氏之所以會被歷史的成見或偏見所誤解，很大的原因即是來自於真氏過分介入政治，從來中國人對於過分介入政治的儒生總是有好名干祿的印象，尤其真氏在仕途上的確曾經展現出不同於以往強調出處進退的儒生的柔軟身段（此待下一章詳論）；加上真氏的學術傳承上確實面臨較為模糊曖昧的定位問題〔註49〕，因此會有如此的歷史評價。

〔註49〕真德秀自承「私淑」朱子，陳榮捷先生也直承此說（見《朱子門人》）；不過在《宋元學案》「晦翁學案」卻不見真德秀之名，卻有魏了翁之名；被認為是真德秀的老師的詹體仁（其實真氏也只是問過「居官蒞民之法」的政治性問題）的父親詹慥，早

準此，似乎可以理解爲何眞氏在《宋史》中並未被放入「道學傳」，而被列入「儒林傳」中——因爲眞氏修正並擴大了道統的觀念，儘管眞氏一向被視爲是「依傍門戶，不敢自出一頭地，蓋墨守之而已」的尊朱學者，然而在道統的認定上，眞氏是有其堅持的。最後本文再援引眞氏一段文章：

> 道之大原出於天，其用在天下，其傳在聖賢，此子思作《中庸》，所以有性道教之説也。蓋性者，智愚所同道者，古今所共由，而明道闡教以覺斯人，則非聖賢莫之能。故自堯舜以至孔子，五百歲而後出，孔子既没，而曾子、子思、孟軻，復先後推明之，千有餘年之間，一聖三賢，更相授受，然後堯、舜、禹、湯、文、武、周公之所以開天常，立人紀者，燦然昭呈，垂於罔極；然則天之生聖賢，豈偶然哉？不幸戰國嬴秦以後，學術渙散，無所統盟，雖以董相、韓文公之賢，相望於漢唐，而於淵源之正，體用之全，猶未盡究竟其極者，故僅能著衛道之功於一時，而無能任傳道之責於萬世。迨至我宋，大儒繼出，以主張斯文爲己任，蓋孔子之道，至周子而復明，周子之道，至朱子而大明，其視曾子子思孟子之傳，若合符節，豈人之所能爲哉？天也。（張伯行《道統錄》〈總論〉）

眞德秀在這段話語中道盡了他心目中過去被視爲不夠純粹的儒生，如董仲舒、揚雄等人，雖然未能如宋儒之「傳道」之功，或囿於時代或囿於視界，未能體會儒學眞正的源流所在，也沒能完全把握體用之全，不過仍然爲儒學盡了「衛道」的貢獻〔註50〕。

二、攝「學」入「道」——彈性的道統觀與柔性的判教

眞氏的道統觀在前述中已見其梗概，雖略顯駁雜但仍有脈絡可資探究，基本上眞氏對於道統的看法較前行諸儒更包容更具有彈性，然而其彈性與包容並不來自鄉愿，而是來自其對於「傳授」與「學」的二本架構使然。在《西山讀書記》中，眞氏完整地展現其對儒學學術系譜的開展與柔性的判教，如下圖：

年也曾從胡宏遊。此外，眞德秀也被視爲是象山門人的袁燮的私淑（見《宋元學案十九·絜齋學案》，因此本文以爲眞氏在學術本質上近於朱子，卻在言談中對於湖湘學派大力揄揚，又在學案中被視爲象山門人的私淑，其學術性格較爲駁雜，其原因當與眞氏當時的確名重一時，以其當時政治地位之高，或者也不能偏於某一家。

〔註50〕雖然眞氏肯定荀、董、揚、韓的歷史地位，但對於其不合於宋代理學之正的部分，眞氏仍然嚴厲地批評，如眞氏説「自荀楊以惡與混爲性，而不知天命之本然」（《文集》·卷二十六「南雄州學四先生祠堂記」）顯然眞氏對於荀子和揚雄的人性論不能切中天命之本然感到未安。

堯舜禹湯文武周傳授－孔子顏子曾子傳授－孔門諸子之學－子思孟
子傳授－荀揚之學－董子之學－文中子之學－韓子之學－周子二程子傳
授－邵子之學－張子之學〔註51〕－朱子傳授－張氏呂氏之學

眞氏理想的儒學傳統系譜，可從上圖窺其全貌：眞氏以「傳授」作爲儒學道統的心性學本質，而以「學」旁攝在心性學上認識不夠純粹，或者在衛道上有功的其它諸儒。〔註52〕上圖中以框線框起的即是程朱所建構的哲學性儒學道統，未以框線框起的是眞氏所彈性認定的「學統」，本文認爲在朱學所開出的認知心（致知窮理）以明道識仁的架構下，間接導致眞氏在儒學道統的選取上有了轉變，除了直線式的繼承（即傳授）外，眞氏另外以諸多儒生之學作爲豐富儒學學術傳統的作法，可說是用心良苦，同時也發揚朱子尊德性爲本，同時兼修道問學的精神〔註53〕，這也是牟宗三先生強調朱子因在本體的把握上不夠深切，所以開出另一條格物窮理以致知的義理型態：

> ……其眞實著力而又能得力者惟在察識方面之致知，即格物窮理。其所謂「講學」亦只限于此。而所謂致知格物落實處亦只在讀書博文，講究典籍，以明其曲折之理。此大體是屬于第二義之經驗知識之事。〔註54〕

眞氏重視「學」的態度，可從《衍義》中不斷強調人君「務學」的文字中窺見一二：

> 賈誼有曰「帝入太學，承師問道，則德智長而治道得」；董仲舒亦曰「彊勉學問，則聞見博而智益明。」夫使人主德日長而智日明，此天下國家之福，而臣子之大願也。故忠臣之心，惟欲其君之務學。（《衍義》卷第十八）

從眞氏所引賈誼的「承師問道」、或董仲舒的「彊勉學問」來看，眞氏這裏所指「學」

〔註51〕關於眞氏爲何僅將張載視爲「學」而未及「傳授」，眞氏自己並無明確的說明；只能從眞氏轉引程頤對張載「子厚謹嚴，才謹嚴便有迫切之意象，無寬舒之氣」的論據，推斷眞氏恐因此批評而認爲張載之學未盡純粹。

〔註52〕牟宗三先生曾說：「孔門生命義理之相傳授而得以號稱儒聖之道者卻亦的是在此（按：『此』指的是『對本體論有相應的體認與肯認』），決不在禮樂度數之相傳也。蓋此是生命方向之學，不是知識之學也。」見牟宗三《心體與性體》第三冊，頁195。臺北：正中書局，1987年5月第八版。

〔註53〕朱子有言：「學者聖道未見，固必即書以窮理；苟有見焉，亦當博考諸書，有所證據，而後實有所裨助而後安。」（《西山讀書記》卷三十一）此外眞氏又特別強調朱子和周張二程在學術上的差別，乃在周張二程雖能明道，「然於經言未暇釐正」，後世學周張二程者容易眛其學旨而流入於異端，可見眞氏把朱子在學術典籍的考訂辨析上的貢獻提高到與孔子刪定六經一樣的高度，以彰顯朱子學術在客觀學術上的特色和成就。

〔註54〕同注37。

的內容，應該也包括客觀的「聞見之知」，當不僅限於「德性之知」而已。

第三節　文章正宗──斯文與道的對話

儒學的文藝觀一向是重「明道」、「徵聖」、「宗經」（劉勰《文心雕龍》），反對過分地雕琢文采而忽略文章經世或反映某種人生價值的功能，到了宋代這種「文」與「道」對立的情形略有轉變，如程頤曾說：「今之學者有三弊：一溺於文章，二牽於訓詁，三惑於異端」、又有「作文害道」﹝註55﹞之說。龔鵬程說：

> 從唐代中葉古文運動提出「文以載道」的講法之後，文人團體便分裂
> 成兩類人：一是文人，一是強調「文與道俱」既有文又有道，而且道比文
> 更優先更重要的古文家。古文家也是文人，可是他們希望成就的人格形態
> 卻是儒者，且非傳經之儒，而為傳道之儒。……道學家不但是傳統儒林之
> 變，令史籍別立「道學」一傳以位置之，也是文士之變。﹝註56﹞

「道比文更加優先」的確是宋代道學家的一個特殊的看法，從北宋初年因繼承晚唐以來較為柔靡的文風，同時產生以楊億為創作首領的「西崑體」﹝註57﹞，著重詩的藝術技巧方面的發揚，例如專注用典，重格律，同時也暫時揚棄了真實深刻的內容，他們的作品被結集為《西崑酬唱集》，楊億在序文中這樣說道：

> 予景德中，忝佐修書之任，得接群公之游。時今紫微錢君希聖，秘閣
> 劉君子儀，並負懿文，尤精雅道，雕章麗句，膾炙人口。予得以游其墻藩
> 而咨其模楷。二君成人之美，不我遐棄，博約誘掖，置之同聲。因以歷覽
> 遺編，研味前作，挹其芳潤，發於希慕，更迭唱和，互相切劘。

楊億自道他們的創作目的仍是以消遣唱和為事，並以雕章麗句為能，因此「西崑體」被認為是北宋上流文人社會或政治圈的文藝創作，反映了北宋的昇平年代的時代氛圍。然而這種浮豔的文風終於引起道學家的不滿﹝註58﹞，於是在真宗大中祥符二年（1009）下詔，指斥「近代已來，屬辭多弊，侈靡滋甚，浮豔相高，忘

﹝註55﹞《二程遺書》卷第十八，「伊川先生語四」。

﹝註56﹞見龔鵬程《中國文人階層史論》導論，頁33。宜蘭：佛光人文社會學院，2002年5月。

﹝註57﹞西崑體是對五代宋初詩風的第一次改革運動，歐陽修以後的宋詩，實即建立在西崑這個基礎上的再發展。龔鵬程〈知性的反省──宋詩的基本風貌〉，收入於氏著《文學與美學》頁161。臺北：業強出版社。1995年1月。

﹝註58﹞如北宋石介曾著《怪說》二篇，上篇排佛老，下篇排楊億（即西崑體），石介認為西崑體實為「孔門之大害」，甚至不惜把西崑體置於與當時儒家認為是異端邪說的佛老置為同一地位，足見其深以為疾。事見朱熹編《五朝名臣言行錄》卷十。

祖述之大猷，竟雕刻之小技」；同時並要求文士「必思教化爲主，典訓是師」（石介〈祥符詔書記〉，《徂徠石先生文集》卷十九）這才使西崑體浮豔的文風趨於衰落。〔註59〕然而石介所強調的「教化爲主，典訓是師」卻成爲後來許多道學家對於文與道關係的指導原則，除了石介外，北宋神宗熙寧二年（1069）胡瑗高弟劉彝（執中，1017～1086）答神宗問胡瑗與王安石孰優時也曾言：

> 臣聞聖人之道，有體、有用、有文：君臣父子、仁義禮樂、歷世不可變者，其體也；其詩書、史傳、子集，垂法後世者，文也；舉而措之天下，能潤澤其民，歸于皇極〔註60〕者，其用也。國家累朝取士，不以體用爲本，而尚其聲律浮華之詞，是以風俗偷薄。臣師瑗當寶元、明道之間，尤病其失，遂明體用之學以授諸生。夙夜勤瘁二十餘年。專切學校，始自蘇、湖，終于太學。出其門者無慮二千餘人。故今學者明夫聖人體用，以爲政教之本，皆臣師之功也。（朱熹，《五朝名臣言行錄》卷十之二，〈安定胡先生〉條）

就文學本質來說，所謂的「體」應該指的是文學的體製、體式等形式的問題，而「用」指的是「言志」或「抒情」等表達情意的內容範疇；不過在道學家手裏，文學的「體」變成了「歷世不變的道德禮樂」，「用」變成能夠「治理天下潤澤人民」的效能。〔註61〕不過胡瑗也標舉出「文」的範圍：指詩書、史傳、子集等能夠「垂法」於後世的作品才算得上「文」。道學家其實也未必全然反對文采，像周敦頤即說：「文，所以載道。輪轅飾而人弗庸，徒飾也，況虛車乎！文辭，藝也；道德，實也。……美則愛，愛則傳焉……故曰『言之不文，行之不遠』。」（《通書・文辭》）道學家反對的只是「不知務道德而第以文辭爲能者」而已。

至於究竟儒家是怎麼看待「文」的呢？《語語・子罕第九》：

> 子畏於匡，曰：文王既沒，文不在茲乎？天之將喪斯文也，後死者不得與於斯文也；天之未喪斯文也，匡人其如余何？

此處的「文」指的是客觀的「禮樂制度」〔註62〕，孔子能夠理解貫通周初文武周公相傳之禮樂制度，而展現一種「後死者」之道在己身的使命感；而「斯文」指

〔註59〕詳見程千帆、吳新雷《兩宋文學史》。上海古籍出版社，1991年2月。

〔註60〕「皇極」一詞的解釋諸說皆有不同，有的認爲皇極指的是「中正」，有的認爲是指「君道」。見余英時《朱熹的歷史世界》（下篇）第十二章「皇權與皇極」。

〔註61〕對宋朝理學家來說，此處所言之「體」也可以是「道德」，「文」是「知識」，而「用」則是「政治」。見黃俊傑〈儒學傳統中道德政治觀念的形成與發展〉，收入氏著《儒學傳統與文化創新》頁5。

〔註62〕見錢穆《論語新義》。錢穆先生還特指出此文不是指「詩書典籍」。

的就是「道」〔註 63〕，就是一種代代相傳的道統。不過孔子是否有那麼清楚的辨別其中二者，便不得而知；但顯然到了唐代中葉以後，儒生對於「文」的理解似乎有了更切實際的表現，例如從韓愈之後，古文就被視為是一種「人們尋求更宜於言志的文學方式」〔註 64〕，而我們也可以從北宋以來的歐陽修、司馬光、王安石、蘇軾乃至於南宋的朱熹等人諸多文集、語錄、史傳中發現，宋代儒生的確將文學運用到政治上，即「文為政經」〔註 65〕的觀念已然形成。道學家藉由大量的語言文字向政治發言，也可以從道學家文集中大量的箚子奏摺等文字看出他們的用心，然而如果我們僅僅以為這只是一種充滿政治性的語言文字的話，那就會忽略他們在文字上字斟句酌的功力了。因此我們可以說，宋代儒生在以語言文字介入政治的實際成就上，是大大地超越了前行的儒生，這除了與宋代本來就是一個高度的「文學化社會」〔註 66〕有關外，也和在這背後有一個更高的理則──「道」在支持有關。〔註 67〕這也可以讓我們了解「斯文」這個混合「文」與「道」、「客觀的禮樂制度傳統」與「主觀的思想價值傳統」是如何影響宋代儒生──尤其是道學家的立身行事。

以真氏為例，史書上不只一次記載他在南宋獨領「斯文」的話語：

> 蓋先生之學，朱子之學也；先是權相立為（偽）學之名以錮善類，先生獨慨然以斯文為己任，講習服行，上以告其君，下與學者語，未嘗不誦朱氏，其言曰：學者讀文公之書，未能究竟底蘊，已先疑其說之未盡，故常勸朋友間，且將文公四書，涵泳既深，達其旨矣，然後以次及於太極西銘解近思錄諸書，如此數年，則於義理之精微，不患其無所見矣，又必合知行為一致，講貫乎此，必踐履乎此，而不墮於空談無實之病，庶乎其可耳。於乎！先生之言如此，故曰先生之學，朱子之學也。……世之學者，方疑朱子之說為未盡，顧如先生之言，足以左右考亭、發明正學者，又不盡傳於世，私切慨焉，今幸斯集一出，庶或有因先生之言，以求朱子之學，而得數百載寥寥之遺緒者，則諸君是舉為有功矣。（〔宋〕黃鞏，《新刊真西山先生文集》

〔註 63〕朱子也曾說：「道之顯者謂之文。」《西山讀書記》卷二十八。

〔註 64〕〔美〕包弼德《斯文：唐宋思想的轉型》，頁 27。江蘇人民出版社。

〔註 65〕同前注，頁 163。

〔註 66〕同註 28。

〔註 67〕古文家之所謂「文」，指的是「詞章之學」，對於文與道的關係，無寧還是以文為主，不過重視文章的思想性而已；但道學家所謂的「道」，是指身心性命的義理之學，而載道之文，只是作為承載義理的工具。

流風所漸，孔曼且蕃，誰蘊崇之，欲薙其根，天固有定，隲我斯文，
著乎人心，寓乎師傳。（魏了翁〈參知政事資政殿學士致仕眞公神道碑〉）

從以上二則引文可以發現，眞德秀在「斯文」之道的發揚上有不易之功，而最重要
的證據，就是他的《文章正宗》二十四卷及《續文章正宗》二十卷。眞氏在此書的
序言中說：

> 正宗云者，以後世文辭之多變，欲學者識其源流之正也。自昔集錄文
> 章者眾矣，若杜預摯虞諸家，往往埋沒弗傳，今行於世者，惟梁昭明文選、
> 姚鉉文粹而已；縣今眠之二書所錄，果皆得源流之正乎？夫士之於學，所
> 以窮理而致用也，文雖學之一事，要亦不外乎此。故今所輯，以明義理切
> 世用爲主，其體本乎古，其指近乎經者，然後取焉，否則，辭雖工亦不錄。
> 其目凡四：曰辭命，曰議論，曰敍事，曰詩賦。今凡二十餘卷。

眞氏之所以編定《文章正宗》，自然與其學術性格是建立在詞章之學的基礎上有關
〔註68〕；同時眞氏論文，重視所謂「發揮義理，有補世教」（〈跋彭忠肅公文集〉
語〔註69〕），較不重視文學作品的藝術意義，其標名爲「正宗」，就是強調要以「窮
理致用」爲內容的文章爲正宗。關於文章二字，眞氏曾如此說明：

> 文章二字，非止於言語詞章而已，聖人盛德蘊於中，而輝光發於外，
> 如威儀之中度，語言之當理，皆文也。堯之文思，舜之文明，孔子稱堯曰
> 「煥煥乎文章」、子貢曰「夫子之文章」，皆此之謂也。〔……〕六經、《論
> 語》之言文章，皆取其自然形見者，後世始以筆墨著述爲文，與聖賢之所
> 謂文者異矣。〔註70〕

由此段引文可知眞氏心目中的「文章」，並不僅包含後起的關於文字語言上的文學
義，而是廣義地容納合理而美好的行爲法度、莊嚴適切的語言模式等等。因此眞氏
所說的文章，準確地說是一種文化或文明的概念範疇，所有因合情合理的人文制度

〔註68〕〔清〕王梓材、馮雲濠撰《宋元學案補遺》卷八十一記載，「眞西山之學，自詞章成
後，方用力于性理。」又有「西山不及登朱門，而學朱子甚精博，初登科後中詞科，
多與朱門高第交，遊于周程張朱之學，升堂入室，非誠齋之徒可比眞儒者！不可以
文士目之也。平生著述甚富，有學問文章政事，又非徒如北溪之有學問而已。」足
見眞氏雖其本出於詞章之學，然博大精微處又多有得於理學家。

〔註69〕眞氏在《跋彭忠肅公文集》云：「漢西都文章最盛，至有唐爲尤盛。然其發揮義理，
有補世教者，董仲舒氏、韓愈氏而止耳。國朝文治蝟興，歐、王、曾、蘇，以大手
筆追還古作，高處不減二子。至濂、洛諸先生出，雖有意爲文，而片言只他，貫
綜至理，若《太極》、《西銘》等作，直與六經相出入，又非董、韓之可匹矣。然則
文章在漢、唐未足言盛，至我朝乃爲盛耳。」《眞文忠公文集》卷三十六。

〔註70〕《眞文忠公文集》卷三十一〈問文章性與天道〉。

所煥發出來的精神特質都包含在此文章的定義中。語言文字所表達出來的固然是文化行為的一部分，但是卻不足以涵蓋文化或文明的全部意義。準此，本文相信，真氏希望透過《文章正宗》試圖召喚良好合理的文明法度，而這種文明法度當然也只能透過前人所留下來的典章制度、語言文字中去重建；然而卻不能僅從這些語言文字所寫成的資訊中，判斷真氏具有排斥純文學的傾向，而毋寧說真氏希望透過這些選文，以重現合理美好的禮樂文化。這裏面包含著真氏對於所選文作者的情志、與對作品意義的掌握，如果不能同情地理解真氏這種批評或審美的基礎，便容易以簡單常識地判斷其為道學家立場排斥純文學的結果。

有宋一代，除了有一條從北宋五子到朱子以降的道學傳統外，還另外有一條與之平行的「文統」，關於「文統」，可以從韓愈的〈進學解〉得其梗概：

> 沈浸醲郁，含英咀華，作為文章，其書滿家。上規姚姒，渾渾無涯；
> 周誥殷盤，佶屈聱牙；《春秋》嚴謹，《左氏》浮誇；《易》奇而法，《詩》
> 正而葩。下逮《莊》《騷》，太史所錄，子雲相如，同工異曲。

韓愈在此列出了他心中從上古到兩漢的文統；北宋初年，文統的地位因為重道輕文、文附於道或文本於道的氛圍而不顯〔註71〕，但是卻有另一股勢力正在成形，那就是以歐陽修和蘇軾兄弟為主的另一種看法——即不只偏重於道，甚至表現出建立文統的傾向。蘇轍在〈歐陽文忠公神道碑〉裏正式地全面整理文統，並確立其意義：

> 昔孔子生於衰周而識文武之道，其稱曰：文王既沒，文不在茲乎？雖
> 一時諸侯不能用，功業不見於天下，而其文卒不可棄。孔子既沒，諸弟子
> 如子貢、子夏，皆以文名於世。數傳之後，子思、孟子、孫卿並為諸侯師，
> 秦人以塗炭遇之，不能廢也。及漢祖以干戈定亂，紛紜未已，而叔孫通、
> 陸賈之徒，以《詩》、《書》、《禮》、《樂》彌縫其闕矣。其後賈誼、董仲舒
> 相繼而起，則西漢之文，後世莫能仿佛。蓋孔氏之遺烈，其所及者如此。
> 自漢以來，更魏、晉、歷南北，文弊極矣。雖唐貞觀、開元之盛，而文氣
> 衰弱，燕、許之流倔強其間，卒不能振。惟韓退之一變復古，闢其頹波，
> 東注之海，遂復西漢之舊。自退之以來，五代相承，天下不知所以為文。
> 祖宗之治，禮文法度追迹漢、唐，而文章之士，楊、劉而已。及公之文行
> 於天下，乃復無愧於古。

蘇轍在此明確地羅列出一條與道統相抗衡的文統，從孔子繼文、武之道發而為文，經子貢、子夏等人傳至子思、孟子和荀子，經漢朝陸賈、賈誼、董仲舒，到唐代的

〔註71〕 朱子云：「道者，文之根本；文者，道之枝葉。惟其根本乎道，所以發之於文，皆道也。」《朱子語類》卷一百三十九「論文上」，頁3319。

韓愈，到由歐陽修繼承韓愈之文，以傳之後。蘇轍認為歐陽修的地位不亞於韓愈，甚至具有更加關鍵的重要性。因此以北宋初年邵雍、周敦頤及張載領導的道學運動，與以歐陽修、梅堯臣所領導的詩文革新運動，這兩股分別提倡「道」與「文」的運動，共同為宋朝精神與文化奠定重要的基礎。甚至在北宋時最受爭議的王安石，雖然備受道學家的抨擊，但王安石在文學上的成就卻受到一致的肯定，王安石的地位可以從當時文人將他與歐陽修並列二大宗師證明。〔註72〕歐陽修之後，蘇軾也欲以歐陽修繼承者自居以繼續發揚文統，繼續爭取與道統相互對話的空間。於是道統和文統在宋朝就形成互相競爭、又互相影響的態勢，這也可以從道學家開始思索如何調和文與道的衝突，以及文學家試圖引進儒家六經以為核心的企圖窺出端倪。這一點可以從真氏在道統觀和文學觀得到印證。

北宋程頤曾說：「作文害道」〔註73〕、「玩物喪志」；這種觀念在真德秀的《文章正宗》中得到有系統的貫徹。《文章正宗》選錄《左傳》、《國語》至唐末的文章。真氏認為以「事出於沈思，義歸乎翰藻」為檢選標準，強調文學純粹藝術性的《昭明文選》恐怕未能得源流之正，並主張文章應該以「明義理切世用」為主，被選錄的作品，必須是「其體本乎古，其指近乎經」，否則辭雖工亦不錄，揚棄了《文選》以來重於辭藻之美的選文標準。在《文章正宗》中標舉出「辭命」、「議論」、「敘事」、「詩賦」等四類，以下分而論之。

(一) 辭命：此類主要以《尚書》之典謨訓誥、或外交辭令為主要選文內容，「辭」即「辭令」，「命」即命令、策命，真氏認為這些都是屬於「王言」，是一種以文章的形式施用於傳布天下的類別，是「聖人筆之為經，不當與後世文辭同錄」的文體類別，上自周天子諭告諸侯之辭，下至兩漢詔冊。

(二) 議論：真氏認為此類「大抵以六經語孟為祖，……然聖賢大訓，不當與後之作者同錄」。此「議論」之類別，必須以聖賢為準則，「反正之評、詭道之辯，不得而惑其文辭之法度」。

(三) 敘事：即屬於史傳一類，真氏在此類中以《春秋》作為史筆的最高法式。

(四) 詩賦：這部分最能看出真氏的文學觀：

按：古者有詩，自虞賡歌夏五子之歌始，而備於孔子所定三百五篇。

〔註72〕陳輔《陳輔之詩話》：「文忠公自稱六一居士，王荊公自稱楚老。今《詩話》凡舉六一、楚老，指二宗師也。」足見王安石當時在文壇有享有與歐陽修相同的地位。

〔註73〕問：作文害道否？曰：害也。凡為文不專意則不工，若專意則志局於此，又安能與天地同其大也。《書》云：「玩物喪志」，為文亦玩物也。〔……〕今為文者，專務章句，悅人耳目；既務悅人，非俳優而何？曰：古者學為文否？曰：人見六經，便以為聖人亦作文，不知聖人亦攄發胸中所蘊，自成文耳。《二程遺書》卷十一。

若楚辭則又詩之變，而賦之祖也。朱文公嘗言，古今之詩，凡有三變：蓋自書傳所記，虞夏以來，下及漢魏，自爲一等；自晉宋間顏謝以後，下及唐初，自爲一等；自沈宋以後定著律詩，下及今日，又爲一等。然自唐初以前，其爲詩者固有高下，而法猶未變，至律詩出而後詩之古法始皆大變矣。故嘗欲抄取經史諸書所載韻語，下及文選古詩，以盡乎郭景純陶淵明之作，自爲一編，而附于三百篇楚詞之後，以爲詩之根本準則；又於其下二等之中，擇其近於古者各爲一編，以爲之羽翼輿衛；其不合者則悉去之，不使其接於胸次，要使方寸之中，無一字世俗語言意思，則其爲詩不期於高遠而自高遠矣。……或曰：此編以明義理爲主。後世之詩其有之乎？曰：三百五篇之詩，其正言義理者蓋無幾，而諷詠之間，悠然得其性情之正，即所謂義理也。

之所以不煩絮叨地援引眞氏大段文字，乃因此段文字可以看出眞氏的美學觀及選文標準：基本上眞氏是繼承朱子的美學架構，把詩的發展分作三個階段；然而眞氏又將這三個階段再加以揀選，「經史諸書所載韻語」到郭璞陶潛爲一編，作爲選詩的根本準則；而對於晉宋以下，則以「近古」爲好；觀其詩賦選擇內容，最後只到杜甫，足見其「好古」之心。眞氏強調此編純以「明義理」爲主，基本上仍然是重在作品是否能夠反映社會現實或者發明性情之正，眞氏也說《詩經》中幾乎沒有直接談及義理之作，不過仍然能夠誘發性情之正，正是「詩三百，一言以蔽之，曰思無邪」的最有力的擁護者，也就是重視作品是否能夠具備誘導人心或善良風氣的功用而言。眞氏引義理之學以釋性情，實爲其論詩之特色，也認爲只是文章能夠有助於陶冶性情之正，也合於「明義理」的要求。眞氏弟子對文章的獨立意義和價值顯然也有進一步的認識，如其弟子鄭圭跋《文章正宗》時曾說：「性命、文章豈二途哉？六經亦文耳。七篇之後以文鳴者，莫善於韓子〈原道〉等作，性命具焉，其由文之道乎！」鄭圭在此再次證明理學家對於文章的基本態度——即他們視文章爲神聖的工具，而不僅是表情達意的工具而已，因此理學家希望一般人可以藉由神聖的典籍以達性命之學，在這個意義上，六經當然也是「文」，是神聖之文，是具有道德性命意義之文。眞氏的另一弟子、著名的詞學家劉克莊也曾說：

六經，聖人載道之文也。孔子沒，獨子思、孟軻氏述遺言以持世，斯文以是未墜。漢諸儒於經，始采掇以資文墨，鄭司農、王輔嗣輩又老死訓詁，謂聖人之心，眞在句讀而已。涉隋唐間，河汾講學，已不造聖賢閫域，最後韓愈氏出，或謂其文近道爾。孔氏之道，賴子思孟軻而明，子思孟軻之死，此道幾熄，及本朝而又明，濂溪橫渠二程子發其微，……至公（按：

指朱子）而聖道粲然矣。〔註74〕

劉克莊在此文中表達欲爲朱子爭取覆謚，同時描述了一種道的傳承方式，孔子（或孔子之言）當然是儒家所信仰的道的完美寄託，孔子後就是子思與孟子來祖「述」孔子遺言，兩漢以降的儒生除了鄭玄與王弼外，幾乎都從句讀之學裏試圖回返六經或孔子之言。到了韓愈，才算是「文近道爾」。這裏劉克莊似乎暗示一種由「文」以重建道的可能，因爲畢竟孔孟之後已去聖邈遠，遂以其自認可以上接孔孟之道的方式回返六經與諸子，劉克莊認爲漢儒以句讀爲要，魏晉以來又多雜以道家之學，已與儒家不相似，所以才肯定韓愈至少在爲文以近道上是有貢獻的。劉克莊在文末也特別替韓愈抱屈，以爲後世皆視韓愈爲文人〔註75〕，是忽略其在樹立儒家道統上的努力。

另外，眞氏論文也完全以實用（「致用」）爲其要旨：

> 夫文辭，末也；事業，本也。向令公平生用力僅在筆墨蹊徑中，不過與詞客騷人角一日之譽，則亦何貴之有。惟其以實學出實用，以實志起實功，卓然有益於世，而又聞之以君子之聞，於是爲可貴爾。〔註76〕

作爲當時政壇與士大夫間的意見領袖而言，眞氏心裏所關心的絕不僅是文學的問題，他希望有能力爲文者都應該升起道德心，以教化百姓、陶鑄心性爲主要目的；在此文學的主體價值暫時被擱置，而轉以道德的價值爲優先，這樣的立場自然容易招來批評，如四庫館臣在《四庫全書總目提要》就說道：

> 持論甚嚴，大意主於論理而不論文，……四五百年來，自講學家以外，未有尊而用之者，豈非不近人情之事，終不能強行於天下。

顧炎武在其《日知錄》裏也對眞氏這種文學態度深不以爲然：

> 《文章正宗》所選詩，一掃千古之陋，歸之正旨，病其以義理爲宗，不得詩人之趣。〔……〕必以坊淫正俗之旨嚴爲繩削，雖矯昭明之枉，恐失國風之義。六代浮華，固當刊落；必使徐、庾不得爲人，陳、隋不得爲代，勿乃太甚，豈非執理之過？〔註77〕

〔註74〕《後村先生大全集》卷一百十二〈侍講朱公覆謚議〉。

〔註75〕這裏所說的「文人」容或是指「古文家」，而古文家論文較強調文章的獨立性，而宋朝以來的道學家在論文時，較重視文章是否合道、載道，也就是較強調道的優先性。另外，理學家所談論的「文」，也不僅是古文家所視之古文，而是廣泛地包含各種文體，包括辭命、詔書、論諫、奏疏、章表、序、史、傳、銘、記、謠、歌、詩等等，其範圍比古文家廣泛得多。張智華《南宋的詩文選本研究》頁 138。北京：北京師範大學出版社，2002 年 6 月。

〔註76〕《眞文忠公文集》卷二十八〈沈簡肅四益集序〉。

〔註77〕〔明〕顧炎武《日知錄》卷三。

眞氏所處的時代普遍存在「好異」與「好名」〔註78〕的扭曲現象，因此眞氏希望以載道之文，或者具有實理之文以扭轉社會價值。所以不論是在眞氏的文學品評標準、或者美學體系裏，美文或者徒具形式之文從來就不會是他揀擇的對象。眞氏並不是沒有鑑別文學的能力，他和朱子一樣都擁有豐富的文學創作力（這點從他們卷帙浩繁的文集便可得知），但文章若作爲社會的教化工具，那麼就必須負起神聖的責任。〔註79〕不過雖然眞氏在文章的選評標準上以「明義理」爲主，但對於一些雖然不是談論義理但卻膾炙人口的名篇佳作也收入其編，如卷二十收錄一些優秀的人物傳記，諸如《史記》「伯夷列傳」、「屈原傳」、柳宗元、「梓人傳」、「柳州羅池潮廟碑」；卷二十一收錄則選入大量的遊記，如韓愈的「藍田縣丞廳壁記」、柳宗元的「始得西山宴遊記」、「鈷鉧潭記」、「鈷鉧潭西小丘記」、「至小丘西小石潭記」等，這些篇章看來似乎與眞氏所強調文章應該以「明義理」爲實用價值不符，但細察之又可發現眞氏並不是眞正站在文學美的立場選編這類文字，而毋寧是藉由這些文人在政治場域失意挫敗遭至貶官放逐後，仍能從山水遊興中悟得人生至理，或寄托小我情感於大化流行中的意義，並不眞的有能力或意願承認自然生態有其自身的意義和目的。〔註80〕

　　另外，眞氏的文學批評理論中也強調「養心」，即不論是求道或是作詩作文，都應該反求於內，也就是說爲文者應該要有眞實的情感作爲創作的基礎，能夠養未發

〔註78〕見劉克莊〈西山眞文忠公行狀〉，收入於《後村先生大全集》卷一百六十八。

〔註79〕眞氏曾説：「……古今詩人，吟諷弔古多矣，斷煙平蕪、淒風澹月、荒寒蕭瑟之狀，讀者往往慨然以悲，工則工矣，而於世道，未有云補也。惟杜牧之、王介甫高才遠韻，超邁絕出。」眞氏在此表達了詩文固然容易動人，但是不見得能夠對社會有幫助，於是他進而提出所謂「以詩人之比興，發聖門理義之秘」的審美標準。《眞文忠公文集》卷二十七〈詠古詩序〉。這也是後人視眞氏爲將談理之詩賦予特殊價值的原因，甚至後來的金履祥和張伯行所編選的《濂洛風雅》，都被認爲受到眞氏《文章正宗》選輯詩文的態度影響，才有道學之詩與詩人之詩的不同。見《四庫全書總目提要》卷一九一《濂洛風雅》條。

〔註80〕在傳統的認識裏，有人認爲儒家將人類社會的價值投射到自然界裏，而不是具體直接地面對自然界本身具有價值，是爲「投射說」或「移情說」，即儒家將人的情感和意志擴置自然界中，使自然界也擁有和人類一樣的情感和意志。見蒙培元《人與自然：中國哲學的生態觀》頁67。北京：人民出版社。2004年8月。蒙培元認爲儒家思想中的投射說和移情說，是在承認人與萬物平等的立場上所產生的態度，加上儒學中有強調「民吾同胞，物吾與也」的一體感、感通感，所以並不至於流於所謂人類中心主義一面；然而本文卻認爲儒家思想和典籍中，似乎缺乏將自然界視爲一客觀存在而進行認識與了解的部分，大多是藉由自然現象以觸發人的道德意識，或者藉自然界的種種現象以言人事經驗，在脫離人的主觀情感意志而認識自然這方面是較爲薄弱的。

之中，以得心性之正，絕非爲文造情而已。因此眞氏的門人劉克莊就曾說：

> 《文章正宗》初萌芽，西山先生以詩歌一門屬余編類，且約以世教民
> 彝爲主，如仙釋、閨情、宮怨之類，皆勿取。予取漢武帝〈秋風辭〉，西
> 山曰：「文中子亦以此詞爲養心之萌，豈其然乎？」意不欲收，其嚴如此。
> 凡余所取而西山去之者太半，又增陶詩甚多，如三謝之類多不收。〔註81〕

眞氏在《文章正宗》展現十分推崇陶淵明的態度，故選錄其詩也特別多，但其論述陶詩也多以儒家的立場看待：

> 予聞近世之評詩者，曰淵明之辭甚高，而其指則出於莊老；康節之辭
> 若卑，而其指則原於六經。以余觀之，淵明之學，正自經術中來，故形之
> 於詩，有不可掩。榮木之憂、逝川之歎也；貧士之詠，簞瓢之樂也。〔註82〕

把陶淵明冠上經術之士名，讓陶詩也著上一層儒家義理的色彩。

除了《文章正宗》外，《續文章正宗》以宋朝作品爲主，以「論理」、「敘事」、「論事」爲綱，置當朝儒生文士作品以說明儒學義理。清彭元瑞等撰《天祿琳琅書目後編》卷七載：「眞文忠公續文章正宗，二函十二冊，宋眞德秀撰，書二十卷，分論理、敘事、論事三門。所錄皆宋人歐陽修、王安石、曾鞏、蘇軾、曾肇、張耒、李覯、黃庭堅、晁補之、秦觀、張景、蘇轍、劉敞之文。其第二十卷有錄無書。」在眞氏的《續文章正宗》中有幾點值得觀察，即在此文集裏並不忌諱收錄王安石的作品，這顯然與朱子的看法有所出入，朱子在《八朝名臣言行錄序〔註83〕》云：

> 予讀近代文集及記事之書，觀其所載國朝名臣言行之迹，多有補於世
> 教。然以其散出而無統也，既莫究見始終表裏之全，而又汨於虛浮詭誕之
> 說，予常病之。於是掇取其要，聚爲此錄，以便記覽。尚恨書籍不備，多
> 所遺闕，嗣有所得，當續書之。

眞氏編選文集依循朱子「補於世教」的原則，雖然我們並不能遽爾妄下斷語指出朱子所認爲「虛浮詭誕」的對象裏包含王安石，但是卻可從《八朝名臣言行錄》裏略去王安石的文字得見朱子的價值觀。但是到了眞氏的《續文章正宗》並不諱收王安石的文章，可以看出眞氏已與朱子的文藝觀有了差異，或者說至少肯定安石的文學修養和文學才能。眞氏在《續文章正宗》卷二就收錄王安石文章，僅次於歐陽修，而且收入王安石的作品爲〈禮論〉，王安石〈禮論〉一文以荀子的化性起僞說爲起點，

〔註81〕見劉克莊《後村詩話》，收入於《後村先生大全集》卷一百七十三。
〔註82〕見《眞文忠公文集》卷三十六〈跋黃瀛甫擬陶詩〉。
〔註83〕《晦庵先生朱文公文集》卷七十五，收入於《朱子全書》冊貳拾肆，頁3634。

論證建立合理的人間秩序以節制人性的重要性。禮的範疇屬於客觀制度的建立，眞氏選入王安石的〈禮論〉一文，也似乎間接或不言而明地認同王安石在建立客觀制度上的努力。

《續文章正宗》與《文章正宗》不同之處，在於《續文章正宗》更直接地傳達作爲道德或儒學領袖地位的文化觀，在《文章正宗》時，眞氏仍選入許多文學作品（如「詩賦類」），但到了《續文章正宗》，就只賸下「論理」、「敘事」與「論事」三大綱，缺「詩歌」與「辭命」二命，也已不見較具文學性質的作品。除此之外，眞氏更在《續文章正宗》卷十九收入王安石的〈論本朝百年無事箚子〉〔註84〕，這篇在北宋年間重要的文章，不僅因爲它具有政治文獻的價值，也因爲其立論精闊，說理詳實。王安石在這篇寫給神宗皇帝的奏章中，回答了神宗關於爲何本朝百年無事的問題；王安石希望神宗皇帝能以堯舜爲法度，勿以唐爲榜樣，在文中王安石細數北宋自開國以來到神宗之間，種種關於外交、軍事、內政、財政等問題，並詳陳其中利弊得失。最重要的，是貫穿〈札子〉中的一個批評意見，即是在宋朝那種無處不在、因循苟且、萎靡、疲頓的社會風氣。〔註85〕王安石認爲若非北宋時期處在「非夷狄昌熾之時，無堯湯水旱之變」的承平時代，則不會有百年無事的大好光景，因此希望神宗能力圖扭轉這種頹靡的社會風氣。本文認爲北宋時因熙寧變法而來的新舊黨爭，的確造成士大夫集團內部的矛盾與衝突；例如以司馬光爲首的朔黨、和以程顥爲首的洛黨間關於改革方式有不同的看法，或王安石與以蘇氏兄弟爲首的蜀黨在用人看法上的歧見等。〔註86〕然而這些黨爭與衝突都是熙寧變法後才產生的，士大夫集團在此之前並沒有那麼強烈的衝突與不和，而且即使是到了變法之後，新舊黨人的衝突也只是針對王安石在變法過程中的行事用人等舉措而言，對於王安石的文章造詣和節義法度的看法顯然是沒有那麼強烈的指責之意。〔註87〕

文集編選背後必然有編者基本的價值觀或美學觀，眞氏編選《文章正宗》與《續文章正宗》，除了來自於其對文學的愛好與訓練外，也寄托了眞氏某種對社會、文化甚至於國家的「微言大義」。例如在《續文章正宗》最後一篇收錄的文章，是蘇軾的〈乞校正陸贄奏議箚子〉；蘇軾在宋哲宗元祐八年五月率同呂希哲、吳安詩、范祖禹等人，將新校重謄的唐人陸贄的奏議獻給哲宗，並附了這篇奏摺箚子，希望哲宗能

〔註84〕《續文章正宗》凡二十卷，而最末一卷議論之文有錄無書，今可見者十九卷。
〔註85〕見鄧廣銘《北宋政治改革家王安石》頁 91。
〔註86〕錢穆《國史大綱》下冊，第六編第三十三章「新舊黨爭與南北人才」。
〔註87〕同注 77，頁 69。

熟讀陸贄的奏議，作爲治國的龜鑑。在此文中，蘇軾首段以醫事爲喻，說明上奏的原因；次段述陸贄才高學博，超越張良及賈誼，而陸贄規諫德宗的層面也涵蓋用人、邊事、改過、收人心及除民患等等，最後希望德宗能體會陸贄奏議中的用心。蘇軾認爲，士人最大的不幸乃「不遇於時」，而對陸贄來說的「不遇於時」，即在於德宗的苛刻、猜忌、好戰及貪婪，這些都與言不離道德的陸贄格格不入，在這樣的情況下，蘇軾也只能說「使德宗盡用其言，則貞觀可得而復」這類虛幻的話語安慰自己而已。蘇軾又說「若陛下能自得師，莫若近取諸贄。夫六經三史，諸子百家，非無可觀，皆足爲治。但聖言邈遠，末學支離，譬如山海之崇深，難以一二而推擇。如贄之論，開卷了然。」蘇軾在此提出希望哲宗能「得良師」、「取諸贄」（得賢人）、「親近經史諸子」（勸學）等，都和眞氏的觀點相近；因此本文認爲，蘇軾希望透過陸贄與德宗的關係暗示其與哲宗的關係，也就和眞氏希望透過蘇軾和陸贄來間接地表達他對理宗的期待相同。

　　眞氏在《續文章正宗》裏，收入大量的人物傳記，其中包括事迹評述、行狀、神道碑和墓誌銘。眞氏之所以收入大量人物傳記，除了希望以此建立一種人文精神傳統之外，也藉由元老大臣、名儒文人、賢士大夫等事迹以明世道，或爲其辨誣，或爲其明志。例如眞氏曾爲歐陽修言：

> 歐公之學，雖於道體猶有久闕，然其用力於文字之間，而泝其波流，以求聖賢之意，則於《易》、於《周禮》、於《春秋》，皆反復窮究以討先儒之繆，而《本論》之篇，推明性善之說，以爲息邪距詖之本。〔……〕其他文說，雖或出於游戲翰墨之餘，然亦隨事多所發明，而詞氣藹然，寬平深厚，精切的當，眞韓公所謂仁義之人者。〔註88〕

眞氏在此段文字，不僅針對范沖淹與呂夷簡間相互以爲朋黨之事做協調，也詳論當時質疑歐陽修撰此文的動機，並爲歐陽修辨誣。眞氏認爲歐陽修雖然在道體的把握上並不完整，但是他以文學的方式求聖賢之本意，以懷疑的態度來重返六經的用心卻爲眞氏所肯定。〔註89〕這一點可以從眞氏以歐陽修的〈本論〉作爲《續文章正宗》的第一篇作品得知，蓋歐陽修〈文論〉以闢佛法爲主要論旨，提出以「養氣」、「修禮義之本」以對治因人心虛浮而佛法大行的現象。以下則簡要論列

〔註88〕《續文章正宗》卷三，歐陽修〈資政殿學士文正范公神道碑銘幷序〉後語。

〔註89〕北宋儒學是建立在批判漢唐經學的基礎上，而這股懷疑和批判的精神，則源自中唐，《新唐書》卷二百〈啖助傳〉云：「啖助在唐，名治《春秋》，摭訕三家，不本所承，自用名學，憑私臆決，尊之曰：『孔子意也。』趙（匡）、陸（質）從而唱之，遂顯於時。」

《續文章正宗》之內容：

卷　一	「論理」上：《本論》（歐陽修）、《禮論》（王安石、曾鞏、蘇軾）
卷三～卷六	「敘事」：述元老大臣事迹。如歐陽修《范公神道碑》王安石《文元賈魏公神道碑》、蘇軾《司馬溫公行狀》、《司馬溫公神道碑》、蘇轍《歐陽文忠公神道碑》等。
卷七～卷九	「敘事」：述名儒文人事迹、賢士大夫事迹。如作者：歐陽修（胡瑗、孫復石介墓誌銘、梅聖俞墓誌銘、蘇洵墓誌銘、瀧岡阡表）
卷　十	「敘事」：述武士事迹。全爲墓誌銘。
卷十一	「敘事」：如《六一居士傳》。
卷十二	「敘事」：學記、齋記、堂宇等記。如《相州晝錦堂記》。
卷十三	「敘事」：堂齋、廳壁、園亭、軒記。如《豐樂亭記》、《醉翁亭記》、《喜雨亭記》、《黃州快哉亭記》等。
卷十四	「敘事」：樓臺、園、門、城、池、湖、井、隄、山水石、畫等記。如《凌虛臺記超然臺記》。
卷十五	「敘事」：記寺觀。
卷十六	「敘事」：記祠廟。
卷十七～十八	「論事」：諫爭論列指切時病。
卷十九	「論事」：從容諷諭汎陳治道。如王安石《論本朝百年無事箚子》。

如果拿蕭統《昭明文選》與眞德秀《文章正宗》作一對比的話，可以看出某些令人玩味的差異：

（一）《文選》在「詔」類僅選錄 2 篇；《文章正宗》卻洋洋選錄 111 篇。

（二）《文選》在詩賦類選錄近 33 卷（超過全書五成以上比例）；《文章正宗》卻僅選錄 4 卷（僅佔全書一成多比例）。

（三）《文選》序中提到所不取的文類，包含「姬公之籍，孔父之書」、「老莊之作，孔孟之流」、「賢人之美辭，忠臣之抗直，謀夫之話，辨士之端」、「記事之史，繫年之書」——即包含了經史子等範圍，明顯與眞氏所強調之「體本古」、「指近經」有差異；在《文章正宗》中的議論類選錄了荀子、董仲舒、李翱、韓愈諸儒之文，也收錄大量史傳之作品，突顯了眞氏希望透過子史之文來建立一套他所信仰的價值觀。

任何文學總集都在某種程度上反映編選者的時代感和美學觀，眞氏的《文章正宗》在文學批評史的評價一直被簡單歸類爲是道學家的文學選集，暴露了道學家不

承認文學的獨立藝術價值、輕視文學的形式意義〔註90〕；然而本文爲求論述焦點較爲集中，故不詳加論述此二者的辯難；不過本文關心的是，眞氏編選過諸多書籍，都僅選錄作品或擷取經典片段，結集成書，例如《文章正宗》、《心經》、《政經》（將在下一章詳述）等著作，其中幾無全無按語，這種編輯態度是否已然承接孔子「述而不作」〔註91〕的傳統？或者說眞氏希望透過這種方式，找到一種與他所信仰的傳統進行對話？

讓我們節錄鶴山的一段文字以供佐證：

> 任斯道之託，以統天下之異，則不可無以尊其權。天下惟一王之法，最足以一天下之趨向。彼其慶賞刑威之用於天下，而天下莫與之抗者，以其法之所存故也。君子任斯道於一身，以正天下之不正，裁節矯揉，而不使之差跌於吾規矩準繩之所不能制，則一王之法豈獨有天下者司之，而斯文獨無之哉？聖人不作，學者無歸往之地，重之以八代之衰，而道喪文敝。後生曲學於文，僅如偏方小伯，各主一隅，而不覩王者之大全，……天下之分，自敵己以上，毫髮不可妄踰，而況於道之所統，其去取予奪可無王法以裁正之乎？……書以載道，文以經世，以言語代賞罰，筆舌代鞭扑，其所立之法，雖儼然南面之尊，有不能與之爭衡者。然後知一王之法，吾孔、孟立之以垂世久矣，非用空言而徒爲記載也。（魏了翁〈唐文爲一王法論〉〔註92〕）

鶴山此文旨在辨說韓愈爲唐代的文壇立下一個「宗主」和「王法」的地位，足以與政治上的領導者抗衡，以其「任斯道於一身」。於此，我們不得不說鶴山的確立下了一個知識分子所需要具備的抗議精神，尤其是與執政當權的不妥協精神。鶴山其實藉由評論唐文及韓愈，來試圖爲宋代的知識分子挺立出一個莊嚴而神聖的人格典範；鶴山這種自反而縮的道德精神，敢於與「南面之尊」相抗衡，最大的憑藉是來自於「斯文」的傳統。〔註93〕鶴山同時並提醒當時有機會進入官僚體制的讀書人，不可「曲學於

〔註90〕眞氏曾說「書論詩賦，文士之末技爾。」《大學衍義》卷四。

〔註91〕有論者以《論語》爲例，指出「《論語》的編者雖然無法考證，但它仍不失是早經編定成型的教材，其編次應可被視爲重要的詮釋問題。如同孔子編次《詩》一樣，《論語》編者之編次《論語》章節，不但是一種對『孔子之學』的詮釋，也是承續孔子『述而不作』的另一種樣態」。見蔡振豐〈《論語》所隱含「述而不作」的詮釋面向〉，收作於李明輝編《儒家經典詮釋方法》頁160。臺北：喜瑪拉雅基金會。2003年7月。

〔註92〕〔宋〕魏了翁《鶴山先生大全文集》卷一百一。《四部叢刊初編》，臺灣商務印書館。

〔註93〕自從「以道自任」的知識分子（士）在春秋戰國之際出現後，他們即開始思索如何面對政治權威的問題。這個問題關涉兩個方面：從各國君王一方面說，他們在「禮

文」，否則「不覩王者之大全」；「書以載道」、「文以經世」中的「載道」和「經世」都是儒生念茲在茲、任重道遠的永恆使命。宋代的道學家對絕對不能接受聖人所傳衍下來的語言文字被僅僅為「空言」〔註94〕或「徒為記載的文字遺產」，為必欲以這些經典作為道的依據，並進而作為與政權（王法或治道）相抗衡的一個傳統。於是我們可以說，道學家在不斷透過與經典的對話過程中建立一個道統，同時堅信這個道統可以獨立於萬世，甚至超越一切有形的政治制度，成為更高的價值根源。這也是後世尊孔子為素王的原因。不過很顯然的，南宋道學家在儒學內部與經典的對話已經達到一個很高的成就，然而在透過這個道統希望與政統對話的嘗試上，畢竟還是變成了「獨白」〔註95〕——也就是說道學家希望透過儒家經典作為溝通文本，作為儒生與君王間的緩衝，道學家希望透過侍讀或進講的方式，讓君王能夠理解儒家渴望得君行道的理想能夠實現；然而這種溝通的行為卻成為一種「獨白的倫理學」，讓道學家原本期待成為「對話的倫理學」（或「溝通的倫理學」）〔註96〕落空。

壞樂崩」的局面下需要有一套淵源於禮樂傳統的意識型態來加強權力的合法基礎。從知識分子一方面說，道統與政統已分，而他們正是道的承擔者，因此握有比政治領袖更高的權威——道的權威。見余英時〈道統與政統之間〉頁53。臺北：時報出版公司。1986年10月初版五刷。

〔註94〕劉宗周曾說：「臣聞古之帝王，道統與治統合而為一，故世教明而人心正，天下之所以久安長治也。及其衰也，孔、孟不得已而分道統之任，亦惟是託之空言，以留人心之一線，而功顧在萬世。又千百餘年，有宋諸儒繼之。」（《劉蕺山集》卷三）余英時並引此段文以證明「道統」與「治統」是對舉而言，「道統」指的是道、治而合，孔孟分任的是「道學」。有宋諸儒繼之的，是孔子以下的「空言」，而非古代聖王的「實事」。見余英時《朱熹的歷史世界》頁46。

〔註95〕高達美曾與哈伯瑪斯在詮釋學上有過辯論，高達美強調語言的主體性，哈伯瑪斯強調語言的溝通性，而後者的理解在此可以和真氏的《衍義》作一有意義的聯想。哈伯瑪斯強調人在每一次的溝通行動中，都必須符合以下四項條件的要求，才算是有意義的溝通行為，分別是：一、可理解性（comprehensibility）——我們說出的語句必須符合文法的規則，才能為他人理解；二、真理性（truth）——語句所指涉的內容必須為真，亦即其所記述的內容必須與事實相符；三、真誠性（truthfulness）——即進行相互溝通必須建立在互信的真誠基礎上；四、適切性（rightness）——即溝通的雙方必須在達成某種共識的前提條件下，才能進行溝通。（參見陳欣白《對話與溝通》，臺北：揚智出版公司。）本文認為真氏的《衍義》某種程度地反映當時儒生與君主的溝通方式與理解基礎，儒生一方面選擇君主最為熟悉的儒學（理學）概念作為詮釋和理解的基礎，但是這樣的基礎在經過慶元黨禁的打擊和質疑後，其效力顯然有所削弱，因此這套內聖學說便容易被視為「不可理解」、「不符合當時勢的判斷」甚至在溝通行為中產生互信上的危機。因此本文挪用「獨白」一詞以突顯《衍義》的溝通模式在效用上的侷限。

〔註96〕哈柏瑪斯曾指出他所建立的「溝通倫理學」與康德的「獨白的倫理學」有三點基本差異：（1）協商倫理學捨棄康德倫理學中「現象」與「物自身」底集雙重世界說。（2）康德倫理學指望每個個體在孤獨的心靈生活中檢根其行為底格律，協商倫理學則捨

　　哈柏瑪斯認為一個成功有效的溝通行為，說話者的語言必須滿足基本的語句文法的「可理解性」要求外，還必須具備話語內容的「眞理性」、以及說話者取得聽者信任的「眞誠性」、和說話者的發言須符合其所當遵守的發言規則的「適切性」。以此來看，眞氏的《衍義》其實就是這樣的詮釋產物。《衍義》的內容以《大學》作為和君主溝通和理解的文本，此即具有「可理解性」和「眞理性」；眞氏遵守其在經筵侍讀侍講的地位向君主發言，是具有「適切性」；而眞氏不斷反覆論「誠」的姿態又在在希望能讓君主感受到其內在的「眞誠性」。然而《衍義》終究沒有成功的原因，除了在於儒家的政治理論仍然以君主為核心，一旦君主未受到說服，那麼這樣的溝通便失去平衡，而在權力不平等的對話語境中，解經者（說話者）一方面必須嚴守師說，一方面必須照顧眼前這位君王，因此能夠發揮微言大義的空間自然容易遭到壓縮，更何況南宋以來言官把持朝政造成某種寒蟬效應的狀況仍然存在，所以道學家選擇回到書院或精舍繼續講學論道，又成為一種轉向內在的證明。

　　此外，本文認為，有宋以來的知識分子都想透過各種言說的方式促成某種「公共論域」〔註97〕的產生，這個公共論域可以在獲得君主權力的允許保障下得到發展的可能，並且進而擁有公開、理性探討公共事務的空間，形成所謂的「輿論」。這種公共論域的形成，有助於節制君權，同時保證某種言論的自由，以及作為絕對權威與私人領域之間的中間地帶。然而可惜的是，在後期封建制度下，南宋的君王不是受到權相、佞臣就是外戚權勢的掣肘，無法施展抱負，而深信希望能得君行道的道學家們，他們所認同的「道」、「理想」、和「價值觀」仍然沒有獲得君王的完全信任，而道學家所希望建立平等對話機制的「師道」或「斯文的傳統」也並未獲得公平對待，因此這樣的努力也於是再度落空。

棄這種純然內在的、獨白的性格。（3）康德最後藉著訴諸一項「理性底事實」來規避規範底證立問題，協商倫理學則由論證底普遍預設推行出「普遍化原理」。哈柏瑪斯堅信道德規範底證立不能基於形上學的根據。見李明輝〈獨白的倫理學抑或對話的倫理學？〉收入於氏著《儒學與現代意識》。臺北：文津出版社，1991年9月初版。

〔註97〕本文在此藉用哈柏瑪斯關於「公共論域」的論述以重建南宋道學家以各種言說方式介入政治的情況。哈柏瑪斯所謂的「公共論域」，是指介於市民社會和國家之間進行調節的一個領域，在這個領域中，有關一般利益問題的批判性公共討論能夠得到建制化的保障，用以監督國家權力，影響國家的公共決策。同時哈柏瑪斯也認為，公共論域作為區別專制統治權力言說的公共論域，是具有批判性、無強制性的，因而是以理性的溝通作為根本性的原則。本文也相信：南宋的君王也希望透過經筵侍講侍讀，間接造就某種程度的公共論域的產生，至少也能造就有意義的「交談」和「溝通」——讓儒生或道學家們得以自由而無拘束地表達他們對公共事務的意見。

第四節　本章結語

　　儒家的道統，其實就是「孔子的傳統」〔註98〕，也就是牟先生所說的「內聖之本之挺立處」、「即彰著道德之本性以及相應道德本性而爲道德實踐所達至之最高歸宿爲何所是者是」〔註99〕的內聖之學；同時我們也可以從其中發掘出屬於中國文化的「自覺性」、「根源性」、「持續性」、「中心性」、「象徵性」、「哲學性」、「崇高性」、「宗教精神性」、「方向性」、「合法性」、「特殊性」及「不可替代性」〔註100〕；對於宋儒來說，在繼承儒家的道統上有意識地擺脫漢儒章句大儒說解經書的規模，以直承挺立孔子孟子以降的道德精神爲價值根源，同時善加運用他們所認爲能夠傳達聖賢大義的「文」作爲工具，通過不斷與經典的對話交流，彰顯出一個道與文合一的「斯文」傳統。也就是說，單單從道的方面理解宋儒，或者僅從文的角度切入宋儒，都可能失之一隅，因爲他們所期待的，正是道與文並建的斯文傳統，此斯文傳統能獨立於政治傳統之外，成爲與政統對話的依據。另外，唐宋以來文人試圖建立文統與爭取與道統相當的地位，從北宋初的文附於道、作文害道，一直演變到文從道出〔註101〕，都可以看到道統和文統兩股勢力在宋朝既競爭又合作的發展模式。眞氏的道統觀吸收文統中諸如荀子、賈誼、董仲舒、揚雄等，除了認同諸儒的衛道之功外，或許也和這些儒士在文學領域裏的成就有關。同時，《文章正宗》與《續文章正宗》中所收錄《左傳》、《史記》諸多史傳之文，恐怕也和韓愈在〈進學解〉中所奠定的文統有關，這也可以看出眞氏依違於道統與文統間的心情。當然，這些條件都是由於孔子以後道統與政統、文統分離所產生的文化模式，士（或知識分子）從政治體制中游離出來，從而重新建立起一套制度與傳統；然而儒家對於聖君賢相有著有永恒的期待與嚮往，在還未達成道德烏托邦——道統與政統合一的目標來臨前，這個儒學所建立的道統會是學術與價值並出的根源。〔註102〕

〔註98〕　見羅義俊〈中國的道統：孔子的傳統——儒家道統觀發微〉。《鵝湖月刊》總號第期。2005 年 1 月。「孔子之傳統」語出自牟宗三先生，見牟宗三先生《心體與性體》第一冊，頁 196。臺北：正中書局。1989 年 5 月第八印。

〔註99〕　見牟宗三先生《心體與性體》第一冊，頁 193。臺北：正中書局。1989 年 5 月第八印。

〔註100〕　同前注。

〔註101〕　朱子學生曰：「文者，貫道之器。且如《六經》是文，其中所道皆是這道理，如何有病？」朱子云：「不然。這文章是從道中流出，豈有文反能貫道之理？文是文，道是道，文只如喫飯時下飯耳。」《朱子語類》卷一百三十九，頁 3305。

〔註102〕　張亨〈朱子的志業——建立道統意義之探討〉，收入於氏著《思文之際論集——儒道思想的現代詮釋》頁 309。臺北：允晨文化。1997 年 11 月。

儒家的道統有三個主要的面向：一為廣義的判教，如孟子辟楊墨、韓愈和宋儒辟佛老；二是要在政治的絕對權威外另挺立一超越的尺度，即相對政統以言之道統；三為就儒家內部思想而言，道統亦有別於學統。〔註103〕從真氏所建立的道統觀來看，其傳承孟子與韓愈以至宋儒以來判異端的立場依然不變，但他所建立超越政統外的道統卻是經由挺立師道與文統的方式來奠定，而他攝學入道的態度更可以說明，「學」以言說或文字的方式，來展示、傳承「宗」與「教」的重要性。〔註104〕

　　牟宗三先生曾經以道德的理想主義必包含人文主義的完成為前提，強調中國文化生命的發展必然要確立「三統」：「道統之肯定」、「學統之開出」、「政統之繼續」〔註105〕已是定論，然而時至今日，已有學者懷疑儒家所信仰的這個「道」的內涵，是否隱藏某種「錯置」？〔註106〕本文以為，儒家以聖王合一（道統與治統合一）為「道德的理想主義」〔註107〕的終極實現，或本文擬稱的「道德的烏托邦」的重現（representation），從孔子孟子以降，我們發現每代的儒者或儒學的經典其實都在透過與聖賢（或聖賢之語）的對話中，試圖召喚心目中道德的烏托邦；然而從去古未遠到去聖邈遠，對於烏托邦的想望慢慢地從「空間」轉為「時間」，伯夷叔齊西行離開商紂來到西伯姬昌之地，希望能夠遇到聖君，是因為他們相信在「某個地方」（somewhere）一定會有個仁民愛物的仁君，但是隨著時間愈來愈久，儒者漸漸無法相信這個世界上果然有某個地方實現著最高的道德理想主義，於是對於「空間的失落」轉化為「時間上的懸望」，開始再度期待到了某一天心目中所

〔註103〕見鄭家棟《牟宗三》頁193。臺北：東大出版公司。
〔註104〕「宗」即宗旨，「教」即能達至此體會的各種實踐修行的方法與道路，而「學」即包含學問的講明、解說經典之義，但「學」的最大作用絕不在成就學術知識，而是在於能釐清辨正「宗」與「教」使之在傳承過程中不致失掉規範而流為蕩越。見鄭宗義〈論朱子對經典解釋的看法〉，收入於鍾彩鈞編《朱子學的開展──學術篇》。臺北：漢學研究中心。
〔註105〕見牟宗三《道德的理想主義》序。
〔註106〕林安梧認為「道的錯置」展現在幾個方面：一、歷史退化論者或復古論者將道德理想託之於古代，是將邏輯上道的源頭轉變成時間上道的根源，這是所謂「時間性的錯置」；（二）認為政治制度結構中愈高階層就愈接近道，而國君即是道在人間世的化身，是所謂「結構性的錯置」；（三）中國文化傳統中以「宰制性的政治連結」為核心，而以「血緣性的自然連結」為總樞，以「人格性的道德連結」為理想，於是君權與父權中心掌管一切，聖賢教養異化為工具，「道的錯置」於焉構成。見氏著《道的錯置──中國政治思想的根本困結》序言。臺北：學生書局。2003年8月。
〔註107〕儒家的道德理想主義，重在以怵惕惻隱之心作為實踐的基礎所產生的學說。

信仰的最良善的國家制度能夠實現──或者更準確地說，是他們所仰望的國君能突然幡然改悟，了解到儒家的禮樂制度才是教化人心最好的方式。本文以為，這應該可以稍稍為中國文化緩頰，或者暫時為傳統開脫找到一個人類文化共同對烏托邦期待的共有心情。或者儒學道統最大的問題，還是來自於儒生把最終極的理想建立在人之上，而不是法之上；因此政治的清明與否，運氣（命）的成分便主導一切。因此，本文下章便擬討論真德秀對此一問題的解決方式。

第五章　《大學衍義》之解經方法析論

第一節　《衍義》的意義

　　《大學》自北宋以來便受到極大的注目並引發許多詮釋，從司馬光著《大學廣義》〔註1〕，到二程子開始大力提倡《大學》的重要性，並開始以己意詮釋改定，朱子除了更動改定外，更增補其所認為的闕文，成為後來的《大學章句》。高明先生認為真氏研究《大學》所開的一派，可以稱為「衍義派」〔註2〕，但並未詳明其義，故本文擬先從「衍義」一詞的定義入手，以期更加深化「衍義」的內容及意涵：

　　（一）《易‧繫辭上傳》：「大衍之數五十，其用四十有九，……」來知德易經來註圖解曰：「衍與演同，演者廣也，衍者寬也。其義相同。言廣天地之數也。」也就是說推演（推衍）著策以成卦，並進而探尋宇宙人生的終極律則，所用之著策之數也。

　　（二）《易》演成六十四卦作為人生境遇的模型，並隨占者或問者不同而有豐富的解釋；所以王船山云：「衍者，流行之謂。『大衍』者，盡天下之理事，皆其所流

〔註1〕　司馬光的《大學廣義》一向被視為《大學》最早單獨印行的重要證據，不過同樣在《禮記》中諸多篇章亦有專篇注解，加此司馬光本人似乎認為《中庸》的重要性高於《大學》，因此《大學廣義》實不足以獨力支持《大學》自此單行的論斷。見岑溢成《大學義理疏解》導論，頁6。

〔註2〕　見高明〈學庸研究之回顧與前瞻〉，收入於氏著《高明文輯》上冊，頁333。同時高明先生亦認為真氏將《大學》視為「領袖學」，因此《衍義》一書即是就做領袖的道理而加以發揮。

行而起用者也。」〔註3〕因爲如水之性，所以無處不到，而所到處皆有理事可言，故天下無處不是理。

（三）《說文》：「衍，水朝宗于海皃也。」段注云：「旁推曲暢，兩厓渚涘之閒，不辨牛馬，故曰衍。」《尙書・禹貢》：「荊及衡陽惟荊州：江漢朝宗于海，九江孔殷，沱潛既道，雲土夢作乂。」其中諸侯春見天子曰「朝」，夏見曰「宗」；借以喻水，言小就大也。〔註4〕由小河流匯聚後奔向大海，即「由小就大」，如同朝臣覲見天子般；又丁福保編纂《說文解字詁林》於「衍」字下引《廣雅》：「衍，達也；《易》需于沙，衍在中也。」又說明「衍」與「洐」二字不同，即「衍」爲「水在行中」，而「洐」爲「水在行外」，是「當即形爲義，乃孟子水由地中行之說，洪溼二字是氾濫之時，衍字則禹治水之後，其流順軌，朝宗于海。」其餘引諸家解釋「衍」字之義，大略有「廣」、「大」、「溢」、「流」、「達」、「澤」、「多」、「泆」、「布」、「饒」、「蔓」、「有餘」、「漫」、「散」、等義。另亦有一說曰「演」方爲「衍」之本字，《說文》中有「衍」字極爲可疑。另桂馥《說文義證》〔註5〕：「衍，水朝宗於海也，從水從行。」我們大體可以以上述諸家關於「衍」字的分析，得出如下幾則意義：（1）「衍」最初的意義必然與大水泛濫有關，因此人們由觀察到水有泛濫漫流的特質，從而引申出「廣布」、「敷陳」之抽象意義；（2）由於水必有所歸，江河必滙流入海，因此「衍」的另一個意義，當與百川涇渭必朝海流去的終極意義有關，也就是說眾水在匯流前或許各不相干，各有其行徑，然殊塗而同歸，必將朝大海而去，因此「朝宗」便成爲更積極的意義，而不僅僅是支流散漫而已。〔註6〕

這樣的意義十分適合《衍義》的精神，因爲在《衍義》中，眞氏便是以大學八條目爲綱目骨架，參酌以經史諸子，最後匯集於人主之前。

> 伏以汗簡雖塵，何補聖經之奧；食芹欲獻，誤蒙天語之溫。以十年纂輯之餘欣，一旦遭逢之幸，（中謝），惟大學設八條之教，爲人君立萬世之程。（「進大學衍義表」，《眞西山文集》卷16）

〔註3〕王船山《周易內傳》卷5。

〔註4〕屈萬里《尚書釋義》頁57。

〔註5〕〔淸〕桂馥：《說文義證》卷二十九，收入《四部叢刊廣編》（臺北：臺灣商務印書館）

〔註6〕另王船山也曾提到：「演，水長流也；衍，水行歸海也，二字同意而義別，唯派衍之衍作衍，其借爲演習、演說、游演、皆當作演。引其說而伸長之也，演習如水長流不息也。游演隨流而游也。眞西山作《大學演義》，引大學之旨而長言之，乃題曰衍義，誤矣。」見王船山《說文廣義・卷二》此處王船山顯然認爲眞德秀之《大學衍義》應作《大學演義》。

有論者認爲《衍義》的寫作對象是理宗〔註 7〕，其中所有議論都是針對理宗而發，也就是說《大學》在此已暫時脫離個人修身的「內聖」意義，轉向爲節制或導正人主行爲的意義。在中國歷代的君主教育中，儒生進侍講經的傳統由來已久，儒臣亦以被選爲侍講爲榮，並經常利用進講的機會，藉解說經義向皇帝陳說對政事的看法〔註 8〕；「然而經學去今曠遠，晦澀難解，必須淺近化，才易爲人接受」〔註 9〕，朱子編定《四書》，就是作爲經筵侍講的教科書。眞德秀曾任翰林學士兼侍講，就是日以《大學》作爲經筵講義進讀〔註 10〕；然而揆諸眞氏經筵講義，可以發現與其說眞氏留意《大學》章句的訓解，而毋寧說眞氏是藉《大學》的義理架構來發揮他對政治議題的看法，進而教育眼前這個在獲取政治權力上不具合法性與正當性的理宗。眞氏云：

> 臣始讀大學之書，見其自格物致知誠意正心脩身齊家至於治國平天下，其本末有序，其先後有倫，蓋嘗撫卷三歎曰：「爲人君者不可以不知大學，爲人臣者不可以不知大學。爲人君而不知大學，無以淸出治之源；爲人臣而不知大學，無以盡正君之法。既又考觀，在昔帝王之治，未有不本之身而達之天下者，然後知此書所陳，是百聖傳心之要典，而非孔氏之私言也。」（〈大學衍義序〉）

此段序言中可以看出，身處於晚宋積弊已深的政治環境裏，眞氏有感於一國之隆治，實繫於一二人而已，尤以國君與僚臣最爲重要，眞氏並不僅僅將《大學》視作「孔氏私言」——也就是儒學道統中成德入門的口傳心訣而已，而更希望將《大學》變成「百聖」——即自古以來服膺此教條的「聖賢」和「聖君」的最高行事標準。故而《衍義》一書，不僅推演歷朝各代的興衰存亡之理勢，即「以政爲教」、同時亦推衍《大學》中諸多核心義理概念，創造性的轉化爲政治的語言，即「以教爲政」〔註 11〕。

〔註 7〕見朱鴻林，〈理論型的經世之學——眞德秀大學衍義之用意及其著作背景〉，《食貨月刊》15:3～4（1985），後收入於氏著《中國近世儒學實質的思辨與習學》。北京：北京大學。

〔註 8〕見朱鴻〈君儲聖王，以道正格——歷代的君主教育〉收入於《中國文化新論——制度篇：立國的宏規》。臺北：聯經。

〔註 9〕同注 8，頁 449。

〔註 10〕見《眞西山文集》卷 18。

〔註 11〕〔明〕吳瑞登撰《皇明繩武編擬續大學衍義序》：「夫堯舜以來，君師總于上，治本于道，天下無異；趨至孔子不得位，而君師始分，治與道歧而二之。治歧而霸而夷，道歧而異端。聖人之所憂也，故作大學，本之身心意知，措之家國天下，得志則堯舜，不得志則孔子。堯舜以政爲教，必之身而應之天下；孔子以教爲政，必之人而

第二節 《衍義》典範〔註12〕的確定與影響

《衍義》爲具有政治與哲學多重意義的文本，其疏解經義的方式也成爲後世摹效的典範，除了明朝丘濬的《大學衍義補》作爲《衍義》的續作之外，另有其它著作亦間接樹立「衍義」的獨特訓解經文方式。

一、推衍敷陳，旁通發揮

清《御定孝經衍義》〔註13〕序云：

> 世祖章皇帝，敷孝治懋昭人紀，特命纂修孝經衍義，未及成書，朕纘承先志，詔儒臣蒐討編輯，倣宋儒眞德秀大學衍義體例，徵引經史諸書，以旁通其說。

> 衍義之作旁通發揮，所以推廣先儒注釋之所未盡也。……是書則以衍義爲名，一用大學衍義之例，提挈綱領，附麗條目，故無取乎章句訓詁。

（《御定孝經衍義‧凡例》）

《御定孝經衍義》仿效眞德秀《衍義》之體例，詳列天子之孝以至於諸侯卿大夫及庶人之孝；由天子之敬親推衍至郊丘宗廟典禮之義、以及如何制國用厚風俗的方式，和《衍義》一樣，不以墨守章句訓詁爲要，而務以推廣敷陳聖賢之意爲要；除了《御定孝經衍義》外，清《御定內則衍義》〔註14〕亦有相同之制作之意：

> ……讓者睦戚之要，其類有四：崇謙退和妯娌睦宗族待外戚是也……每舉一類，必證以聖賢經傳之言，實以古今淑順之行，所采事蹟，貴賤不同，而其道則同；所引文辭，深淺不一，而其理則一，闡明大指，詮釋微

〔註12〕 孔恩 Thomas S.Kuhn 在其《科學革命的結構》中強調「典範」（paradigms）即指在某一特定的學術領域中，能發現一組反覆出現而近於標準的範例，演示各種理論在觀念上、觀察上及儀器的應用上的特定根據；而歷史或科學的演進，即是典範的不斷被取代、被革命。臺北：遠流出版公司。1994 年二版。需要澄清的是，本文僅是暫時借用孔恩的典範一詞以表示眞氏運用這個詞語的優先性，但並不意味著《衍義》一書已經超越朱子或宋代道學家對《大學》的認識與了解；不過經過整理，本文認爲眞氏的《衍義》出現後，後代學者不管認同眞氏對《大學》的認識與運用與否，都不免以其爲基礎進行詮釋，所以「衍義」體即是以眞氏的《衍義》作爲典範或核心成爲一個特定的學術社群，而在這個社群中《衍義》所欲彰顯的通過內聖達致外王的目標也確乎是這個社群的共同信念。

侯之後世。」收入《四庫全書存目叢書》冊 53，頁 338。

〔註13〕 （清）葉方藹，張英監修（清）韓菼編纂：《御定孝經衍義》，影印〔清〕文淵閣四庫全書本，冊 718～719。

〔註14〕 清世祖御定、（清）傅以漸等奉敕纂：《御定內則衍義》，影印〔清〕文淵閣四庫全書本，冊 718～719。

文，名曰內則衍義。(《御定內則衍義序》)

〈內則〉原爲《禮記》中之一篇，內容大致分成四部分：內則、養老、食譜、育幼，並多述閨門之內所應注重之倫常關係，如事姑舅、事父母等，《御定內則衍義》將原來份量不重的內則篇引申擴充，分爲八綱三十二子目，綱舉目張，參酌經史故事以申其義，俾以「嫻乎禮教，各正其家，而風俗淳美，民物泰平」。因此《衍義》所奠定的訓解經文方式，往往長篇巨帙，上下古今，推擴敷暢經文大義，並旁通經史文集以爲佐證。

二、具有紹承聖學傳統之義

眞氏云：

> ……三代而下，其書失傳，其書雖存，概以傳記目之而已。求治者既莫之或考，言治者，亦不以望其君；獨韓愈李翱嘗舉其說，見於原道復性之篇，而立朝論議，曾弗之及。蓋自秦漢以後，尊信此書者，惟愈與翱，而未知其爲聖學之淵源。(《衍義》序)

被視爲唐宋新儒學的重要人物韓愈，標舉出自堯舜禹湯文武周公孔子孟子爲儒學之道統，而孟子後道統便不傳，戰國末年以至於兩漢，儒學道統僅能舉出荀子與揚雄，而此二儒亦是「擇焉而不精，語焉而不詳」，並以自己做爲紹承堯舜孔孟以來之儒學新道統。眞氏所處之時代，方經歷過一場學術與政治之鬥爭——慶元黨禁，道學人物相繼被罷黜，道學因此也改名爲理學，其後黨禁稍弛，眞氏在《衍義》中再次欲恢復本朝自周敦頤以來之道學傳統，希望延續唐代韓愈所挺立之儒學道統，眞氏云：

> 臣不佞，竊思所以羽翼是書（按：指《大學》）者，故剟取經文二百有五字，載于是編，而先之以堯典、皇謨、伊訓、與思齊之詩、家人之卦者，見前聖規模不異乎此也。繼之以子思、孟子、荀況、董仲舒、楊雄、周敦頤之說者，見後賢之議論，不能外乎此也。堯舜禹湯文武之學，純乎此者也。(《衍義》序)

眞氏在《衍義》中把韓愈的道統範疇再度擴大，甚至包含韓愈認爲不夠純粹的荀子、董仲舒及揚雄，和五經當中所語及之聖王賢相，目的就是要讓理論型的儒學走向政治型的儒學，這也反映了眞氏所處的晚宋，其迫切需要對政治運作具有高度敏感的儒生，因此在《衍義》中也可見到諸多揄揚荀子、賈誼、董仲舒及揚雄的證據。《衍義》的道統觀影響了其後倣效其體例的著作，如在元朝胡震所撰的《周易衍義》一書中，也展現了此種紹承聖學傳統的觀念：

> ……始知易之爲易，大之爲天地，幽之爲鬼神，明之爲人物，吉凶消

長之理，進退存亡之道，脩齊治平之本，皆不外乎此易也。謹以平日父師

之訓，筆而輯之爲成書，附以程朱張楊先賢之確語，有益於世教者，名之

曰周易衍義，知借喻，願就有道而正焉。（〔元〕胡震《周易衍義》序）

宋儒將儒學經典中的《易傳》、《中庸》中有關性命、天道流行等觀念體系化而成爲
儒學形上學、宇宙觀的理論根源，藉以與佛學相頡頏，宋儒好與佛僧交游論學，除
了影響其思想外，也因此經常被人視爲有「陽儒陰釋」的傾向；然而宋儒固然對形
上學展現了高度的理論興趣，卻始終沒有忘記儒學經世的終極理想，也就是《大學》
所說脩齊治平之功，在胡震《周易衍義》亦將宋儒對《易》之諸多說解分置其中，
以明聖道之正。《周易衍義》〔註15〕又說：

先子生平嗜書，貫穿經史，暮年尤研心周易，述爲衍義，幾成書而下

世，易簀之際，呼光大前曰：周易一經，非特占筮之書，可施而正心脩身

齊家治國之道備焉。（《周易衍義・序》）

胡震書未及成，而其子胡光大續成之，並再次強調其父胡震不僅將《易》視作占筮
之書，更認爲可以補「正心脩身齊家治國」之道，同時也倣效《衍義》經史互證的
方法，將形上與形下、理論與實踐作一調和。

明夏良勝在其《中庸衍義》曾說：

臣聞言：帝王之學者，必本於道；於道言帝王之道者，必達于治。然

一以孔氏爲宗，孔氏道之大成也。……孔道之傳，得其宗者曰曾子，……

曾子之傳得其宗者曰子思。……至大儒程顥及頤尊信之，簡編循次，旨趣

有歸。朱熹《集說》、《章句》，別爲《或問》，自謂平生心力，盡在二書，

而孔曾之道益明。眞德秀衍大學義，而程朱之說大備。（《中庸衍義・序》）

《大學》、《中庸》固爲儒學經典，然後世說解經文，亦以尊「聖賢成法」爲要，而
這個「聖賢成法」，亦即《衍義》中所尊崇之三皇五帝，聖王明君，賢臣良相，與諸
醇儒。故「衍義」體以經證史，欲以明其道（體）；以史證經，可以知其功（用）。

衍義的解經方式固然自由高妙，然其疏漏卻也因此而出，「其於經文訓詁，大都
皆舉史事以發明之，不免太涉泛濫，非說經家謹嚴之體」〔註16〕，然衍義體的說解
經文方式，實如一「蜘蛛網」式的理解方式，即由原典爲中心向四面八方輻射，形
成一張知識之網。

在眞氏著作《衍義》之後，後世凡命名爲衍義者，無不受到眞氏的影響，至於

〔註15〕〔元〕胡震：《周易衍義》，《四庫全書珍本》冊21～24。

〔註16〕見《四庫全書總目》〔元〕胡震：《周易衍義》提要。

南宋後，陸續出現關於衍義體的解經著作，經初步整理如下〔註17〕：

〔明〕林士元《學庸衍義》，《經義考》未見。

〔明〕夏良勝《中庸衍義》十七卷，《經義考》未見（卷 154），但見於四庫全書。

〔明〕王尊賢《中庸衍義》，《經義考》未見（卷 155）。

〔明〕丘濬《大學衍義補》一百六十卷。丘濬於《大學衍義補》序云：「宋儒眞德秀因爲《大學衍義》，掇取經傳子史之言以實之。顧所衍者止於格致誠正修齊，而治平猶闕，逮我孝宗敬皇帝時，大學士丘濬乃繼續引伸，廣取未備，爲《大學衍義補》，……眞氏之完書，爲孔曾之羽翼，有功於大學不淺，是以孝廟喜其考據精詳，論述該博，有補政治，特命刊而播之，朕踐祚以來，稽古正學，經史諸書，博涉殆徧。因念眞氏衍義，我聖祖大書於廡壁，累朝列聖置之經筵，肅宗聽講之餘，賦翼學詩以紀之。朕爰命儒臣，日以進講，更數寒暑，至於終篇，然欲因體究用，而此書尤補衍義之闕，朕將細繹玩味，見諸施行，上遡祖宗聖學之淵源，且欲俾天下家喻戶曉，用臻治平，昭示朕明德新民圖治之意，爰命重梓以廣其傳而爲之序。」（《經義考》卷 158）

〔明〕王啓《大學稽古衍義》，《經義考》「未見」（卷 158）

〔明〕楊廉《大學衍義節略》，二十卷。廉序曰：「大學衍義，先儒眞德秀之所著也。曰節略者，臣不揆寡陋冒昧爲之也，舊四十三卷，今爲二十卷，云竊謂德秀之書，雖其援引之富，論說之辨，然無一言而不源流於孔子之經，無一句而不根本乎曾子之傳，無一言而非人君爲治之，無一句而非人臣責難之忠，至當至精，至切至要。臣之過慮，惟恐萬幾之繁，經筵之講讀未易以畢，乙夜之披閱或難於周，此節略之所由也以成也。……若夫引用五經四書之文，揀擇諸史百氏之說，據千載之空腔，爲一日之塡實，或言其理、或舉其用，其事體用一原，即理而事無不包，顯微無間，即事而理無不在，每條秪引其凡，逐節惟提其要，簡以御煩，約以該博，此則莫有逾於衍義之書，而實成於眞氏之手。（經義考卷 158）

〔明〕江文武《大學衍義輯要》四卷。

〔明〕胡世寧《大學衍義補膚見》四卷，《經義考》未見。（卷 159）

〔明〕程誥《大學衍義補會要》未見。（卷數同上）

〔明〕黃訓《大學衍義膚見》未見。（卷數同上）

〔明〕徐栻《大學衍義補纂要》，六卷，未見。（卷 160）

〔註17〕據朱彝尊《經義考》。

〔明〕王諍《大學衍義略》〔註18〕，未見。（卷160）

〔明〕鄒觀光《續大學衍義補》，未見。（卷160）

〔明〕劉洪謨《續大學衍義》十八卷，未見。（卷161）

〔明〕顧起經《大學衍義補要》，未見。（卷161）

〔明〕吳瑞登《續大學衍義》三十四卷，未見。（卷161）

〔明〕楊文澤《大學衍義會補節略》四十卷，未見。（卷161）

〔清〕陳宏謀《大學衍義輯要》六卷、《大學衍義補輯要》十二卷。

另外，韓國大儒李珥（號栗谷，1536～1584）也曾仿照眞氏《衍義》，以《六經》、《四書》爲依據，參酌先儒的學說和史傳紀錄，探索政治與爲學之要，纂輯成《聖學輯要》〔註19〕，獻給當時才25歲的宣祖（1568～1608）。栗谷曰：

> 臣之誦此言久矣，嘗欲輯此一書，以爲要領之具，上以達於吾君，下以訓於後生。

《聖學輯要》分五大部分：總述、修己、正家、爲政、道統；其綱目框架近於《大學》之條目，栗谷援引經典，及先儒之說，除了尊朱述朱之外，也繼承並發揚眞氏的思想，整理治國之綱要。

三、「空言繫以實理」，「義理貫通時勢」的精神

> 《史記·太史公自序》：「子曰：『我欲載之空言，不如見之於行事之深切著明也。』」……其實皆以爲善爲之，不知其義，被之空言而不敢辭。……人皆意有所鬱結，不得其通也，故述往事，思來者。於是卒述陶唐以來，至於麟止，自黃帝始。

在這段經常被引用的文字中，史遷把「空言」與「行事」並列爲一組內容對立的概念，他認爲與其記錄一個人的說過的話，不如看他做過得事來得更加深切著明，這當然與孔子的「聽其言觀其行」的想法若合符節，不過孔子和史遷顯然在這二者的天平上往「行事」的一邊傾斜，也因此中國文化傳統總是不過分依賴語言文字，而必以觀察其是否與行事相符而做判斷。儒家自從孔子以來，就幾乎確定了其本質就是一種「幕僚」或「智庫」〔註20〕（以與「技術官僚」有別）的特性存在，在許多

〔註18〕《四庫提要》稱其書「取楊廉大學衍義節略，丘濬大學衍義補，全爲一篇。凡節略十卷，補略二十一卷，間亦釋字證義，取便檢閱。」

〔註19〕〔韓〕裴宗鎬編《韓國儒學資料集成》「栗谷集」。

〔註20〕先生（趙汝談）謂眞西山曰：「當思所以謀當路者，無徒議之而已。」西山答曰：「公爲宗臣，則固當然，德秀不過朝廷一論思之臣耳。」（宋元學案卷十八，滄洲諸儒學案）眞德秀在此強調自己是與宗臣有別的「論思之臣」，即可作爲儒家即使居高位，

實際的政治行爲中儘管時有美政，然而儒生最高的理想還是「在朝則美政，在下則美俗」，後世對儒生最高的評斷也通常以是否達到善良風俗或扭轉世風爲標準。本文前二章已大致說明宋代儒生希望以一套能夠通經致用的道來治理國家，以期達到道治合一的理想，然而宋朝之所以會覆亡，後代論者認爲最大的原因，莫過於來自儒學集團在言論上對政治的意見衝突，王船山曾語重心長地說：

> 君國者，理宗也；秉成者，史嵩之也；繼之者，賈似道也。通蒙古亦亡，拒蒙古亦亡，無往而不亡，則雖欲爲善辭以應之，而固無可應。……通而計之，酌時勢而度之，固有不可亡之道。而要非徒拒蒙古會師之約，可以空言爲宋救也。空言者，氣矜而不以實者也。（王船山《宋論‧理宗》）

顯然王船山認爲那些主戰或主和的強硬派的確是過於「氣矜」，而忽略了對「時勢」的正確判斷，所以才導致宋朝的覆亡，船山對於宋末的政治環境用了極強烈的字眼抨擊，他認爲朱子之後儒學之所以不振，最大的原因在於讀書人「營營汲汲，奔走於權門」，而且以「理學之正傳」爲自好，未能客觀地重視君道或國家的立場。船山用後設的立場臧否宋朝的政治人物，不管是理宗也好，權臣如史嵩之或奸臣賈似道也罷，甚至連真德秀和魏了翁在他眼中都是不及格的政治人物〔註21〕。後世史家經常以宋朝儒生僅重「講明義理」，而不能了解「時勢」（即政治現實），例如

> 義理之說，與時勢之論，往往不能相符，則有不可全執義理者，蓋義理必參之以時勢，乃爲眞義理也。宋遭金人之害，擄二帝，陷中原，爲臣子者，固當日夜以復讎雪恥爲念，此義理之說也。然以屢敗積弱之餘，當百戰方張之寇，風鶴方驚，盜賊滿野，金兵南下，航海猶懼其追，幸而飽掠北歸，不復南牧，諸將得以剿撫寇賊，措設軍府，江淮以南，粗可自立。而欲乘此偏安甫定之時，即長驅北指，使強敵畏威，還土疆而歸帝后，雖三尺童子，知其不能也。自胡銓一疏，以屈己求和爲大辱，其議論既愷切動人，其文字又憤激作氣，天下之談義理者，遂群相附和，萬口一詞，牢不可破矣。然試令銓身任國事，能必成恢復之功乎？不能也。即專任韓岳諸人，能必成恢復之功乎？亦未必能也。故知身在局外

仍然把自己定位在「幕僚」或「智庫」的心態。

〔註21〕 王船山在《宋論‧理宗》說：「濟王竑之死，眞、魏二公力訟其冤，責史彌遠之妄殺，匡理宗以全恩，以正彝倫，以扶風化，韙哉其言之也！弗得而訾之矣。雖然，言之善者，善以其時也，二公之言此也，不已晚乎？」此指史彌遠廢殺濟王竑，立理宗之事而言，船山認爲雖然眞、魏二公後來向理宗力爭追封濟竑以還其清白，然而爲時也晚，顯然船山對於當政的理學家有很深的期待，認爲既然居高位，就應該在適當的時候向皇權發言，事後才發此說詞，未免令人遺憾。

者，易爲空言，身在局中者，難措實事。(趙翼，《廿二史劄記》卷二十
六「和議」)

趙翼固然認爲專主夷夏之防、或者忘記復讎之大義等義理之說以主戰，是沒有看清
時勢的作爲，所以義理必參以時勢，才爲眞義理；不過趙翼卻沒有像船山那麼辭氣
激昂地抨擊宋朝，而無寧是同情地而無奈地說「身在局外者，易爲空言；身在局中
者，難措實事。當然船山是希望從歷史的經驗當中得到教訓，當然也與船山作爲湖
湘學者的歷史敏銳感有關，看到宋儒希望以斯文之道救國，最終卻敗在此道中，自
然不能沒有感慨，因此船山說：

> 世降道衰，有士氣之說焉。誰爲倡之？相率以趨而不知戒。於天下無
> 裨也，於風俗無善也，反激以啓禍於士，或死或辱，而辱且甚於死。故以
> 士氣鳴者，士之莠稗也，嘉穀以荒矣。夫士，有志、有行、有守，修此三
> 者，而士道立焉。以志帥氣，則氣正；以氣動志，則志驕；以行舒氣，則
> 氣達，以氣鼓行，則行躁；以守植氣，則氣剛；以氣爲守，則守室。……
> 戰國之士氣張，而來嬴政之坑；東漢之士氣競，而致奄人之害；南宋之士
> 氣囂，而召蒙古之辱。(《宋論・理宗》)

船山此言其實即以孟子之「持其志，勿暴其氣」作爲立論的根基，他認爲宋朝會敗
亡最大的原因在於整個時代環境與風俗都在強調一個沒有實理爲內涵的氣節上，而
且船山認爲徒然強調氣節非但無助於社會風氣，而且也對認識世界與進入世界產生
扞格之處。單憑一己之氣節是無法阻斷奸邪小人的出現，也就是說強調主觀的意志
與行爲（獨心），並不能保證客觀世界絕對清澈而絕不沈淪，船山認爲南宋諸儒已誤
解氣的內容，而乾枯地依恃一己之道德力量，只是徒然讓敵對者有機可乘而已。所
以當整個時代都相互標榜士氣志節之說時，反而是最衰弱最危險的時代，而南宋就
是這樣一個時代。

船山將儒生對「空言」與「實理」的把握不清認爲是宋代覆亡的原因，如果將
這二個概念落實到宋代的歷史環境中，可以說空言就是義理（道德性命之學），實理
就是時勢〔註22〕。宋代的儒生花太多氣力在重建義理的架構上，卻在把握實理的部
分失去重心。這問題的徵結在於：儒生（尤以道學家爲主）堅信只要講明義理，就
必然有能力去應對時勢，但是這個堅持卻正如牟宗三先生所說，只求「理性的運用

〔註22〕關於「時勢」之說，孟子曾有「古之賢王好善而忘勢，古之賢士何獨不然？樂其道
而忘人之勢，故王公不致敬盡禮，則不得亟見之。見且由不得亟，而況得而臣之乎？」
（《孟子・盡心上》）余英時認爲孟子在此正式提出了「道」與「勢」（即政統）關係
的問題，而且很明顯地是把「道」放在「勢」之上。(1986:10)

表現」，卻忽略了「理性的架構表現」，朱子曾說：

> 先生上封事：「帝王之學，必先格物致知，以極夫事物之變，使義理
> 所存，纖悉畢照，則自然意誠心正，而可以應天下之務。……隆興元年，
> 復召對，其一「言大學之道，在乎格物以致其知，陛下未嘗隨事以觀理，
> 即理以應事，平治之效，所以未著。」……上疏言：「天下之務，莫大于
> 恤民，而恤民之本，在人君正心術以立紀綱，蓋天下之紀綱，不能以自立，
> 必人主之心術公平正大，無偏黨反側之私，然後有所繫而立，必親賢臣，
> 遠小人，講明義理之歸，閉塞私邪之路，然後乃可得而正。」（《宋元學案·
> 晦翁學案》）

朱子在此段文字中再三強調「講明義理」的重要性，而此義理終究也只能夠達到「講
明」，即講得通達完整而清楚，然而朱子卻走上船山所說的忽視「獨心」的差異性與
不確定性；或者說，朱子並沒有忽視這一點，只是有宋一朝尚處在理性的架構表現
的初步建立階段，即使意識到主觀的要求未必能保證客觀的實現此一問題，也只能
在這個過渡階段盡力讓這個價值根源（人君）得到正本清源的疏通。不過真氏的《衍
義》在架構的表現上已經呈現出對此問題的意識，所以並不空言義理，而必輔以歷
史具體事實以證諸空言之不誣，因此本文認為《衍義》已經對朱子的經世之學做出
修正，其採取的方式即是以《大學》為經（為空言為義理），繫以經史等歷史具體事
件為佐證（為實理為時勢）。因此真德秀說：

> 儒者之學有二：曰性命道德之學，曰古今世變之學，其致一也。近世
> 顧析而二焉。尚詳世變者，指經術為迂；喜談性命者，詆史為陋。於是分
> 朋立黨之患興。……然則言理而不及用，言用而弗及理，其得為道之大全
> 乎？故善學者，本之以經，參之以史，所以明理而達諸用也。……天理不
> 達諸事，其弊為無用。事不根諸理，其失為亡本。吾未見其可相離也。（〈周
> 敬甫晉評序〉，《文集》卷二十八））

真德秀曾經雖未曾經歷慶元黨禁的打擊，不過在嘉定十六（1223）年時因為建言主
張抗金並倡言不必再輸歲幣，惓惓有復仇之心，慷慨言事，故與史彌遠之主和派產
生牴牾。當時史彌遠正以爵祿麋天下，擅權用事，雖臺諫言其姦惡，但理宗以其有
立己之功（即史彌遠矯殺濟王竑，立理宗，獨相九年），因而不敢奈何，竟致群小當
道，當時有四木：薛極、胡榘、聶子述、趙汝述；以及三凶：李知孝、梁成大、莫
澤之徒，皆諂事史彌遠，一時正人君子，盡遭貶竄斥逐，真德秀亦毅然求退，告劉
熵說：「吾徒須急引去，使廟堂知世有不肯為官之人。」遂與魏了翁等相繼離朝，回
到浦城，日與門人劉克莊、楊溪、徐華老等講學。魏了翁曾在《夢筆山房記》詳錄

此事。衡諸眞氏生平，其立朝雖不不滿十載，然奏疏不下數十萬言，直言敢諫的精神堪爲士林之典型；因此我們也可以從眞氏的諸多奏疏中發現，眞氏涉入政治甚深，甚至《宋元學案》引黃文潔兩朝政要，以爲他阿諛時相鄭清之，而清之曾與史彌遠共立理宗，所以眞氏與清之合作，不能不謂有傷清譽。不過這樣的判斷仍然將道德判斷雜入歷史判斷，殊不知在政治場域中所依循的道德，應與個人行事之道德有所分別，眞氏或許在政治的場域中有一套自己的政治判斷，這也就是他在前段引文所說將「理」與「用」區分爲二，徒言理不達用，或言用而不及理都無法得天理之全。顯然眞氏在此處應意有所指，表達當時有不同理念的團體，其一當是以天理流行之道德性命之學爲主；另一個社群當是以重視古今世變之學爲主；準確地說，就是一邊是以「內聖」爲本，另一邊則是以「外王」爲要求。

四、故事與近規──《衍義》故事的體例

宋代儒生進入政治體制內，幾乎都兼任侍讀或侍講，侍讀與侍講隸屬翰林院，爲皇帝的近臣幕僚，同時最重要的意義，即在於向皇帝陳說經史大義。所謂侍講侍讀或經筵日講，是指廷臣入禁中在皇帝或太子面對講授而言，此一制度可溯源至西漢昭帝因年幼故召輔政大臣名儒韋賢、蔡義、夏侯勝等人入授於御前；及宣帝詔諸儒講五經於石渠閣，爲侍講經筵制的濫觴。〔註 23〕侍講與侍讀制爲宋代君主教育最主要的方式，眞宗朝立有崇政殿說書制，凡此皆稱爲「經筵」。宋制凡侍讀學士、侍讀、侍講及崇政殿說書皆稱爲經筵官，此官爲儒臣之榮選，及至清要顯美之官。〔註 24〕經筵講讀官秩雖卑淺，然而卻能夠有機會在皇帝面前論辯政事得失。因此「經筵進講，君臣相互講明經義，論辯時事，其於君王之德行學識及對政事的認識，自有莫大的裨益。」〔註 25〕

宋儒講經的姿態，能夠從其「疑古」、「疑經」、「改經」的特色中，看到他們已經漸漸從過去漢儒以來以章句注疏爲訓解經文的方式中解放出來，在詮釋經典的進路上更加自由開放，這種相信閱讀者具有詮釋經典或文本的權力自從孟子就已經意識到，但是一直要等到宋初儒生才眞的對這個觀念採取更加接受與歡迎的態度。〔註 26〕當然這種自由而開放的詮釋態度除了來自制度上給多儒生更多機會

〔註 23〕見朱鴻〈君儲聖王・以道正格──歷代的君主教育〉，收入於《中國文化新論：制度篇──立國的宏規》。臺北：聯經出版公司。
〔註 24〕同前注，頁 441。
〔註 25〕同前注，頁 442。
〔註 26〕見賈德訥〈宋代思維模式與言說方式──關於「語錄」體的幾點思考〉，收入於〔美〕田浩編著《宋代思想史論》。北京：社會科學文獻出版社。2003 年 12 月。

表達陳述自己之外，同時也與宋代理學中反省關於「心」的自由性與無限性有關。
〔註 27〕因此對於過去儒者在詮釋經典時基本上落在「實謂層次」與「意謂層次」
之上有了明顯的進步，宋儒正式大膽地進入到經典的「蘊謂層次」、「當謂層次」
與「創謂層次」。〔註 28〕因此論者說：

> 注者（指宋儒）已經完全地把自己從神聖的文本教義下解放出來，「語
> 錄」的魅力，正是作爲一種能夠允許注者繼續反思教義、參與對話，但又
> 能擁有更大的發揮空間，更能獨立於權威的形式。……「語錄」只是把批
> 評注者從對古代聖人言語的逐行式的回應這種束縛下鬆解出來，以使他能
> 夠更自由地反思文本。〔註 29〕

雖然宋儒在解經的行爲上相對於漢儒以來有明顯的轉變，然而這並不意味著宋儒完
全不理會傳統的詮釋成就，相反的，宋儒在爲國君陳述經文大義時就產生二種極端
不同的態度：一方面極力希望爲他們的說法建立可信的基礎，另一方面卻在言談的
姿態上期待被賦予最大的自由度——也就是說，宋儒一方面從傳統的經史中找到立
論的合理基礎外，也希望在國君前能毫無顧慮地陳述己見。由於擔心在教育君主時
過於犯顏，因此儒生往往會期待他所面對的君主能有寬容的心態來接納儒生，甚至
在許多時候，就把國家之所以會覆亡的原因歸咎於無容人之能。宋儒在經史傳統中
找立論的基礎〔註 30〕，即是透過經驗法則來告戒君主，這種模式也被看作是一種「故
事」——或者說一種說故事的形態。

宋儒的文集中經常會出現所謂「故事」一類，通常與奏箚上疏的議論文字置於

〔註 27〕楊儒賓認爲宋代的朱子學派注經與陸王學派注經有很大的不同。朱子在四書章句中
的每一書首篇首章，都將「理」的概念帶進詮釋的場域，《四書》中所記載的所有德
性全轉化爲超越的「理」世界；而陸王學派強調「本心」，因此經典的地位和價值雖
大，但卻被視爲不具有獨立認識的價值。見楊儒賓〈水月與記籍——理學家如何詮
釋經典〉，收入於《國立中央大學文學院人文學報》第廿、廿一期合刊冊。1999 年
11 月。

〔註 28〕此詮釋層次的架構乃傅偉勳所創；「實謂層次」指觀閱文本時，從文獻本身的字句篇
章切入，思索「原思想家說了什麼」；「意謂層次」主要在探索「原思想家想表達什
麼」；「蘊謂層次」希望藉由文本中發掘幽而未明的想法，揣摩「原思想家想說的可
能蘊涵什麼」；「當謂層次」主要在追索「原思想家（本來）應該說出什麼」；「創謂
層次」則期盼接續原思想家未完成的課題，從「現在必須實踐什麼」的角度出發來
開發出具有時代意義的詮釋。此段文字轉引節錄劉述先在《中國經典詮釋的特質》
學術座談會記錄。《中國文哲研究通訊》第十卷第二期。

〔註 29〕同注 22。

〔註 30〕眞德秀說：「爲人主者，宜寫此一通（指范祖禹所說『小人莫不養君之欲，以濟己之
欲』一語），置之坐側，必近儒生，必親經史，則奢靡不能惑，姦佞不能蔽矣，否則
未有不爲士良（指唐武宗時內臣仇士良）輩所愚者。」（《衍義》第二十卷）。

一類；同樣在《宋史・藝文志》中也有「故事」類：

《宋史・藝文志二》「史部」有立「故事類」一百九十八部，凡二千九十四卷；其中包含甚雜，簡列較爲人所熟知的有班固的《漢武故事》、王仁裕《天寶遺事》；關於皇帝訓典的有吳競《貞觀政要》、令狐澄《貞陵遺事》、楊鉅《翰林舊規》蔡絛《北征紀實》林勤《國朝典要雜編》、呂夷簡林希進《五朝寶訓》、沈詨《神宗寶訓》《哲宗寶訓》、《高宗聖政》、《高宗寶訓》、《孝宗寶訓》、史彌遠《孝宗寶訓》《光宗聖政》張唐英《君臣政要》、司馬光《涑水記聞》、《宋朝事實》詹儀之《淳熙經筵日進故事》、李心傳《建炎以來朝野雜記》。因此簡要歸納「故事」之意如下：

（一）「舊聞」、「遺事」或「舊事」〔註31〕

此二者當與正史有別，如「漢武故事」、「天寶遺事」、「貞觀遺事」。例如：

幸祕書省。紹興十四年七月，新建祕書省成，祕書少監游操等援宣和故事，請車駕臨幸，詔從之。二十七日，幸祕書省，至右文殿降輦，頒手詔曰：「蓋聞周建外史，掌三皇、五帝之書；漢選諸儒，定九流、《七略》之奏。文德之盛，後世推焉。仰惟祖宗建開冊府，凡累朝名。(《宋史・志六十七／禮十七》)

彥博雖窮貴極富，而平居接物謙下，尊德樂善，如恐不及。其在洛也，洛人邵雍、程顥兄弟皆以道自重，賓接之如布衣交。與富弼、司馬光等十三人，用白居易九老會故事，置酒賦詩相樂，序齒不序官。(《宋史・卷三百十三／列傳第七十二》)

理宗即位，召爲中書舍人，尋擢禮部侍郎、直學士院。入見，奏：「三綱五常，扶持宇宙之棟幹，奠安生民之柱石，晉廢三綱而劉、石之變興，唐廢三綱而安祿山之難作。我朝立國，先正名分；陛下不幸處人倫之變，流聞四方，所損非淺。雪川之變，非濟王本志，前有避匿之跡，後聞討捕之謀，情狀本末，灼然可考。願討論雍熙追封秦王舍罪恤孤故事，濟王未有子息，亦惟陛下興滅繼絕。」上曰：「朝廷待濟王亦至矣。」德秀曰：「若謂此事處置盡善，臣未敢以爲然；觀舜所以處象，則陛下不及舜明甚，人主但當以二帝、三王爲師。」上曰：「一時倉猝耳。」德秀曰：「此已往之咎，惟願陛下知有此失而益講學進德。」次言：「雪川之獄未聞參聽於公朝，淮、蜀二閫乃出於僉論所期之外，天下之事非一家之私，何惜不與共之。」且言：「乾道、淳熙間，有位於朝者以饋及門爲恥，受任于外者以包苴入都爲羞。今餽賂公行，薰染成風，恬不知怪。」(《宋史・卷四百三十七／列傳

〔註31〕「故」猶「舊」也。見阮元《經籍纂詁》。

第一百九十六「眞德秀傳」》)

（二）帝王從政記錄或成規〔註32〕

如「貞觀政要」、「國朝典要雜編」、「君臣政要」。

集賢校理趙良規言：「國朝故事〔註33〕，令敕儀制，別有學士、知制誥、待制、三司副使著位，視品與前朝異，固無在朝敍職、入省敍官之說，若全不論職，則後行員外郎兼學士，在朝立丞、郎上，入省居比、駕下；知制誥、待制，入朝與侍郎同列，入省分廊散郎；員外郎任三司副使、郎中任判官，在三司爲參佐，入本省爲正員，所以舊來議事，集尙書省官，帶職者不赴，別詔三省悉集，則及大小兩省；內朝官悉集，則及學士、待制、三司副使；更集他官，則諸司三品、武官二品，各次本司長官。故事，尙書省官帶知制誥，中書省奏班簿，是于尙書省、御史臺了不著籍，故有絕曹之語。又凡定學士、舍人、兩省著位，除先後入外，若有升降，皆特稟朝旨，豈有在朝、入省迭爲高下？」御史臺、禮院詳定久不決。(《宋史・卷一百二十／志第七十三》)

禮部尙書韓忠彥等議：「朝廷典禮，時世異宜，不必循古。若先王之制，不可盡用，則當以祖宗故事爲法。今言者欲令臣服喪三年，民間禁樂如之，雖過山陵，不去衰服，庶協古制。緣先王恤典節文甚多，必欲循古，又非特如所言而已。今既不能盡用，則當循祖宗故事及先帝遺制。」詔從其議。(《宋史・卷一百二十二／志第七十五》)

宣仁太后聽政，詔范純仁爲諫議大夫，唐叔問、蘇轍爲司諫，朱光庭、范祖禹爲正言。章惇曰：「故事，諫官皆薦諸侍從，然後大臣稟奏，今得無有近習援引乎？」太后曰：「大臣實皆言之，非左右也。」惇曰：「臺諫所以糾大臣之越法者。故事，執政初除，苟有親戚及嘗被。薦引者見爲臺臣，則皆他徙，防壅蔽也。今天子幼沖，太皇太后同聽萬機，故事不可違。」於是呂公著以范祖禹，韓縝、司馬光以范純仁，皆避親嫌。光曰：「純仁、祖禹實宜在諫列，不可以臣故妨賢，寧臣避位。」惇曰：「縝、光、公著必不私，他日有懷姦當國者，例此而引其親黨，蔽塞聰明，恐非國之福，純仁、祖禹請除他官，仍令侍從以上，各得奏舉。」於是，詔尙書、侍郎、給舍、諫議、中丞、待制各舉諫官二員；純仁改除天章閣待制，祖禹爲著作佐郎。後又命司諫、正言、殿中侍御史、監察御史，並用升朝官通判資序。(《宋史・卷一百六十／志第一百十三》)

〔註32〕「故」亦有「先王之典形」之意，見《管子・侈靡》。同注27。

〔註33〕故乃政也。

（三）時事之觀察報告

如「涑水記聞」、「宋朝事實」、「建炎以來朝野雜記」。

「故事」一詞除了一般理解指在時序上已然發生、過去的事件外，在宋代的政治場域中更專指「政事」、和「各種行之有效的制度」〔註34〕而言；或者說指歷史事件在經過儒生潤飾並運用在政治領域後，成爲一種專門指與君主應對的特殊言說模式（「應對故事」）。儒生希望透過歷史陳跡的講述，讓聽者（君主）能夠藉由對歷史事件的交談獲得某種意在言外的指涉；如同春秋時期士「賦詩以言志」的言說模式一樣，都是透過某種特定的語言媒介達致特定目的，在春秋時期士使用的「詩」的語言作爲外交辭令或應對內容，在宋朝官吏則大量使用「史實」以作爲承載概念或意義的媒介。除此之外，「故事」的另一個重要意義，則在於表達一種未經法的規定、但是因爲因襲已久而自然形成的某種被大家所接受和認同的常規。因此在文獻中可以發現許多關於「以故事爲法」、「故事不可違」的文字出現。如朱子就曾經對於許多不遵從法制的現象提出抨擊：

> 舊時主上每日不御正殿。然自升朝官以上，凡在京者皆著去立，候宰相奏事罷，卻來押班，拜兩拜方了，日日如此。後來韓魏公不知如何偶然忘了，不及押班便歸第。（《語類》卷一百二十八）

> 祖宗於古制雖不能守，然守得家法卻極謹。舊時朝見，皆是先引見閤門，閤門方引從殿下舞蹈後，方得上殿，如今都省了。……而今都是從簡易處去了。（《語類》卷一百二十八）

> 三后並配，自本朝眞宗始。其初議者皆以歸咎於錢惟演，後既習見爲常，亦無復有議之者矣。（《語類》卷一百二十八）

前二則都是朱子對於臣子上朝時的規矩與「舊時」或「祖宗成法」體例若有不合之處，第三則即是本無前例，但一開先例後便「習見爲常」。顯然朱子對於這些「不知偶然忘了法制」、「如今都從簡易處去了」、「習見爲常竟無復有議之者」〔註35〕的現象有所警惕和憂心，也就是說作爲參與政治的儒生來說，與其說他們重視客觀的法制，不如說他們更加重視隱藏在歷史存續當中的合理原則。這部分即爲本章所標舉出「故事」的原因，簡單地說，儒生所說的故事，實際上除了適時適地運用歷史典

〔註34〕見陳智超《宋朝諸臣奏議》序，頁9。上海古籍出版社，1999年12月。
〔註35〕這裏所說的「習以爲常」，類似於近代法學中的「習慣法」：習慣法有別於經法律機關強制實行之規範，而將內容上雖規律國政之重要事項，但不具裁判規範性質的視爲慣例。大部分的慣例，多是經過長期政治上的慣性而形成，可作爲成文法的補足。因此習慣法一方面基於普遍慣行的事實，在一般人的心目中已經產生法的確信，另一方面習慣法也必須具備強制實施的可能性。

故外，更蘊含歷史性的真理──即「道」的施行原則。這種現象說明了宋儒在經過王安石所謂「天命不足畏，祖宗不足法，流俗之言不足懼」的「三不足」的衝擊後，更加堅定某種返回體制甚至不惜向復古傾斜的心態。

　　除了「故事」之外，儒生重視法度的心態也可從「近規」此一詞語的意義探知：

> 所謂立志者，至誠一心，以道自任，以聖人之訓爲可必信，先王之治爲可必行。不狃滯於近規，不遷惑於眾口。必期致天下如三代之世也。（《近思錄》卷八，〈治體〉）（陳榮捷：《近思錄詳注集評》，頁 388）

「近規」，指的是「近臣規諫」〔註36〕，儒生對於三代之治的嚮往使得他們相信歷史中必然存在某種值得保存並學習的經驗法則〔註37〕，即以上所說之「故事」；而長久以來在道與勢並立的理念下，儒生中也經常與政治權力核心存有某種緊張關係〔註38〕，而使得儒生容易處在政治場域中較爲邊緣的位置，這種邊緣的心態也導致儒生對權力的不信任感〔註39〕，連帶地使儒生與近臣的關係經常維持在衝突的張力之中。伊川在此處所說的「以聖人之訓爲可必信，先王之治爲可必行」固然可看作是一種出於理性上的自信，不過後面所說「不狃滯於近規，不遷惑於眾口」恐怕就容易讓反理學的人有理由相信儒生的自信太過一廂情願，而產生某種排它性。「近規」與「眾口」顯然是指那些以爲聖人之訓不可信、先王之治不可行之人，不過即使在這個地方，朱子面臨到門生對伊川這則訓說的問題時，也只能強調聖人言語只能信只能做〔註40〕，自然就能體會到聖人的心志究竟是如何，朱子顯然也無法在邏輯上清楚解釋伊川的意念。〔註41〕

〔註36〕陳榮捷《近思錄詳注集評》頁 388。臺北：學生書局。1992 年 8 月。

〔註37〕朱子曾編集《五朝名臣言行錄》，在序中也提到「國朝名臣言行之迹，多有補於世教者」，也可證明宋儒相信在治道的施行下必然有一定的行爲法則或操作原則，足以供後世取法，這也是「以吏爲師」的另一種實踐。

〔註38〕《孟子‧萬章下》：「君有過則諫，反覆之而不聽，則去。」

〔註39〕相對於現代主義所強調的秩序與理性，後現代主義的主要目的即在打破現代主義所建構出來的「核心」與「邊陲」的固定模式，採取一種以邊緣包圍中心的策略以向核心移動、甚至消解核心。不過此處本文僅借用後現代關於「邊緣」與「核心」的詞語方便說明儒生在政治場域裏的位置，並無解消核心（皇權）的意思。另外，當代新儒家如唐君毅先生所提到的「花菓飄零」的時代感，或許也是一種關於歷史記憶、民族情感和生命情調認同的被邊緣化感受。

〔註40〕本文此處所使用「只能信只能做」，近似於康德哲學中的「超驗」（transcendental），不是柏拉圖理型（ideal）所蘊涵的超越或超離的意義；也就是說聖人之訓與先王之治對宋儒來說是需要透過不斷的實踐才能獲得了解，並不是掛空地理解。

〔註41〕至之問：程先生當初進說，只以「聖人之說爲可必信，先王之道爲可必行。不狃滯於近規，不遷惑於眾口。必期致天下如三代之世」，何也？朱子曰：也不得不恁地說。如今說與學者，也只得教他依聖人言語恁地做去，待他就裏面做工夫有見處，便自

　　眞氏也和朱子一樣相信歷史發展有其內在的合理性，而這合理性也就是「理」，即對具體事物的規定性和法則性，眞氏說：

> 《易》曰：形而上者謂之道，形而下者謂之器，道者，理也；器者，物也。精粗之辨固不同矣，然理未嘗離乎物之中，知此則知有物有則之說矣。蓋盈乎天地之間者莫非物，而人亦物也，事亦物也，有此物則具此理，是所謂則也。以人言之，如目之視、耳之聽，物也；視之明、聽之聰，乃則也，君臣、父子、夫婦、長幼，物也；而君之仁、臣之敬、子之孝、父之慈、夫婦之別、長幼之序，乃則也。則者，準則之謂，一定而不可易也。古人謂律規矩準繩衡為五則者，以其方圓平直輕重，皆天然一定之法故也，夫物之所以有是則者，天實為之，人但循其則爾。（《衍義》卷五）

眞氏相信存在於事物當中有其一定不易的律則，但他主要闡明的是道德本質的先驗性與超越性，所以他認為這些律則都是出自於天，人只要去依循（實踐）即可，似乎與朱子在面對歷史長期的合理性上有著一致的觀點。

　　宋儒大量援引故事及堅持故事不可違的心態，除了有其作為在政治場域中的策略性運用外，應該也民間開始流行「說書」（說話）〔註42〕的行業有關，這個線索可以從宋代官制有「說書」一職發現。「說書」此官名，為宋元豐時改制，廢翰林侍讀侍講學士，而以侍讀侍講為侍從以上兼官，官階低、資歷淺者則稱為「說書」。每年二月至端午日，八月至冬至日，逢雙日入侍邇英閣，為皇帝輪番講讀書史、經義。紹興三十二年（1162），孝宗即位，令趙愭、趙愷、趙惇三皇子各置說書官一員；開禧元年（1205），又置資善堂說書一員。宋代的說書官，究竟是否與民間流行的說書行業有關，可以從朱子的話語中得到說明：

> 太宗每日看《太平廣記》數卷，若能推此心去講學，那裡得來！不過寫字作詩，君臣之間以此度日而已。（《朱子語類》卷百二十七「太宗真宗朝」）

宋代小說興起的助力，與帝王下令編修《太平御覽》、《太平廣記》、《文苑英華》、《冊府元龜》有關，而編修的原因自然也與帝王愛好故事有很大的關係。在文學史中，「稗官」、「方士」、「俳優」被視為帝王接觸小說的來源〔註43〕，儒生在透過故事與君王

知得聖人底是確然恁地。《語類》卷九十三，頁 2360。）

〔註42〕宋人有所謂說話四大家：小說、說經、講史、合生（說諢話）。見胡士瑩《話本小說概論》。

〔註43〕見康來新《發跡變泰——宋人小說學論稿》「從帝王到痴騃婦女」頁 203。臺北：大安出版社。

談論經史大義時當然不需要藉由滑稽或幽默的方式來表演，然而以說故事的方式作為傳述經史大義的憑藉卻的確是儒生介入政治的方法。儒生自覺地選擇經史材料，隨時發揮其義，以這種方式保持他們在政統中發言的位置，同時也藉由這種言說模式傳衍道統，因此故事在此實具有嚴肅的意義。眞氏說：

> 儒者之學有二：曰性命道德之學，曰古今世變之學，其致一也。近世顧析而二焉。尚詳世變者，指經術爲迂；喜談性命者，詆史爲陋。於是分朋立黨之患興。……然則言理而不及用，言用而弗及理，其得爲道之大全乎？故善學者，本之以經，參之以史，所以明理而達諸用也。……天理不達諸事，其弊爲無用。事不根諸理，其失爲亡本。吾未見其可相離也。（〈周敬甫晉評序〉，《文集》卷二十八）

眞氏說道德性命之學是經，古今世變之學是史；同時前者又是個「理」，後者則是個「用」，本經參史才能明理達用，這裏非常清楚地說明了眞氏想在內聖和外王上找到一個調和之處。〔註44〕例如眞德秀曾以唐德宗時安史之亂爲例，說明當時因蕃鎮割據造成政府稅賦短收之實事，眞氏在隨後對此事的說解，則以《大學》之義理分析此事：

> 臣聞諸《大學》曰：有德此有人，有人此有土，有土此有財，有財此有用。德者，本也；財者，末也。外本內末，爭民施奪，是故財聚則民散，財散則民聚。……爲天下者，誠能究《大學》生財之義，務德以養民，其效可勝計哉！（《眞文忠公文集》卷五）

文集中故事往往與奏箚、箚子或奏狀合爲一編，可知「進」故事之「進」當與奏箚等類同爲書面文字的表現，必由儒生事先整理潤飾後方得進獻君主，而非現場的立即答問。因此我們也可以從上引條文中發現，眞德秀欲借安史之亂中所發生的財政問題以突顯或暗示當時時政，但是眞氏所採取的方式除了詳細說明歷史事件的狀況外，更藉此帶進經史大義以開聖明。然而眞氏並不是全然對時政缺乏認識，或者規避現實問題的確切解決方案所以用道德的論述代之——相反的，眞氏其實對時政有極爲敏銳的觀察和判斷，只不過眞氏似乎意識到對君主來說，行政的問題並不該由君主來負責，君主眞正該專心致力的，乃在於其作爲政治世界的最高權力位置所應承擔的教化責任。這也是爲什麼眞氏或者其它儒生必援義理之說以談經論史的最主要原因。不過這種方式顯然把宋儒帶到一個被指責爲「泛道德」的不歸路上，甚至

〔註44〕蒙培元也認爲「經史並用」是眞德秀學術的特色，同時也是眞德秀對朱子思想的一個發展。見氏著《理學的演變》頁136。

認爲宋儒總以爲完成內聖（道德性命之學）後便自然可以通向外王〔註45〕；本文認爲這樣的認識未免忽略了宋儒也具有政治能力的事實，至少許多例子證明宋儒在政治領域裏也能夠有所作爲，而不是毫無行政治理的能力。因此余英時才對於哲學史中一向以來對於內聖通外王的既成看法，他認爲在這裏必須要有一個「哥白尼式的迴轉」（copernican revolution）：

> 長期以來，在道統「大敍事」的浸潤之下，我們早已不知不覺地將道學或理學理解爲專講心、性、理、氣之類的「內聖」之學。至於「推明治道」的「外王」之學，雖非全不相干，但在道學或理學中則處於非常邊緣的位置。……本書斷定宋代儒學的整體動向是秩序重建，而「治道」——政治秩序——則是其始點。道學雖然以「內聖」顯其特色，但「內聖」的終極目的不是人人都成聖成賢，而仍然是合理的人間秩序的重建。〔註46〕

余先生這裏所提的「哥白尼式的迴轉」，指的就是欲扭轉過去理解宋明理學都是以其內聖之學（道德性命之學）爲詮釋的起點與終點的「大論述」，余書認爲宋明理學中有關心情理氣等內聖之學都是第二序的論述，第一序的意義乃在建立一個人間的合理秩序〔註47〕：

> 一言以蔽之，「上接孔、孟」和建立形上世界雖然重要，但在整個理學系統中卻祇能居於第二序（「second order」）的位置；第一秩序的身分則非秩序重建莫屬。〔註48〕

余書的論點的確翻轉了傳統對於理解宋明理學的基本看法，這對於長期浸潤在既有將宋明理學定位在形上學與心性論的範疇的研究者來說不啻爲一震撼，余書強調宋儒經過「兩度的抽離」——「先把道學從儒學中抽離出來，再把『道體』從道學中抽離出來」〔註49〕的方式建立其道德的形上學與心性論，讓後世的學者只能從這個角度去辨識宋明理學；然而余書反覆論證整個宋明理學其實都是在與王安石（和其所代表的「新學」）對話與抗爭中建立起來的，同時並舉證說明朱子在志業取向上其實是追隨王安石的。當然這樣的論點自然引起多方討論〔註50〕，畢竟余書雖然能夠

〔註45〕 見朱鴻林《理論型的經世之學——眞德秀大學衍義之用意及著作背景》。
〔註46〕 見余英時《宋明理學與政治文化》頁166。臺北：允晨出版社。2004年7月。
〔註47〕 余英時長久以來便認爲儒學不只是一種單純的哲學或宗教，其最重要的本質，即是重在於人間安排一合理的秩序之上。見氏著《中國文化與現代變遷》頁96。
〔註48〕 見余英時《朱熹的歷史世界——宋代士大夫政治文化的研究》上冊頁251。
〔註49〕 同注29。
〔註50〕 如楊儒賓〈如果再一次迴轉「哥白尼的迴轉」〉，《當代》第一九五期，2003年11月；葛兆光〈拆了門檻便無內無外：在政治、思想與社會史之間〉，《當代》第一九八期，2004年2月。

同情的理解「內聖」之學確爲宋明理學的特色，但對於「內聖」優位於「外王」這層認識確有不盡滿意之處。

五、「講明」與「施行」

「窮則獨善其身，達則兼善天下」一直是孔子以來所樹立出處進退的範型，也是君子自我要求的行動準則；對宋儒來說也是如此，宋代儒生進入政治領域者，如北宋的范仲淹、司馬光、歐陽修、王安石，到南宋的朱熹張栻眞德秀魏了翁等人，都希望能夠實現儒家「正德利用厚生」的經世致用的最高理想。「經世」無疑是所有儒學派別在意識型態上的最大公約數，其他的只是實行上的立論、進路、或方法有所不同而已。然而弔詭的是，卻有朱子後學對於宋儒退而立說著書講學所產生的效應感到質疑：

> 臣（按：指黃震）嘗竊謂理學至本朝而後大明，至先皇帝而心契先儒朱熹大中至正之說，至皇帝陛下而後力究先皇帝心傳面命之旨，凡陰陽造化之源，性命心情之別，儒生學士皓首窮經而未能舉其要者，陛下一一剖折曲當，領會無遺，眞足以上繼堯舜禹湯文武之傳矣。然此其講明也，非其施行也。自昔帝王之學始於格物致知者，正將推而極之於治國平天下爾。夫天下之說，有眞有僞，有正有邪者，未能洞照，則正者非實得，僞者未能盡絕，則眞者尚雜粹，臣請爲陛下別白而言之：夫自天地而凡流行於其間者，無非實理，自聖人出輔贊天地，而凡推行於其間者，無非實用，天地所賦之性，我有之，人亦有之；我是以順而導之，以能化草木鹿豕之群，爲仁義禮樂之懿，是之謂教；天地所生之物，我資之，人亦資之，我是以財而成之，能變茹毛飲血之俗，爲官居衣食之安，是之謂政；二帝三王躬踐其精粹以淑天下，其見之紀載者，是之謂書。先聖孔子條列其本末以詔後世，其見之傳授者，是之謂大學。（黃震《黃氏日抄》卷六十九，〈戊辰輪對箚子・第二箚〉）

黃震也認爲自理宗以來雖大爲表彰朱子思想，不過仍停留在「講明」的層次上，而未嘗將這一套思想實際運用；或者說，從「講明」到「施行」是否有一個斷層，尚未獲得完全填滿釐清。黃震在此相信格物致知的最終理想，仍然是能夠將此一套理則用於治國平天下，同時他以提出一套「理」──「用」──「教」──「政」──「大學」的知識型態，並以此知識型態用以對抗佛道二家。「講明」與「施行」間的不足空白處，也就成爲黃震所抨擊的「邪僞」（佛道）之說得以趁勢發展的主要原因。知與行之間的落差，似乎仍然是南宋儒學最大的問題，從前所論及關於辨別「義理」與「時

勢」的問題，到黃震所抨擊儒生所苦心詣建立的學說於講明義理確實有功，但恐怕在實際操作上仍然存在盲點。關於此處「義理」究竟何指的問題，已有論者提出王安石所發明所看重的「義理」，指的顯然是「當時進士應試所援引安石的義理」〔註51〕——即《詩經新義》和《尚書新義》兩部王安石爲支援其新法所寫就的著作，因此「義理」的意義並不是已經固定爲以「道」或「哲學」爲內涵〔註52〕，而還是浮動且隨人詮解的。

　　黃震不僅對時事感到不滿，同時也對當時最孚眾望的眞、魏爲首的理學家們感到失望，他認爲這群理學家除了進「正心誠意」、「祈天永命」之陳腔濫調，或熱衷於替趙竑平反、立嗣、或汲汲乎君子小人之辨外，對於如何挽救正處於時道升降安危之機的政局，卻「略無一語及之」〔註53〕，因此理宗也不免感嘆「虛論誠無益於國」。對於理學家們重講明而忽略施行的弊病，至此顯露無遺。〔註54〕然而黃震卻不是對朱性理之學有所懷疑，他說：

> 〔……〕正躬行者，必精性理；精性理，爲正躬行設也。反置躬行於不問，何爲也？漢唐老師宿儒，泥於訓詁，多不精義理；近世三尺童子，承襲緒餘，皆能言義理，然能言而不能行，反出漢唐諸儒下，是不痛省而速反之，流弊當何如也？竊意儒先講貫已精之餘，正學者敬信服行之日，由儒先之發明，以反求乎孔子之大旨，知性命之從來，以歸宿於孝弟之實行，守之以謹，行之以信，愛眾以推廣乎此，親仁以增益乎此，其本既立，其用斯溥，他日推之天下國家，特舉而措之耳，故曰：人人親其親，長其長，而天下平，恐必如此，斯爲實學，又何更求多於言語間哉？（黃震《東發講義》，宋元學案卷二十二《東發學案》）

此處可見黃震並不是反對「能言義理」，而是「能言而不能行」。不過能言而不能行究竟是理論所產生的侷限（法病），還是存在於人的問題（人病）〔註55〕？黃震顯然認爲不是理論本身的問題，因爲他也強調「正躬行者必精性理，精性理爲正躬行設也」，黃震所看到的問題，應是當時儒生「不知痛省」這件事上，也就是當

〔註51〕余英時引二段文字說明王安石所指責歐陽修「不知經，不識義理」中的「義理」，指的就是王安石所制作的《詩》、《書》兩種「新義」，同時也說王安石自此將經學推上了一個「義理」的階段。見氏著《朱熹的歷史世界》（上篇）頁81。
〔註52〕曾昭旭師《在說與不說之間》自序，頁5。臺北：漢光出版公司。
〔註53〕黃震《古今紀要逸編》。
〔註54〕參見張偉《黃震與東發學派》頁71。北京：人民出版社，2003年6月。
〔註55〕呂祖謙曾說：「講貫誦繹乃百代爲學通法，學者緣此支離泛濫，自是人病，非是法病。」（《東萊呂太史集》〈與邢邦用〉第一書）

時知識分子普遍缺乏反躬自省的能力，而只是無意識地迴返到漢唐諸儒辨析章句的窠臼裏，黃震甚至認爲漢唐諸儒泥於訓詁不明義理和宋末當時皆能言義理對國家的傷害是一樣大的，所以他強調儒學的傳統根本就是一套「實學」——即講求實踐的生命的學問，何以會走向「求多於言語間哉」？關於講明和施行的問題，朱子曾說：

> 兩漢以來，人主還有理會正心誠意者否？須得人主如窮閻陋巷之士，治心修身，講明義理，以此應天下之務，用天下之才，方見次第。(《語錄》卷七十二)

本文認爲朱子在此已然說明他所認可「義理」的意涵，已經不再是王安石所指的「變法新義」，而轉爲「正心誠意」、「治心修身」的性命道德之理。程朱學派從與王安石辯詰抗衡的過程中，了解王安石所標舉的義理並不適切，自然其發用處充其量也只能做到「姑隨時維持」〔註56〕的地步而已，因此大幅地扭轉義理之意成爲著重道德性命的內聖之學，並期待這套內聖之學能夠正本清源，達到體用兼備的目的，此可以舉眞氏之言爲證：

> 臣聞聖人之道有體有用，本之一身者體也，達之天下者用也。堯舜三王之爲治，《六經》、《語》、《孟》之爲教，不出乎此。而《大學》一書，由體而用，本末先後，尤明且備。故先儒謂于今得見古人爲學次第者，獨賴此篇之存，而《論》《孟》次之。蓋其所謂格物致知誠意正心修身者，體也；其所謂齊家治國平天下者，用也。人主之學必以此爲據依，然而體用之全可以默識矣。(《眞文忠公文集》卷13〈召除戶書內引箚子四〉)

爲了找到德性的根源與治道的依據，眞氏選擇《大學》作爲教育人主的範本，因爲《大學》不僅有一套完整的致知之學與修身之學，也包含了家庭社會與國家的種種關係架構，因此眞氏所以選擇《大學》作爲應用與詮釋的文本，除了因爲大學已成爲南宋以來最爲人所熟悉的認識基礎外，當然還因爲道統內在性的要求——即強調以誠意正心的道德性命之學爲本源的世界觀所致。當然這個問題關涉到「內聖」如何達致「外王」此一複雜問題，不過唐君毅先生曾經把朱子所說的義理規定爲「性

〔註56〕自漢以下，亂既除，則不復有爲，姑隨時維持而已。故不能成善治，蓋不知「來復」之義也。(《近思錄》卷八，〈治體〉) 此「隨時維持」之意當如「顏子其心三月不違仁，其餘，則日月至焉而已」中「日月至焉」之意。程朱學者相信如果沒有掌握到治道的根本道理，就只能頭痛醫頭、腳痛醫腳地勉強維持局面，因爲沒有發現根本存在的本質性問題，所以只能隨時應對，終不能成善治。朱子所說的「講明義理」，意思就是說要把問題徹底看清楚，在權力獨大的國家裏，政治問題恐怕也是個人(君主)道德問題的另一種表現，所以講明義理就成爲極爲重要的問題。

理，由此言及天理」〔註57〕，並引程明道言「在義爲理」作進一步說明，宋明儒說談的「義理」即爲「實理」：

> 「實」，指它雖未實現或未完全實現，但它是不當不實現者。我只要見到它，亦是不容已於要去實現它。我之要去實現它，即只是把它本有之當實現之涵義顯出，亦即它之自顯其本有之當實能實之涵義於我。此之謂形而上而澈於形而下，超現實而又能現實化之實理。〔註58〕

唐先生在此所說的「澈上澈下」、「超現實而又能現實化」之實理，也就是「超越內在」說的表現，超越內在說強調「理」既是超越於人之外但又真實地作用於人心之中，當人感受到此一既超越又內在之理時，必然會不容已地要求實現它，而當此理要在現實生活中被完全實現時，就必然會碰觸到外在世界，而產生種種對應之關係與隨之而來之應變方式，這也就是牟宗三先生所強調「轉理性的作用表現而爲理性的架構表現」，〔註59〕以及從「隸屬關係」（sub-ordination）轉化爲「對列格局」（co-ordination）。

關於黃震以朱子後學的偏重講明義理，而忽略施行的批評，確爲當時學術環境的一個現象〔註60〕，黃震看到「世所謂中庸大學者，身未必行，惟見筆舌華靡」。黃震認爲朱子後學往往用力於議論之多，但議論求多後就容易擠壓到施行的空間。不過黃震並不懷疑朱學實爲一套「實理」之學，但的確爲當時的學術風氣感到憂心。

第三節　以教爲政，以政爲教——《心經》與《政經》

一、《心經》的哲學意義

眞氏在1234年將《心經》進呈給理宗皇帝，作爲朱學繼承的眞氏，在對於「心」概念的把握上也遵循著朱子的理解，朱子所認識的心，是屬於「氣之靈」的心，是屬氣的、是形而下的；與孟子或陸象山、王陽明所說的「本心」不同。〔註61〕程朱

〔註57〕唐君毅《中國哲學原論：導論篇》頁 69。《唐君毅先生全集卷十二》臺北：學生書局。

〔註58〕同注50，頁74。

〔註59〕牟宗三《政道與治道》新版序，頁 26。《牟宗三先生全集》卷 10。臺北：聯經出版公司。

〔註60〕「鳴呼！自晦翁之學盛行而義理之說大明，天下雖翕然而向方，流弊亦隨之而漸生。蓋論說之求多，恐躬行之或缺，苟誠用力於躬行，何暇往事乎口說？」《黃氏日抄》卷九十五「祭添差通判呂寺簿」。

〔註61〕牟宗三《中國哲學十九講》頁399。

與陸王兩派在工夫的路向不同，也間接地使得他們對本體的體會也不同，朱子繼承伊川「居敬窮理」的精神，強調即物窮理，順著眼前之物決定道德的實踐，使形而下的心合於性理，於是發展出「順取」的工夫型態；通過下學而上達——以知識的對列和分解型態認知客觀世界之理，但由此工夫型態所把握到的理是一個「只存有而不活動」的性理。〔註62〕朱子以虛靈明覺來講心的能力，也就是心有知覺能力，能夠認識主觀和客觀的內容——即能夠涵攝道德與知識，正是由於心具有這種能力，所以宋儒才會有「道心」與「人心」的分別——「道德意識的知覺是道心，各種情欲的知覺是人心」。〔註63〕不過朱子對心的闡釋最重要的特徵在於強調心的主宰性，即所謂「心爲身之主」，指心在人的意識活動中居主宰的地位。除此之外朱子也有「心統性情」之說，也是主張心具有調節意識或情感的作用而言。在道德實踐的論述裏，朱子對心的認識被視爲同時具有孟子的本心與良知之意，與橫攝的認知心之涵意，而認知心的作用即在時時作省察，時時記錄過去的經驗和印象中我曾有過的安或不安〔註64〕；也因爲朱子對心的認識間架較爲曲折，所以在其理論中能夠保有容納客觀事理的空間。朱子體會到人作爲具體世界的存有，不能沒有外在誘惑或影響道德判斷的可能，因此爲人保留了一條藉由知識或經驗的累積以認識世界（或性體道體）的路，這也就是朱子在格物補傳那段著名的話語：

　　　　蓋人心之靈莫不有知，而天下之物莫不有理，惟於理有未窮，故其知
　　有不盡也。是以《大學》始教，必使學者即凡天下之物，莫不因其已知之
　　理而益窮之，以求至乎其極。至於用力之久，而一旦豁然貫通，則眾物之
　　表裏精粗無不到，而吾心之全體大用無不明矣。

本文認爲朱子這段注文不僅清楚地展現與陸學不同之處，也證明了「朱子學必須是一漸教而非頓教，實是因他的著眼點不在良知活動的內部而在外部，要證的不是良知獨立自存之體而是及物潤物之用」〔註65〕，這是朱子顯理論相的地方，同時也是朱子接引資質中下層人學習的最佳鼓舞。朱子心性情三分以及理氣不雜的看法決定了他必然肯定一個超越的理世界〔註66〕，他說「理世界是個潔淨空濶的世界」，朱子愈是肯定人的存在無法擺脫氣的干擾，就愈顯他對一個超越潔淨的理世界的嚮

〔註62〕同前注。
〔註63〕陳來《朱熹哲學研究》頁152。北京：中國社會科學出版社。1993年3月。
〔註64〕見曾昭旭師〈論朱子的格物義〉，收入於氏著《在說與不說之間》頁95。臺北：漢光出版公司。
〔註65〕同前注，頁96。
〔註66〕張亨〈朱子的志業——建立道統意義之探討〉，收入於氏著《思文之際論集——儒道思想的現代詮釋》頁311。

往；也就是因為對超越的理世界存在的肯定與確定，使得朱子更容易看到存在在人生命中駁雜的習氣、以及現實世界種種對理世界的衝突與扞格。因此我們經常以「性即理」來辨識朱子的理世界，而以「心即理」來定義陸學的本心即宇宙的理論體系；心學不會是朱學的最主要特色，心的概念會成為朱子學中一個完整的體系也與朱子不斷和象山、呂祖謙往復辯論才形成。然而真德秀之所以將「心」無限上綱成為事物的價值根源、並且試圖以「心」為「經」，貫串整個儒學的歷史，其原因就在於真氏所說的「心」，是繼承朱子的「心法」典型，即強調「人們的言行必須通過心，而此心非主敬無以操持之」。〔註 67〕真氏所標舉的心顯然應該與象山陽明所說的「本心」有所差異，「因為朱子學派的心學是認識論和道德修養論，是治心之學；心學派的心學是本體論，是把心作為萬事萬物的根源。」〔註 68〕

《四庫提要》指出《心經》是到了真氏去世之後才開始為人所重視，並且被理宗所稱許接納，「朕乙夜覽而嘉之，」理宗在宋末被視為振興理學的重要帝王，不過他延攬儒生為其服務最大的目的恐怕也在於裝飾門面，而未必真有禮遇儒生之心。真氏在經筵講陳大學格物致知章時曾說：

> 臣按：格之一字，先儒訓釋不同，至程子乃以格訓至，如舜典格于文祖之格，其義始明；朱熹嘗言，格物者窮理之謂也，然不曰窮理而曰格物者，蓋理無形而物有迹，若止言窮理，恐人索之於空虛高遠之中，而不切於己，其弊流於佛老，故以物言之，欲人就事物上窮究義理，則是於實處用其功，窮究得多，則吾心之知識自日開月益。（《文集》卷十八）

宋自開國以來便被視為文治高於武事，乃肇因於太祖之畏懼兵變之事重演之故；到了理宗，卻面臨到政權「合法性的危機」，使得理宗在處理政事時處處被權臣牽制而掣肘，史彌遠死後，理宗確思有所作為，於是召回真、魏二公，一時號稱「小元祐」；真氏以為此政權雖有瑕疵，但只要好好教育眼前這位帝王，宋季仍大有可為。真氏選擇以《大學》作為與國君對話的文本，除了因為有其理學的背景之外，更因為大學的理論間架清晰，骨幹完整，適合隨時發揮──這也是為什麼程子朱子都視大學當作是「初學入德之門」，甚至進一步將大學理論架構擴大，成為「帝王之學」（聖王之學）之本。在這段引文中可以發現，真氏之說其實嚴守朱門對格物說之意，但是卻更強調「於實處用功」，這裏所指的實處，恐怕已經暫時脫離內聖的範疇，而進入政治場域中實際操作的問題；自覺而且刻意減少大學理論中的道德意味，乃真氏

〔註 67〕見鄔永賢〈真西山的《心經》是李退溪心學思想的理論淵源〉，收入於氏編《朱子學研究》頁 250。廈門大學出版社，1989 年 5 月。

〔註 68〕同註 60，頁 251。

策略性的運用大學文本作爲詮釋間架以達到「以政爲教」的目的；同時眞氏所展現的說解經文的詮釋行爲，也充分說明他想藉由儒學的理論重新建構起一個政治的世界，也就是「以教爲政」。眞氏選擇「心」作爲一個支點，以撐起其政與教相互關連的理論，原因就在於心可以往上提昇成爲理世界的保證，也可以下貫至現實世界成爲事的動力。因此衡諸《心經》起始於《尙書·大禹謨》之「人心惟危，道心惟微；惟精惟一，允執厥中」爲始，以朱子〈敬齋箴〉、〈求放心齋箴〉及〈尊德性齋銘〉爲終，可以看做是眞氏以「心」的概念貫穿儒學道統的一種嘗試；在這當中又以眞氏最強調的「敬」作爲達其本心之正的工夫底蘊。〔註69〕

> 蓋性者義理之本源，學者必明乎此而後知天下萬善皆繇是出，非有假乎外也。故此編之首曰性善焉。性果何物哉？曰五常而已爾。仁義者，五常之綱領也，故論性之次，曰仁義焉；心者性之主，不可以無操存持養之功，故論心爲仁義之次；事親從兄，天性之自然，而本心發見之尤切也，故孝弟爲論心之次；仁義者，人心之所同，而所以賊之者利也，學者必審乎義利之分，然後不失其本心之正，故義利爲孝弟之次；義利明矣，推之出處，則修吾之天爵而不誘於人爵，推之於政事，則純乎王道，而不雜以霸功，故義利之次。（《文集》卷二十九「孟子要略序」）

眞氏在此藉友人重新刊刻朱子《孟子要略》〔註70〕之際，整理並重申他所認同關於從上至下，由內而外，由親而疏的種種關係：「從而下」是屬於天理（性）下貫至心的既超越又內在的原則；「由內而外」是屬於心發而爲情的橫攝原則；「由親而疏」是存在於世界之各類人際關係與社會網絡的原則。眞氏這套「性──仁義──心──孝弟──義利──王霸」的層層關係作爲一種孟子學的義理型態，從而建立包涵上下內外左右的世界觀。〔註71〕眞氏這套義理型態，實包含了整個宋代儒學的關注議題，從形上本體意義的心體與性體，到心發用爲情（即「中和說」）的種種狀態，以及如何從人際關係中逆覺體證超越本心的虛靈明覺，甚至到如何對歷史做出客觀

〔註69〕 李紀祥〈入道之序：「由陳（淳）、黃（榦）之歧」到李滉《聖學十圖》〉《國立中央大學人文學報》第二十四期，2001年12月。本文指出韓國儒生李退溪主張以眞德秀之《心經》作爲另一種儒學初學入門之基，和黃榦所說「《大學》，初學入德之門」和陳淳「《近思》，《四子》之階梯」具有相同的地位。

〔註70〕 《孟子要略》五卷，是書成於朱子六十三歲時，然已散佚。

〔註71〕 朱子對於大學中關於「所惡於上，毋以使下；所惡於下，毋以事上；所惡於前，毋以先後；所惡於後，毋以從前；所惡於右，毋以交於左；所惡於左，毋以交於右，此之謂絜矩之道。」中「前後左右」的解釋，有時是指「時間上」的意義，有時是指「方位上」的前後意義。（岑溢成《大學義理疏解》頁103。）本文在此選擇一種抽象性的方位思維以建構眞氏的哲學體系。

評價（王霸義利之辨），都可以在這套詮釋間架中找到位置。當然，「心」在這套義理架構中無疑是佔有最核心的地位，而對於心的概念，眞氏曾經這樣說明：

> 周禮之難行於後世也久矣・不惟難行，而又難言。然則終不可行乎？曰：有周公之心，然後能行周禮，無周公之心而行之則悖矣。然則終不可言乎？曰：有周公之學，然後能言周禮，無周公之學而言之則戾矣。……公之心，禹湯文武之心，而其學則禹湯文武之學也，以此心布而爲政，以此學著而爲書，故能爲成周致太平，而爲萬世開太平。（《文集》卷二十九「周禮訂義序」）

自孔子說「郁郁乎三代，吾從周」、「吾不復夢周公」後，周朝的禮樂制度便成爲儒家追求德治國家的理想典範，眞氏在此也肯定周禮作爲周代典章制度的客觀價値足爲後世之法，不過他認爲周禮無法眞正再度實現的原因，在於爲政者的「心」已從這套禮樂制度中剝離出來，就算重新模倣複製周禮，也容易造成衝突（即「悖」）；既然心已經剝離，那麼重新矯正偏差的心的方式，就是依靠「學」，而學的內容也不是指如何操作或架構一套制度，而是通過學以達致周公之心。眞氏在明顯是以王安石的新學與變法爲例，間接地回答了他認爲變法失敗的原因。眞氏的看法固然容易讓論者認爲他模糊了客觀世界與主觀感受的範疇，解消了客觀制度面有其形式上獨立存在的價値和意義，不過本文認爲眞氏在此卻正好點出了他的終極關懷：即如果我們無法重回到三代之治，那三代之治對後世來說有什麼意義？眞氏的回答是雖然三代之治已不可能重新實現，但是我們仍可通過學習周禮以體會周公或禹湯文武之心；這除了是孔子「下學而上達」的重新詮釋外，也可看出眞氏對於心的優位性的強調，以及重視用學習來對心的方向作貞定；進一步說，即是眞氏肯定一個超越現實世界的不變原理（或制度），作爲爲政者最重要的不是單調地模倣這套制度而缺漏運作這套制度背後最根本的本心，可是本心已和理想的制度一起放失，所以才需要退一步對記錄這套理想制度的典籍作研究。心（動機）不夠純正，那麼這套制度不能保證絕對不會有衝突；學（工夫）方向不對，也容易滑失成「非聖無法」的盲目自我肯定。因此眞氏提到後世欲效周代禮樂制度，但「其所經營，皆自私也」，所以悖亂周禮之精神；至於如漢代章句諸儒「析名物辨制度，不爲無功，而聖人微指略莫之睹」。因此只有程頤與張載能「獨得聖經精微之蘊」，「蓋程張之學，公之學也；有公之學，故能得公之心」。究而言之，眞氏召喚道德的烏托邦（三代之治、三王之事）的方式，是「以是心而爲是學」〔註72〕，意即如果能夠善體周公之心，必能以

〔註72〕眞氏強調心的問題，當與其受到陸九淵著作的啓發有關。田浩《朱熹的思維世界》頁 351。

之貞定爲學的方向；也同時在研究認識和諧合理的禮樂制度時，愈發顯現本心之善。所以眞氏的「心」同時具有「能」與「所」的雙重意義，而絕不是孤懸於外的理而已。

二、《心經》在眞氏思想上的地位

韓國儒學大師李退溪（1501～1570）曾述及自己受到眞氏《心經》的影響：

> 初學下手用功之地，莫切於《心經》一部。

> 吾得《心經》，而後始知心學之淵源，心法之精微，故吾平生信此書如神明，敬此書如嚴父。

退溪以眞氏爲朱子之後第一人，繼承眞氏《衍義》筆法及精神作《聖學十圖》，並以《心經》爲上接程朱之學的重要著作。〔註73〕不過對退溪來說，接引他進入《心經》世界的程敏政卻同樣帶給他困惑與不安：程篁墩（敏政，1445～1500）在《心經附注》〔註74〕與《道一編》〔註75〕中所樹立起「朱陸二氏始異終同」的價值觀，讓退溪進一步深思究竟眞氏所言之「心」與陸學所言之「心」有何不同。

眞氏在黃宗羲《宋元學案》裏的地位有值得注意的地方，如在晦翁學案表下並未見眞氏，其與朱子的唯一關聯，大概是在於他曾經向詹體仁問及居官菑民之事，而詹體仁爲朱子學生，其言行記錄也常出現在《朱子語類》中，所以眞氏被視爲「私淑」朱子，殆無問題。〔註76〕但是眞氏卻也出現在慈湖學案表下，有「私淑眞德秀」

〔註73〕同注63。

〔註74〕〔明〕程敏政《心經附注》。

〔註75〕程敏政在《道一編序》言：「初則誠若冰炭之相反，其中則覺夫疑信之相半，至於終則有若輔車之相依。」據明刻本〔明〕程敏政輯《道一編》六卷，收入於《續修四庫全書》子部儒家類，冊936。程氏以朱陸早異晚同爲「道一」；〔明〕周汝登編測的《聖學宗傳》也是依據這種精神，以「道一」貫通儒家的道統。眞氏也曾論及「道一」，因眞氏曾看到釋氏某高僧言及其因少喪其親，但貧不能治葬，直到多年後才有機會以禮重新葬其親，並治精舍於側以思親。於是眞氏從這個例子說明人釋氏談報恩、與儒家談孝是相同的意義，故稱「道一而已」。見《眞文忠公文集》卷二十八，〈送高上人序〉。「道一」的用詞應出自孔子對曾子所說「吾道一以貫之」（《論語·里仁》），朱子解釋本章謂「聖人之心，渾然一理，而泛應曲當，用各不同」，曾子因從事物之發用上觀察，而看不到事物背後的整全之道體。因此朱子又說「蓋至誠無息者，道之體也，萬殊之所以一本也；萬物各得其所者，道之用也，一本之所以萬也。」朱子從道之體用來說明曾子的提問，從用上來看，自然是萬事各殊，但從體上看，則則皆是道體的各自表現。因此後來宋明儒在辨別朱陸異同時就援用此一詞，以和會二家。

〔註76〕《宋元學案》卷八十一「西山眞氏學案」有「詹氏門人，屏山晦翁再傳」文字記載；而陳榮捷也指出，明朝戴銑的《朱子實紀》裏將眞氏列爲朱子門人，可謂「名不符

記載；另在絜齋學案表中亦有「私淑眞德秀」的記錄。〔註77〕蓋楊簡與袁燮皆是所謂甬上四先生（另有舒璘與沈煥），乃陸象山重要弟子，但這樣的連結似乎與退溪對程敏政將「朱陸始異終同」的問題一樣，須仔細分辨。

慈湖弟子傅正夫曾在慈湖將葬時，不遠千里以求眞氏爲慈湖作銘，眞氏因此憶及與慈湖往來時，慈湖曾質問「希元（按：指眞氏）有志於學，顧未能忘富利達，何也？」眞氏初未能了解慈湖之意，慈湖以眞氏「嘗以命訊日者」，意即慈湖認爲眞氏曾向占卜筮者求問關於命運之事，認爲眞氏實未能忘富貴利達之事；後來眞氏才恍然大悟而言：「必去是心而後可以語道。〔註78〕」這段眞氏因慈湖的提點而自悟的重要生命經驗，後來不斷出現在明朝周汝登所編測的《聖學宗傳》〔註79〕、與清朝孫奇逢編《理學宗傳》〔註80〕當中，可見後人認爲慈湖實對眞氏在對心性的體悟上有極大的影響。眞氏素孚衆望，但是晚歲卻被譏爲阿諛時相鄭清之，因此全祖望也評眞氏「晚節多慙德」。〔註81〕眞氏以「去是心而後可語道」回應慈湖的耳提面命，但已然觸及慈湖或象山心學所強調的「先立其大」；除此之外，眞氏也試圖爲慈湖的學術作澄清與說明：

> 慈湖先生之道，學者所共尊，顧嘗側聽諸公間，或不能無竊議者，謂
> 「泯心思」、「廢持守」、「談空妙」、「略事爲」也。〔……〕然則先生之學，
> 其果泯心思耶？曰：學未純熟，不可廢守。又曰：敬以守之，於意態未動
> 之先，守定用力，自然光明。先生之學，其果廢持守耶？至於言道以本心
> 爲正，言德以直心爲主，則其爲論至平實，既與談空說妙者不同。〔註82〕

眞氏這篇爲慈湖弟子傅正夫所編慈湖訓語所作的跋文，讓後來程敏政找到朱陸早異晚同的根據。〔註83〕慈湖之心學專以靜坐澄心爲主，其學有近於禪之意，因此陳淳

實之至」，陳書顯然認爲眞氏既非朱子弟子，亦非講友。見氏著《朱子門人》頁184。

〔註77〕〔明〕黃宗羲《宋元學案》(下)卷七十四「慈湖學案」，頁56；卷七十五「絜齋學案」頁107。

〔註78〕《眞文忠公文集》卷三十五〈慈湖先生行狀〉。

〔註79〕〔明〕周汝登編測《聖學宗傳》，收入《孔子文化大全》史誌類。黃宗羲在《明儒學案》發凡中曾說：「從來理學之書，前有周海門《聖學宗傳》，近有孫鐘元《理學宗傳》。……且各家自有宗旨，而海門主張禪學，擾金銀銅鐵爲一器，是海門一人之宗旨也，非各家之宗旨也。鐘元雜收，不復甄別，其批註所及，未必得及要領，而其聞見亦猶之海門也。學者觀義是書，而復知兩家之疏略。」

〔註80〕〔清〕孫奇逢編輯《理學宗傳》（二），收入於《孔子文化大全》史誌類。

〔註81〕「西山眞氏學案」頁129。

〔註82〕《眞文忠公文集》卷三十五〈慈湖訓語〉。

〔註83〕程敏政云：「慈湖先生象山高弟，當時攻陸者必以慈湖爲首，然西山先生論其所得乃如此，可謂理到之言矣。此所以卒傳斯道，而爲朱子之世，適也與！」《道一編》卷

批評其「不讀書、不窮理，專做打坐工夫，求形體之運動知覺」；如「以不起意爲宗」之說，乃指心之不起意念，「此心即道，惟起乎意則失之，起利心焉則差」，慈湖的心學工夫，似乎與程朱一系於意念所起處做克己工夫不同，而走到意念未作時的空洞虛寂處，慈湖認爲在心體虛寂之處是心意不二，如能得此心之無所不通，則心之明無所不照，美惡自然能辨。慈湖的靜坐澄心工夫讓他體會到心無強無弱、無斷無續、無涯無畔、無始無終的近宗教式的神秘境界，是故學者應先自明己心、自信己心後方有爲學之可能，如其謂「人皆有至靈至明，廣大至智之性，不假外求，不由外得，自求根自神明」（《慈湖遺書》卷二〈絕四記〉）。不過學者認爲楊簡在持敬的工夫上極爲篤實，但在講貫學術上卻顯疏略，如全祖望謂「慈湖之言不可盡從，而行則可師」、或陳淳謂「楊敬仲持循篤，而講貫略」等。不過更值得注意的是，袁燮之子袁甫（袁蒙齋）曾記曰：

> 慈湖先生平生履踐，無一瑕玷，處閨門如賓，在闇室如臨上帝，年登耄耋，兢兢敬謹，未嘗須臾放逸。學先生者，學此而已。若夫掇拾遺論，依放近似，實未有得，乃先生之所深戒也。差之毫釐，繆以千里，敬之哉！
>
> 〔註84〕

袁甫此段文字與眞氏前段引文相近，可合而觀之；蓋眞氏與袁甫都強調楊簡的心學工夫中的「敬」，眞氏認爲在還未達致楊簡所描述的心的境界時，不可輕易廢守，而不可輕易廢守的工夫，即是「敬而守之」，眞氏所指敬者爲何？自然是敬此本心而已。蓋在象山或楊簡之學裏，心體爲既內在又超越的存在，作爲人道德行爲與創造本源的本心，此道德之理並不在心之外，所謂此心即理，不假外求；但這個自明自信的基礎，還是要建立在「敬」的工夫上。對楊簡來說，除了對這個本心保持最大的敬意外，也時時在心上做「主一」、「專注」的工夫，所以才能達致心外無物的合內外之道。這也是袁甫觀察楊簡在平時立身處事上所展現「處閨門如賓，在闇室如臨上帝」的莊嚴神聖之感的原因。楊簡的超越態度與眞氏所信仰的道心有相貫通之處，因此眞氏對楊簡的心學有同情的理解；眞氏的超越觀念可以從以下文字得知：

> 世謂感應之言，獨出於老佛氏，非也：《書》有作善降祥之訓，《易》有積善餘慶之言，皆此理也。〔……〕余嘗聞諸孟子曰：「雞鳴而起，孳孳爲善，舜之徒也。」又曰：「存其心，養其性，所以事天也。」夫雞鳴而起，未與物接，善烏乎施？存心養性，此人事也，於天何與？嗚呼！知

五。

〔註84〕　〈慈湖學案〉頁69。

此而後知爲善之本矣。〔……〕心者所以主乎性者也，吾能兢畏齋栗，如臨君父，如對神明，則本心常存，而性不失矣。〔註85〕

從此條引文可以了解全祖望爲何批評眞氏「不能攘斥佛老」；在此段引文裏眞氏思索善惡是否有報的問題，行善爲惡不必如史傳上所言必來自權力的救護與殺戮，而必來自於本來的良心存之與否。因此眞氏引孟子「雞鳴而起，孳孳爲善者，舜之徒也。雞鳴而起，孳孳爲利者，蹠之徒也。」（《孟子・盡心上》）一章以陳言當心未與物接時，仍能勤勉爲善，是知爲善的根本深植於心；但若心未與物接，如何能爲善？程子曾說：「只主於敬，便是爲善。〔註86〕」也就是眞氏所說「能兢畏齋栗，如臨君父，如對神明」的存敬工夫，才能使本善之仁心常存，善性才能不失。眞氏面對本心的的態度「如臨君父，如對神明」，與楊簡「如臨上帝」相同。眞氏同時又引孟子「盡其心者，知其性也。知其性，則知天矣。存其心，養其性，所以事天也。」（《孟子・盡心上》），並說「存心養性」是人之事，即事在人爲的道德之事，與天之獎賞懲惡並無直接關聯，以此將德福是否一致的問題擱置，藉以突顯人在雞鳴而起未與物接，如善於存養平旦之氣，本然底良心自然發見。〔註87〕眞氏在此段文字將天道運行之「理」與人之心對立起來，是繼承朱子理氣二分的心性論架構，同時眞氏也說「心主乎性」，與朱子「心統性情」的看法一致。〔註88〕雖然眞氏論心性時確與朱子相近，然而卻又說「本心常存，則性不失矣」，顯然又是偏向孟子或象山一系的「心即理」之說（可由其分「心」與「本心」知其分別），認爲可以由本心之萌蘗存養以明內在於人之仁義禮智之本性。

眞氏之認同楊簡，其中應也來自楊簡將心學應用在教育君主之上：

三年，除著作郎遷將作少監，面奏陛下自信此心即大道乎？寧宗曰：然。問日用如何，寧宗曰：止學定耳。先生謂：定无用學，但不起意，自然靜定，是非賢否自明。他日，又言陛下意念不起，已覺如太虛乎？寧宗

〔註85〕《眞文忠公文集》卷三十五〈應應篇〉。

〔註86〕《孟子集注》卷十二。

〔註87〕朱子在論及孟子「牛山之木嘗美」一章時，曾舉老子言「治人事天莫若嗇。夫惟嗇，是謂早復；早復，謂之重積德；重積德，則無不克」一章來以孟子養平旦之氣或存清明之夜氣互相發明。《朱子語類》卷第五十九「牛山之木章」。

〔註88〕心統性情之說原爲張載所創，但爲朱子所繼承發揚闡述。「統」字有二種意義，一者爲「兼含」，二爲「主宰、統率管攝」之意。如果「心主乎性」是強調心對於性的主宰作用的話，就必然關聯到未發時的主敬工夫，也就是說當情未發於性時，心雖未發但卻不可說全無工夫，而是需要一種保持心之未發狀態不受到干擾，進而需要涵養的工夫。陳來說這就是「心在未發時的主敬提撕保證、決定性能不受干擾地作用於人的現實思維的這種作用，即朱子所稱爲心對性的『主』、『統』、『宰』的作用。」見陳來《朱子哲學研究》頁256。

曰：是如此。問賢否是非，歷歷明照否？寧宗曰：朕已照破。先生頓首爲
天下賀。〔註89〕

楊簡希望寧宗自信本心即道，也能夠從日常生活中體會道的發用，楊簡認爲「定」
不用依靠客觀的學習，只需要「不起意」，即不受到私欲妄念的干擾便可，能達到這
種境界，則以此心照物，無物不察，對君主來說，君子小人賢否自見。楊簡稱這種
境界爲「太虛」；而當楊簡聽到寧宗已經能判斷眼前人事之賢否是非時，欣喜之色溢
於言表。楊簡勸寧宗作靜心不起意的工夫，以作爲判斷客觀世界價值的根源，也和
朱子或眞氏以《大學》爲本教育君主的用心相同。

　　除了楊簡外，眞氏也在作袁燮行狀時，憶及袁燮曾贈眞氏言曰：「《中庸》曰天地
之道，可一言而盡也；其爲物不貳，則其生物不測。〈大雅〉曰：『上帝臨女，無貳爾
心。』維此大本，不必他求。〔註90〕」袁燮以此作爲本心或道的根源（即「大本」），
而這個大本也不假外求，本心即道，是得象山眞傳；而眞氏也總結了袁燮的學術成就：

　　　　故其所講明者，由體而用，莫不兼綜，謂學不足以開物成務，則於儒
　　者之職分爲有闕，自六藝百家與史氏所記，莫不反復紬繹，而又求師取友
　　以切磋講究之，東萊呂成，公接中原文獻之正傳，公從之游，所得益富，
　　永嘉陳公傅良，明舊章、達世變，公與從容考訂，細大靡遺，其志以扶持
　　世道爲己責。〔註91〕

眞氏認爲袁燮除了接續象山心學的成就外，也更推擴心學的內容，認爲如果只講心
性，則只是「襲先儒緒言」而已，與儒學所謂開務成務、內聖外王之理想有闕，因
此不僅吸收了呂東萊的史學精神，也消化了陳傅良的外王事功精神，同時也因袁燮
將心學應用在詮釋政治思想的層次上，而得到眞氏的認同〔註92〕，也和《衍義》的

〔註89〕《宋元學案》卷七十四「慈湖學案」。
〔註90〕《眞文忠公文集》卷四十七〈顯謨閣學士致仕贈龍圖閣學士開府袁公行狀〉。
〔註91〕同前注。
〔註92〕如袁燮曾説：「君民一體也，民固不可無君，君亦不可無民。天下之民所以安居而暇
　　　食，優游以生死，果誰之力乎？人君之爲也。是無民言固不能相養也，民爲邦本，
　　　本固邦寧，君而無民豈能獨立於上？」（見〔宋〕袁燮《絜齋家塾書鈔》卷五「太甲
　　　中」收入《文淵閣四庫全書》經部書類，冊57，頁747。）又有言：「君民本一體相
　　　需之義，初無尊卑之殊。苟見己之爲尊，民之爲卑，便是此心不一處，何者？當其
　　　見己之爲尊，民之爲卑，其心必侈然自大，吾之本心初未嘗有侈然自大也，本心未
　　　嘗有而外加益焉，非不一乎？」（見〔宋〕袁燮《絜齋家塾書鈔》卷五「咸有一德」
　　　收入《文淵閣四庫全書》經部書類，冊57，頁761。）袁燮的「君民一體」概念雖
　　　自孟子而來，但在此袁燮將心學的概念引入，認爲做君主的人如果產生權力的傲慢
　　　或自我膨脹，那麼就違反心學將本心視爲人人本有、且一律平等的預設，並認爲眞
　　　正的道德本心是不會產生偏執或膨脹的現象。

精神相近。

在《宋元學案》的儒學系譜裏，真氏的學術淵源實不僅止於「述朱」而已，真氏私淑慈湖和絜齋，其實各有道理可言：私淑慈湖，乃是因為慈湖對本心常存之敬守工夫，嚴若對越上帝，此與前章述及真氏的超越意識有若合符節之處；而對於絜齋，真氏是心儀其將心學轉化並應用到政治層次領域來說，也符合儒學體用不離的精神。

泰州王學門人周汝登編測的《聖學宗傳》，以儒學聖王聖賢之相傳為統緒，著錄自伏羲、神農、黃帝以至於明末之羅汝芳，在鄒元標之前序有言：

> 夫道一而已矣。〔……〕周子早志真宗，學有本原，慮前聖以一脈相傳，恐後人之不署斯義，乃遡自義軒及我明諸儒。先有關斯學者，名曰《聖學宗傳》，蓋其意曰：帝之與王，聖之與賢，隱之與顯，微之與彰，雖異位而人同，人同而此心同，此心同通之千百萬世無弗同。〔註93〕

陽明後學周汝登據以「編測」的立場，其實是站在心學——「人同此心，心同此理」的基礎上為儒學的道統再做一次整理；在《聖學宗傳》卷十一有楊簡與真德秀，於真德秀章特別指出：

> 惟學可以明此心，惟敬可以存此心，惟親君子可以維持此心。

周海門點出真氏在心學上的認識與成就，並隨之拈出楊簡曾提點真氏的故事，同時述及真氏後來編著《心經》一書，「記周程朱之言，凡謂心之說靡不畢備」，這樣一來真氏就接上與心學的關聯。真氏在《心經》裏以《書》、《詩》、《易》、《論語》、《中庸》、《大學》、《孟子》及周濂溪、二程及朱子論心之說編為一書，其每條之下又以朱子之注解為主，旁及二程及其他諸理學家之說以附；從《心經》的形式與結構來看，真氏述朱的精神是極其明顯而無庸置疑的，然而比較令人玩味的是，真氏為何要專提「心」並編為「經」以述呢？關於這個問題，程敏政是如此說：

> 西山先生真文忠公嘗摭取聖賢格言為《心經》一編，首危微精一，十有六言，而以子朱子尊德性之銘終焉。〔……〕嗚呼！人之得名為人，可以參三才，而出萬化者，以能不失其本心而已。〔……〕性學不明，人心陷溺，寄命於耳目，騰理於口舌，此先生之所深悲，而《心經》所由述也。
>
> 〔……〕蓋是經所訓，不出敬之一言。

南宋時諸儒皆已深感當時社會價值沈墮，學者競相爭取功名，而不務求道德之善；或者掇拾往聖先賢之遺言而未深思，程敏政認為這是《心經》產生的背景；不過除了這個外在的歷史性或社會性的因素之外，《心經》的出現其實當有內在的哲學性要

〔註93〕據復旦大學圖書館藏〔明〕萬曆三十三年刻本影印，收入於《續修四庫全書》史部傳記類。上海：上海古籍出版社。

求；朱子後的學者論心，大都恪守朱子的心法，所謂心法，是指「人們的言行必須通過心，而此非主敬無以操持之」〔註94〕，程朱學派與陸學所論心的意義不同，眞氏所接受朱子所論之心的確是偏向道德修養意義的心〔註95〕，而不是如心學派將心視爲宇宙萬事萬物根源之心。準此我們可以說，《心經》的產生，實與當時陸學與釋氏論心的理論氛圍有關，因此《心經》突顯了儒學論心的價值和意義，樹立心在道德實踐裏的重要地位，而同時又與陸學和釋氏有別。關於此眞氏說道：

> 程子曰：涵養須用敬，進學則在致知。蓋窮理以此心爲主，必須以敬自持，使心有主宰，無私意邪念之紛擾，然後有以爲窮理之基。本心既有所主宰矣，又須事事物物各窮其理，然後能致盡心之功，欲窮理而不知持敬以養心，則思慮紛紜，精神昏亂，於義理必無所得，知以養心矣而不知窮理，則此心雖清明虛靜，又只是箇虛空蕩蕩底物事，而無許多義理以爲之主，其於應事接物，必不能皆當，釋氏禪學正是如此。故必以敬涵養，而又講學審問謹思明辨以致其知，則於清明虛靜之中，而眾理悉備，其靜則湛然寂然，而有未發之中，其動則泛應曲當，而爲中節之和。〔註96〕

眞氏所理解的心不是體，只是氣上來說心〔註97〕，因此會有私意邪念混雜其間，是以需要持敬工夫以除去私意邪念，才能使心復歸於清明朗然，能夠在與事物相接時不受干擾影響，此時眞氏所談的心是具有認識論基礎，有窮理之基；但這個心顯然不是道德本心，然而眞氏卻又說「本心既有所主宰」，是其將認知心、或者道德修養上治心的意義錯置於本心之上，在道德本心的意義上，吾人所存所養、所講明思辨的都是這個本心，而不是氣質意義的心。眞氏論心的看法似乎有依違於朱陸間的痕跡，尤其是效法朱子在呂祖謙殁後所說「陸丈（指陸九淵）教人，

〔註94〕見高令印〈眞西山《心經》是李退溪心學思想的理論淵源〉，收入於鄔永賢主編《朱子學研究》。福建：廈門大學出版社。1989年5月。

〔註95〕朱子在對心的理解也有不同，在朱子37歲左右時認爲未發爲性，已發爲心，性體的意義必須從心體的發用上把握，離開心的作用無以談性，是即用見體的說法；但到了中和新說時期，朱子轉而認爲心是有經驗意義、具有虛明認知能力，並非超越的、本心即理的心。（見楊祖漢〈朱子「中和說」中的工夫論新詮〉）據此以觀眞氏所論之心，顯然是較偏向朱子在中和新說時所定義的心。

〔註96〕《眞文忠公文集》卷三十〈問學問思辨乃窮理工夫〉。

〔註97〕眞氏云：「心者，指知覺而言；仁者，指心所具之理而言也。蓋圓外竅中是心之體，虛靈知覺是心之靈，仁義禮智信是心之理，知覺屬氣凡能識痛癢識利害識義理者皆是也。」故知眞氏所言之心是屬氣質之心，而仁屬性屬理。見《眞文忠公文集》卷三十一〈問不違仁〉。

於收斂學者散亂身心甚有功，然講學趣向亦不可緩，要當兩進乃佳耳〔註98〕」的話，欲從象山「尊德性」與朱子「道問學」間找出調和之道〔註99〕。因此真氏又說此心於清明虛靜中，眾理皆備，似乎又雜入陸學論心的痕跡，無怪乎後來陽明在《朱子晚年定論》時曾說：「朱子之後，如真西山、許魯齋、吳草廬亦皆有見於此，而草廬見之尤真，悔之尤切。〔註100〕」朱門後學中從吳澄開始表現出「朱陸調和異同」的傾向〔註101〕，到程敏政的《道一編》提出「朱陸始異終同」，到王陽明撰《朱子晚年定論》，的確顯示出朱陸異同在南宋後期以至明代都是一個重要的論題〔註102〕；但是整個南宋的思想氛圍，即是環繞在朱子理學、象山心學與陳亮葉適事功學派所建立起來，因此做為朱學之後的學者，自然不可能不受到影響，然而卻難以遽爾斷言因真氏編《心經》以論心之重要性，就判言真氏有開啟朱陸「早異晚同」的傾向。事實上，朱子早年論學的基本態度甚至有與象山相近之處〔註103〕，朱陸後來之所以會成為冰炭不容，是要到鵝湖之會後、呂祖謙歿後、及朱陸開始辯論關於《太極圖說》與《西銘》中「無極」、「太極」問題之時，朱子才對象山展開強烈抨擊，因此與朱陸早異晚同之說不類。

如果將真氏編纂《心經》視為明朝以來「朱陸早異晚同」說法的前驅的話，那無疑是落入如陳建在《學蔀通辨》指出，程敏政的《道一編》和王陽明的《朱子晚年定論》都將朱子在乾道四年（1168）曾強調「心」或「良知」的作用，以指陳朱子晚合象山（但時朱子方39歲）的窠臼繆誤當中。在象山和朱子相繼謝世後，南宋儒學陷入另一種複雜的景況，宗陸與尊朱的學者互相雜揉，相互敵對的氣氛也漸趨和緩，因此相互師承的關係就愈形複雜，如象山歿後其弟子遂有轉師朱子，或者原本宗陸而改宗朱〔註104〕；或兼師朱呂陸之學兼而有之〔註105〕；甚至到南宋晚期原

〔註98〕《朱文公文集》卷49「答滕德章」。
〔註99〕田浩也認為真氏並不敵視陸象山的思想，但真氏卻沒有真正提出調和朱陸異同的辦法，這個目的要到真氏的學生才真正開始。見氏著《朱熹的思維世界》第四部。
〔註100〕〔明〕王陽明《朱子晚年定論》，收入於吳光等編校《王陽明全集》頁141。上海：上海古籍出版社。
〔註101〕全祖望云：「草廬出於雙峯，固朱學也；其後兼主陸學，蓋草廬又師程氏紹開，程氏常築道一書院，思和會兩家。然草廬之著書，則終近乎朱。」見《宋元學案》卷九十二「草廬學案」。
〔註102〕李紀祥〈理學世界中的「歷史」與「存在」：「朱子晚年」與《朱子晚年定論》〉收入氏著《道學與儒林》頁306。臺北：唐山出版社，2004年10月。
〔註103〕如牟宗三先生認為朱子在中和舊說時期，對良心發見的看法「居然是一象山矣。」見牟宗三先生《從陸象山到劉蕺山》頁102。臺北：學生書局。1990年2月再版二刷。
〔註104〕如全祖望曾說：「四明史氏（如史彌忠、史彌堅、史彌鞏、史彌林等）皆陸學，至

本朱子最不喜歡的浙學，卻反而成爲提振朱學的重要堡壘。〔註106〕綜而言之，朱子之後的學者，雖然學有師承，但也頗留意於其他諸學者之說，如維護朱門最力的黃震，雖在其《黃氏日鈔》中頗不以心學爲是，但其所上史館箚子中，卻展現對慈湖爲己之功的稱服。〔註107〕由此觀之，眞氏受到慈湖或四明陸學的影響，或兼有所長，也不必盡是偏向陸學的證據。〔註108〕

　　《心經》首章以「人心惟危，道心惟微，惟精惟一，允執厥中」強調道心與人心的區別，後又引孟子性善說，論者認爲這二則引文並列頗有反諷的意味〔註109〕，不過本文以爲這種排比方式正可說明眞氏論心雖主於朱子，但對孟子、象山一系以心爲理的說法並不排斥；《心經》終章以朱子「敬齋箴」、「求放心齋銘」及「尊德性齋銘」爲結尾，實應有其用心之處。朱子「敬齋箴」曰：「潛心以居，對越上帝。出門如賓，承事如祭。戰戰兢兢，罔敢或易。從事於斯，是曰持敬。」眞氏也說：

　　　　夫中者，性之德也；仁者，心之德也。性無不中，嫚易以賊之，斯有
　　　　時而不中矣；心無不仁，物欲以汩之，斯有時而不仁矣。古之君子，惟察
　　　　乎此，故喜怒哀樂之未發，必敬以養之，如對神明、如臨師保，所以全其
　　　　本然之中也；視聽言動之非禮，必敬以克之，如殄寇讎、如去蟊賊，所以
　　　　全其本然之仁也。〔註110〕

靜清（史蒙卿）始改而宗朱。」《宋元學案》卷八十七「靜清學案」。事實上浙東四明之學由祖陸而宗朱，也突顯《宋元學案》對宋元理學的源流持論：宋元理學源於北宋之濂、洛、關學，而以洛學之大宗；到了南宋洛學成爲主流，而濂學與關學後繼乏人；南宋中葉到末葉是理學分立和朱陸兩派發展期及集大成期；宋元之際，朱陸從分立走向合流。見曾春海《儒家的淑世哲學》頁332。

〔註105〕　全祖望：「四明之學多陸學，深寧之父，亦師史獨善，以接陸學，而深寧紹其家訓，又從王子文以接朱氏，從樓迂齋以接呂氏，又嘗與湯東澗遊，東澗亦兼治朱呂陸之學者也，和齊斟酌，不名一師。」《宋元學案》卷八十五「深寧學案」。

〔註106〕　全祖望：「四明之傳，宗朱氏者，東發爲最：日鈔百卷，躬行自得之言也。淵源出於輔氏，晦翁生平不喜浙學，而端平（1234）以後，閩中江右諸弟子，支離舛戾固陋，無不有之，其能中振之者，北山師弟爲一支，東發爲一支，皆浙產也，其亦足以報先正惓惓浙學之意也。」《宋元學案》卷八十六「東發學案」。

〔註107〕　同前注，全祖望〈杜洲六先生書院記〉。

〔註108〕　朱子亦曾云：「四明多賢士，可以從遊。不惟可以咨決所疑，至於爲學脩身，亦皆可以取益。熹所識者楊敬仲、呂子約，所聞者沈國正、袁和叔，到彼皆可從遊也。」（《朱子文集》卷四十九「答滕德粹」）可見朱子也並不是全然排斥心學派學者。不過蒙培元卻認爲眞氏宣揚朱子的心體說，除了是爲了論證天人合一之學外，更可看出朱子哲學演變的趨勢，即向心學方面進一步的發展。見氏著《理學的演變》頁150。

〔註109〕　同注89。

〔註110〕　《眞文忠公文集》卷三十三〈呂敬伯敬仲字說〉。

眞氏在此再次以「如對神明，如臨師保」的態度，以察識心體可能被物慾私念汩惑的情況，同時又強調以敬的工夫涵養未發之時，故實有「嚴謹及苦行精神」〔註 111〕的意味，但這種工夫也與朱子在「敬齋箴」所展現的氣象相同。朱子「求放心齋銘」中云「非誠曷有？非敬曷存？孰放孰求？孰亡孰有？」又再次說明誠與敬在道德踐裏的重要性，唯在防微謹獨。朱子內弟程允夫原欲以「道問學」爲其齋名，求教於朱子，朱子反謂當以「尊德性齋」易之，象徵朱子對於天所賦予人之仁義之性，人當以戒愼恐懼的態度繼承維持，「欽斯承斯，猶懼弗克」，所以這種克制私念人慾的道德實踐是永不止息，「任重道遠，其敢或怠！」由此可知朱子在尊德性的態度是一以貫之，「有幽其室，有赫其臨」，眞氏效法朱子作箴銘的心情，也作「思誠箴」、「勿齋箴」、「夜氣箴」，以提醒自己雖居晏息之地，也如君父之臨其前，戒愼恐懼。眞氏云：

> 蓋學問之道有三，曰：省察也，克治也，存養也；是三者不容有一闕也。夫學之治心者，猶其治疾，然省察焉者，視脈而知疾也，克治焉者，用藥以去病也，而存養者，則又調虞愛護，以杜未形之疾也。〔……〕吾子誠欲絕其私意之萌，盍亦感勵奮發，如去蟊賊、如殄寇讎，毋徒恃其知而已也。〔……〕然則亦有其要乎？曰：敬爲要。敬何所自始？曰：自戒懼謹獨始。〔註 112〕

眞氏在此以醫事比喻道德實踐中存養省察的行爲，治心如治疾，省察如把脈，可以知道出現何種症狀，克治這些私意慾念猶如以藥去病，存養工夫就如平時善於調理保養，這種譬喻以簡單而生活的方式讓人能親切地了解道德實踐中的種種作爲，也似乎點到了某種心理學的意義，讓人了解心理和生理一樣會生病，但在治療心理上所發生的疾病需要靠另一套醫療行爲，才能去除心理上的疾病。〔註 113〕眞氏再次襲用戰戰兢兢，如對抗盜賊和仇敵的態度，來面對人所會產生的私意慾念，雖然流露出一種對於道德法則的嚴肅與莊嚴，但卻也容易造成道德緊張；因此眞氏所再三強調的主敬或持敬工夫，就不能只是僅重察識，而忽略平時涵養工夫，也就是說吾人必須找到一種工夫，能讓吾人在道德修業上，通過這種工夫使心與理關聯地貫通而爲一，這種工夫即是「敬」。〔註 114〕

〔註 111〕 狄百瑞語，轉引自田浩前揭書。

〔註 112〕 《眞文忠公文集》卷二十七〈送朱擇善序〉。

〔註 113〕 眞氏在另一處也曾以醫事爲喻以明儒學道德實踐：「我有千百病，聖賢有千百藥，一日服一藥，以去一病，久之則所謂氣質之偏，自然融化得盡，純善而無惡矣。若只看過讀過，不眞實用力以去其偏，則如談方說藥，初未嘗服餌，其又何益？」《眞文忠公文集》卷三十一〈問言志〉。

〔註 114〕 牟宗三先生《從陸象山到劉蕺山》頁 120。

準此可以得知，朱子與眞氏強調持敬工夫，應該是對無條件之道德命令的尊敬，當人時時存著對私念人欲等作去除工夫，便能愈來愈知道德法則之莊嚴；人時時能感受到道德法則之可敬與莊嚴，便能愈能壓制人欲，以愈接近無條件的道德法則〔註115〕，誠如眞氏所云：

> 伊川先生言：「主一之謂敬」，又恐人未曉一字之義，又曰：「無適之謂一」，……主者，念念守此而不離之意也，及其涵養既熟，此心湛然，自然無二無雜，則不待主而自一矣。不待主而自一，即所謂誠也；敬是人事之本，學者用功之要，至於誠則達乎天道矣。此又誠敬之分也。〔註116〕

總而言之，在眞氏的思想體系裏，「心」的意義和價值無疑是最高的，對於道心與人心的區別，眞氏是極爲謹慎的，就連在《衍義》序裏也提到「此書（《大學》）所陳，是百聖傳心之要典，而非孔氏之私言也。」其動機立意就是希望將心的地位和價值提高到歷史的高度，而不僅限於儒學的解釋傳統中的意義而已。

三、《政經》的價值

眞氏的《政經》是一部實際討論政治運作與行政管理的書，同時也是眞氏將朱子學說應用在政治社會的成果展現。在《政經》中強調如何改善地方行政事務，討論地方官在實際治事的經驗上的利弊得失。在《政經》中，第一部分引用50則經典，做爲行政管理的基本原則；隨後以22條歷史材料以說明如何才是地方官吏的榜樣，大多數以漢代的循吏爲主；第三部分則是補充說明地方官吏常遇到的六大問題，並以自身經驗爲例，提出具體的建議和辦法。在《政經》中可以看到眞氏將道學的基本理念和經世思想實際運用在政治領域中，但眞氏的根本困境是：他運用歷史知識實施統治管理，又承認必須使用法律與刑罰，多少反映類似浙東功利派的觀點。〔註117〕

四庫館臣謂陳振孫《直齋書錄解題》載《心經》而不及《政經》，可能爲好事者依眞氏之名所託作，雖眞僞不可辨，但「其言能不悖於儒者」，故與《心經》並

〔註115〕 同註86。

〔註116〕 《眞文忠公文集》卷三十一〈問敬字〉。

〔註117〕 同註89。田浩認爲眞氏在《政經》的內容上已然呈現出受到浙東事功派的影響；事實上在南宋時期朱子與象山關於理本體或心本體的爭論、和朱子與陳亮的義利王霸之辨都是重要論題，但事功派缺乏本體論的建構、而心學派則相對缺乏認識論的創新，因此事功派與心學派最後不得不走向合流，如象山弟子舒璘、沈煥已經意識到學術的實用價值問題。見滕復〈論宋明浙東事功學與心學及其合流——兼論王學的思想來源及實質〉，收入於萬斌主編《浙學研究集萃》。上海：上海古籍出版社，2005年1月。

存。觀《政經》之體例與《心經》相似，都先輯錄諸經書，如書、詩、易、論語及大學中與政事有關敍述，後附以眞氏實際從事政治活動之心得與感想爲傳。比較值得注意的是眞氏把孔門四科中之「政事」提昇到「經」的無上地位，爲的就是要強調政治活動有其獨立的意義與價值，儒生除了能夠從諸經的原則中找到治道的根源外，也能夠由實際從事政治行爲的經驗中，體會到所有的政治活動都有道德目的貫注其中。

眞氏在《政經》附注列舉諸多官吏愛民之例，判析其所以爲良吏的原因，如「貴清靜而民自定」、「力行教化」、「廉平不苟」、「視民如子」、「舉善而教」、「勉以孝悌之訓」、「以德致事」、「行恩禮賢」、「尚德不尚刑」等，都可看出眞氏以「德治」作爲治道的最高準則，而德治也確如牟宗三先生所說：

> 儒家的「德」是以親親、尊尊倫常、性情、道德的心性（仁義禮智）來規定。它既不是道家的德，亦不是西方所講的抽象的義務。所以禮樂之教即是性情之教，德化即是性情人格之完成。〔註118〕

牟先生強調性情指的是「道德的眞實心」，德化的治道亦即是指本於良知之不容已要求，身爲治道中的一員，自然有將親愛家人之心推擴到其所管理之民，從而使在這套制度中的人民，都能夠因被照拂教化而重新發現根植於心的良知與良能。因此德化的治道不同於道家的無爲，也不同於西方民主所重視的架構規範，而是重在建立一套以道德心、自由無限心爲基礎，而所有人都能在這套行爲制度下各安其心，各得其所；也就是說離開這個道德的自由無限心，制度無所掛搭，而欠缺這套德化的治道，人民也無從肯認本然的道德自由無限心。當然，眞氏的這套政治論述並不符合西方強調客觀制度的規範，容易滑失成「以『宰制性的政治連結』爲核心，而以『血緣性的自然連結』爲總樞，以『人格性的道德連結』爲理想」的「君權中心」、「父權中心」管控一切的危險〔註119〕；眞氏對此已有希望初步建立客觀政治制度的模糊想法，例如他總結從政歷程得出四件爲官原則：「律己以廉」、「撫民以仁」、「存心以公」、「爲事以勤」；以及十件害於治道之事：「斷獄不公」、「聽訟不審」、「淹延囚繫」、「慘酷用刑」、「汎濫追呼」、「招引告訐」、「重疊催稅」、「科罰取財」、「縱吏下鄉」、「低價買物」等十事，這十件事涵蓋司法、財稅、內政等範疇，眞氏確實有心想改變制度，但囿於君主封建制度的權力傾斜，以及缺乏客觀法條的支持，無奈眞氏也只能以「不敢加勉同僚」或官吏「賢不肖之分，在乎勉與不勉而已」的方式婉轉規諫官僚而已。

〔註118〕 牟宗三《政道與治道》，頁 31。
〔註119〕 見林安梧《道的錯置──中國政治思想的根本困結》。臺北：學生書局。

第四節 《衍義》對大學義理的應用

一、擴充《大學》的詮釋範圍

朱子認爲《大學》中「經」的部分是「孔子之言曾子述之」,「傳」的部分是「曾子之意而門人記之」,經過排比原文加上自己發明的「格致補傳」,使《大學》的義理成爲一個完整的思想體系,並以這套理學解釋系統運用到治國之道上,使之成爲教育國君的範本,和治國的綱領。〔註120〕眞氏在這樣的認識基礎上進一步開展朱子學在治國理論上的成就,而爲了讓《大學》徹底成爲一套自由的理論詮釋間架,眞氏甚至引用朱子對於經解的看法〔註121〕,欲用以擺脫《大學》過去僅被認爲成聖入德的基本道德教材,並由此引入更多經史材料與歷史事件,成爲眞氏「廣大學」〔註122〕的基本論述邏輯。我們可以從眞氏「廣大學」的詮釋方法間接看出其如何填充《大學》中的綱目,作爲其《衍義》的暖身之作。

眞氏在「廣大學」中,首以「讀書之序」、「讀書之法」與「論解經之法」作爲「廣大學之一」,目的是要強調「格物致知之事,即程子所謂讀書講明義理也」,而後數章即以「講論古今人物,辨其是非」、「應接事物而處其當否」、及「知行並進」爲推廣「格物致知」的示範,例如在「講論古今人物辨其是非」中舉武帝爲例說道:

> 武帝之病固多,然天資高,志向大,惜其無眞儒輔佐,不能勝其多欲之私耳。

在「應接事物而處其當否」中以舜爲天子而瞽瞍殺人之事爲例說道:

> 程子以應接事物而處其當否爲格物致知之一事,然所謂處事之方,不過本之以義理,而參之以時與勢而已。

觀眞氏所舉諸例,足見眞氏欲綜合經史之說以證《大學》格物致知之方法,也就是說格物之「物」可以是古今人物、經史中之事等,而所致之「知」,乃是德性之知;格物從道德實踐的範疇被擴大到歷史意識的範疇,格物的範圍變得寬泛而有彈性,但目的還是在獲致超越而普遍的德性之知。眞氏在「廣大學」和《衍義》一樣只說到齊家,而未及治國平天下,隱含了他認爲格物致知誠意正心是體,齊家治國平天

〔註120〕 見鄔永賢〈朱子學派治國綱領試探——兼析眞德秀《大學衍義》,收入於氏編著《朱子學研究》頁 164,廈門大學出版社。

〔註121〕 眞氏引用朱子檢討漢儒說經只是說訓詁,玩索經文而把義理意味說得淡薄,恐怕是「看得支離,至於本旨全不相照」(《西山讀書記》卷二十五)。

〔註122〕 眞氏「廣大學一~六」數章,見《西山讀書記》卷二十五~二十七。

下是用，只要「格物致知、誠意正心、脩身、齊家四者之道得，則治國平天下在其中矣」〔註123〕的一貫看法。

二、《衍義》的詮釋架構

前節已詳明眞氏對理想政治的追求，是希望透過正確的「學」以把握純正的「心」，來貞定爲政者的政治動機與意圖；《衍義》也是運用此一模式，眞氏說：

> 臣始讀大學之書，見其自格物致知誠意正心脩身齊家治國平天下，其本末有序，其先後有倫，蓋嘗撫卷三歎曰：爲人君者不可以不知大學，爲人臣者不可以不知大學；爲人君而不知大學，無以清出治之源；爲人臣而不知大學，無以盡正君之法。既又考觀在昔帝王之治，未有不本之身而達之天下者，然後知此書所陳，是百聖傳心之要典，而非孔氏之私言也。三代而下，此學失傳，其書雖存，概以傳記目之而已；求治者既莫之或考，言治者亦不以望其君。（《衍義》序）

眞氏把大學定義爲聖賢「傳心要典」，同時爲了建立起大學的經典地位〔註124〕，也策略性地說大學「非孔氏之私言」，目的就在於擴大其理論適用範圍——即容納荀子董仲舒揚雄等諸儒；眞氏在重視歷史的連續性下一方面論證理學在正心誠意上所達致的成就，以及這套學說對政治產生正面效益的綜合結論。眞氏包容接納荀董揚的歷史地位，同時也轉化他們的學術內容，成爲《衍義》的一部分；如有條件地接受荀子對惡的看法，形成《衍義》中人君需客觀面對內心放逸荒淫等沈淪可能；接受董仲舒天人感應的理論，形成《衍義》中節制人君行爲的最高理則——天；接受揚雄對辭章爲雕蟲小技的看法，形成《衍義》中勸戒人君不可耽溺於文辭技藝。儘管如此，本文仍然強調眞氏彈性地容納荀董揚諸儒有其說故事的策略性運用考量，但是在道統的立場上而言，眞氏是將以上諸儒嚴格劃分在朱子道統之外，而僅承認有「衛道」之功，而沒有「傳道」之實，這是需要加以檢別的。

〔註123〕 見《衍義》序。

〔註124〕 《大學》、《中庸》之所以會成爲儒學的經典，便是因爲宋儒以「性命之書」的性質定義其內容。見楊儒賓〈《中庸》、《大學》變成經典的歷程——從性命之書的觀點立論〉《臺大歷史學報》第24期，1999年12月。

《衍義》凡四十三卷，體例結構如下〔註125〕：

綱	要	目	重要理學概念
格物致知	明道術 辨人材 審治體 審民情	天性人心之善，天理人倫之正，吾道異端之分，王道霸術之異 聖賢觀人之法，帝王知人之事，奸雄竊國之術，憸邪罔上之情 德刑先後之分，義利輕重之別 生靈向背之由，田里休戚之實	理一分殊 皇極 中和說
誠意正心	崇敬畏 戒逸欲	修己之敬，事天之敬，臨民之敬，治事之敬，操存省察之功，規敝咸誠之助 沈湎之戒，荒淫之戒，盤游之戒，奢侈之辨總論	敬
脩身	謹言性 正威儀		敬
齊家	重正妃 嚴內治 定國本 教戚屬	謹選立之道，賴規儆之益，明嫡媵之辨，懲廢奪之失 官闈內外之分，宮闈預政之戒，內臣忠謹之福，內臣預政之禍 建立之計宜早，論教之法宜預，嫡庶之分宜辨，廢奪之失宜鑒 外家謹謙之福，外家驕溢之禍	存養之說

（一）「理一分殊」

「理一分殊」之說是程頤回答楊時對於《西銘》的懷疑時所提出的概念，程頤用「理一分殊」來解答楊時對於《西銘》中萬物一體的境界有流於墨氏兼愛的流弊，程頤說：「《西銘》明理一而分殊，墨氏則二本而無分。分殊之蔽，私勝而失仁；無分之罪，兼愛而無義。分立而推理一，以止私勝之流，仁之方也；無別而迷兼愛，至於無父之極，義之賊也。」（《二程集》）仁為愛人的原則，然而愛人的原則在落實到人間後，會受到親疏遠近的差別而有異，程頤說對一切人都應仁愛，是「理一」；但愛會隨著對象和關係的親疏遠近而有差異，則是「分殊」。「理一分殊的概念常被用以表示一與多之間的某種關聯，但是『多』可以是相互差異的多（物散萬殊），也可以是無差別的多（月印萬川）；同時如果『分』字作分開、分散使用，理一分殊便可以用來闡發本源與派生的關係同時包含本體論的意義。」〔註126〕真氏的「理一分殊」論是建立在朱子的基礎所發：

> 夫子之一理渾然，而泛應曲當，譬則天地之至誠無息，而萬物各得其所也。……至誠無息者，道之體也；萬殊之所以一本也；萬物各得其所者，道之用也，一本之所以萬殊也。以此觀之，一以貫之之實可見矣。〔註127〕

真氏認為天地萬物只是一個理，分開來看各有各自的理，但都是一個超越普遍的理

〔註125〕此表以朱鴻〈君儲聖王・以道正格──歷代的君主教育〉中為底本並略加修改增補。
〔註126〕見陳來《朱子哲學研究》頁113。華東師範大學出版社，2000年9月。
〔註127〕真德秀《論語集編》卷二「吾道一以貫之」條下。

的體現。

《衍義》中眞氏曾數次運用理一分殊概念解釋事理，如：

> 舜、文所遇不同，而其心則一；使舜遇文王之時，必能盡處常之道，使文王遇舜之時，亦必能盡處變之方，所謂易地則皆然也。（《衍義》卷七）
>
> 臣按：天下之理一而分則殊，凡生於天壤之間者，莫非天地之子，而吾之同氣者也，是之謂理一。然親者吾之同體，民者吾之同類，而物則異類矣，是之謂分殊；以其理一，故仁愛之心無不徧；以其分殊，故仁愛之施則有差，以親親之道施於民，則親疎無以異矣，是乃薄其親；以仁民之道施於物，則貴賤無以異矣，是乃薄其民。故於親則親之，於民則仁之，而於物則愛之。合而言之，則皆仁分而言之，則有此序。（《衍義》卷十二）

眞氏在前則引文中，舉舜和周文王爲例，說明他們所遇到的父親雖有不同（分殊），但孝親之心則是同一的（理一），勉勵理宗當學聖人事親之孝，此處「分」當讀作平聲，指分別的意思。後一則是講解《孟子》「君子之於物也，愛之而弗仁，於民也，仁之而弗親，親親而仁民，仁民而愛物」一章而說；眞氏先指人與萬物都是天地所生，對天地來說萬物都是平等的，在這個地方可以稱爲「理一」，但是人與其對應的外部存在事物有品類的不同，又有分殊的差異，所以在行仁愛時自然會有差等，從親親之心到仁民之心到愛物之心都會有所差異，但是眞氏強調這只是在仁的大範疇下權宜地說其次序而已。

（二）持 敬

眞氏強調爲學之本，只是「敬與致知而已」（《文集》卷三十三「蔡仲覺名字說」），然而「敬」究竟要如何入手呢？眞氏說「自戒謹恐懼始」（《文集》卷三十三「劉誠伯字說」），意即「對理產生一種崇敬畏懼心理，收斂身心，使不失規矩，不逾法度」。〔註128〕眞氏對「敬」有著極高度的要求，甚至說要「持身以敬，則凜然如神明在上，而無非僻之干」（《文集》卷四「論初政四事」），似乎已將原來程子所說「主一是敬」的靜心工夫提昇到保持心靈總是湛然純一的境地，使「敬」超越「靜」成爲更徹底的工夫。〔註129〕眞氏更把「敬」的工夫推衍到政治之上，他說：

> 德者，天之所命也，五服之章則在我，有罪者，天之所討也，五刑之用則在我，其可不敬乎？大而命討之政，小而命討之事，勉之又勉，是亦敬也。天之聰明在民，天之明威在民，民心所在即天心也，天人一理，通

〔註128〕姜廣輝《理學與中國文化》頁229。上海人民出版社，1994年6月。
〔註129〕見楊儒賓《〈中庸〉、〈大學〉變成經典的歷程——從性命之書的觀點立論》。

　　達無間，有民社者，其可不敬乎？……此古君臣之間，講論政治，無一事

不本於天，無一事不主於敬，眞後王所當法與。(《衍義》卷二十八)

對握有統治權力的人君來說，賞罰加罪都在我，稍不留意便容易流於權力的傲慢，所
以眞氏特別強調這至高無上的權力，以及唯有對這份權力保有尊敬、對施行的人民保
持敬意，政治之事才會有價值。同時眞氏也認爲心的誠敬可以自然發爲外在的威儀，
「所謂能與不能者，豈有它哉？亦曰敬與不敬而已矣」。(《衍義》卷三十五) 要言之，
眞氏所以不斷強調「主敬以立其本」，乃因主敬能夠收拾精神，對人君來說，尊重自
己的權力與地位與尊重天是一樣重要，也唯有懂得通過收斂精神以體會天道，才能夠
達到內心的澄淨以應對政事，這是眞氏運用主敬工夫在教育人君上的用意。

　　眞氏擴充「敬」的工夫與所可能達致的效用，認爲「蓋敬者一心之主宰，萬善
之本源」、「堯舜以來，世相傳授，惟此一敬」、「所以爲大聖 (指堯舜禹湯文王) 大
惡 (指苗扈商辛) 之分者，敬與弗敬而已」(《衍義》卷二十八) 眞氏把「敬」的根
源推本至「天」，人君要以敬的態度以事天所賦予的神聖權力，更要以敬的態度面對
臣子與人民，所以眞氏說道：

　　蓋帝王所當尊者莫如天，所當從事者，莫如敬。故重言以求其聽天。

不道甚明，不可欺也；天命惟艱，不易保也。而不知人君一升一降，於事

爲之間，天之監視，未嘗一日不在此也。(《衍義》卷第二十八)

眞氏之所以如此不斷重言以申明「敬」的重要，這當中除了與眞氏認爲「自漢以來，
世之諸儒未有深知敬之爲義者，惟程頤有曰主一之謂敬，無適之謂一，而朱熹又爲
之箴」的程朱居敬窮理傳統有關外，也綜合眞氏歷史上諸多治亂之世的經驗所得出
之超越法則。如果用現代的詞彙來說，其實眞氏所強調的「敬」，就是透過權力擁有
者的自我尊重以節制自我權力的傲慢，只不過現代法制是藉由客觀法理制度以節制
人君，而眞氏則選擇他最熟悉的理論來操作；或者說，眞氏其實已然了解到，人君
是否自我膨脹或淪爲權力的自我傲慢已經不是法理或制度的問題，眞氏或許選擇了
看來最保守的方式，但卻在某種程度上參透了權力的本質。

(三) 中和說

　　在朱子理論中著名的中和說，是以《中庸》「喜怒哀樂未發謂之中，發而皆中節
謂之和。中也者，天下之大本也；和也者，天下之達道也。」爲根據所產生的心性論。
朱子在早年因受教於李侗，而曾用心於求「靜中體驗未發」的修養工夫；然而在李侗
去世後朱子陷入思想的苦索中，因爲程門中關於未發已發的看法未能達到一致，因此
在偶然機會下與湖湘學者張栻交流後，受到湖湘學者主「先察識後涵養」的工夫啓發，

朱子於是悟到人的心念不斷受到外界誘發，如何能有未發的氣象，因此他認爲未發既然不是心，那麼就應該是性，所以得到了「性是未發，心是已發」的觀點，即「中和舊說」(丙戌之悟)；但數年之後，朱子又重新修正中和說，提出關於心有已發未發兩種狀態的說法，即「已發」是指思慮已萌，「未發」是指思慮未萌之時。心體思慮未萌的階段爲寂然不動，心體思慮已萌則爲感而遂通，對此陳來說：

> 朱熹認爲即使是無所思慮時，耳亦有聞、目亦有見、知覺不昧，故仍
> 屬心體流行。當此之時，思維作用沒有主動發揮，也未被動反應，相對於
> 思慮萌發而言屬於靜的狀態，故說是寂然不動。而思慮意念產生在主體與
> 客體相互作用之後，總的看屬於動的狀態，故說是感而遂通。〔註130〕

在思慮還沒有主動發揮或被動反應時，是一段「靜」的狀態，而在這個狀態中需要有「主敬」的工夫以對，所以朱子說「然靜而不知所以存之，則天理昧而大本有所不立矣；動而不知所以節之，則人欲肆而達道有所不行矣」〔註131〕，所存的即是「性理」、「獨體」，朱子認爲只要在這段時間加以戒謹恐懼則能愈敬，也才能使意念發動時無一毫之偏倚。此即是眞氏所強調培養心體「鑑空衡平」的工夫，眞氏曰：

> 鑑空衡平之體，鑑空衡平之用，此二句切須玩味，蓋未曾應物之時，
> 此心只要清明虛靜，不可先有一物，如鑑未照物，只是一箇空；衡未稱物，
> 只有一箇平，此乃心之本體。此所謂鑑空衡平之體也。及至事物之來，隨
> 感而應，因其可喜而喜，因其可怒而怒，因其當憂而憂，因其當懼而懼，
> 在我本未嘗先有此心，但隨物所感而應之耳。故其喜怒憂懼無不中節，此
> 所謂鑑空衡平之用。〔註132〕

朱子中和舊說所強調的「性爲未發，心爲已發」的說法，到了中和新說時已作了修正，即心通貫乎已發未發之間，「心通貫乎未發，即其寂然不動之體，通貫乎已發，即其感而遂通之用也。〔註133〕」而中和新說中所謂「寂然感通周流貫徹而體用未始相離者也」也與眞氏在此所謂「鑑空衡平之體，鑑空衡平之用」之心統性情說相一致。

眞氏繼承朱子在中和說上已發未發的理解，並將之轉化爲調節人君心理狀態的修養工夫：

> 致中和而天地位萬物育，此參天地、贊化育之事也，可謂難矣。然求
> 其所以用功者，不過曰敬而已。蓋不睹不聞之時，而戒懼者敬也；己所獨

〔註130〕 見陳來《朱子哲學研究》頁176。上海：華東師範大學出版社。2000年9月。
〔註131〕 朱子《中庸或問》。
〔註132〕 《眞文忠公文集》卷30「問正心修身章」。
〔註133〕 牟宗三《心體與性體》(三) 頁179。

知人所未知之時，而致謹者，亦敬也。靜時無不敬，即所以致中；動時無
不敬，即所以致和。爲人君者，但當恪守一敬，靜時以此涵養，動時以此
省察，以此存天理，以此遏人欲。工夫到極處即所謂致中和，自然天地位
萬物育，如箕子洪範所謂肅哲謀聖而雨暘燠寒風應之，董仲舒所謂人君正
心以正朝廷、正百官、正萬民，則陰陽和風雨時，諸福百物，莫不畢至，
皆是此理。唯聖主深體力行之，毋憚其難而不爲，則天下之幸也。（《衍義》
卷十一）

真氏在此也認爲儒家所說「參贊天地化育」對人君來說是略顯疏濶，所以先說此「可
謂難矣」；但落在現實世界來說卻又極爲簡易，只需靜時涵養，動時省察——此靜與
動即表示思慮意念未萌發與已萌發之兩個階段，對真氏來說靜時涵養是體會一個超
越的天理性理，而動時省察即是檢察人君所做的判斷是否正確，以敬的工夫做心體
上的細緻檢查與微調，庶幾可以導引人君心體之正。真氏把朱子「中和說」運用到
教育人君以「明道術」，就是認爲這套正心的修養可以是一種「術」，一種可學而致
的方法，把原來可能只屬於儒學中修養聖賢氣象的「聖人之學」，暫時落下坎陷爲一
種「凡人之學」〔註134〕，希望人君不再覺得道德實踐過於艱難而不願施行。

第五節　即事明理——《衍義》的言說型態

　　前節已說明《衍義》策略性地運用故事的動機，以及《衍義》中繼承並創造性
地詮釋朱子的義理內容，使之得以用於教育人君。不過綜觀《衍義》全書可以發現，
真氏在每個故事起始時傾向先講明義理，而在故事的推衍中卻又剝離敍事的情節，
只簡單地陳述人物與事件結果，或者擷取事件中人物的經驗譚，而後便直接加以道
德地判斷歷史事件。對於故事的聽眾（理宗）來說，《衍義》無疑地不是一部「好讀」
的書，它說故事的技巧太過粗糙，使聽者在尚未完全進入故事情境、或者正要進入
故事情境時被道德訓誡打斷閱讀節奏，這也是理學家在教育上過於「理念先行」（或
意義先行）所造成的後果。以真氏在《衍義》最常援引漢武帝爲例：

〔註134〕李紀祥說「理學家在教化君王的基調上，他們提出的，除了『治術』性關注及本『德
　　　　治主義』以爲基本態度、原則外；從『理學——聖學』的基調來看，仍然是以『聖
　　　　學』的『成德成聖』爲其本質的，『民』與『君』都是『人』，在『人而爲聖』之『道』
　　　　的前提下，其性其命，並沒有由『天』而來的差異性及不等性；此點，無論是『教
　　　　之君』還是『教之士』、『教之民』，都沒有本質上的差異。」見李紀祥〈入道之序：
　　　　由「陳（淳）、黃（幹）之歧」到李滉《聖學十圖》〉，收入於《國立中央大學文學
　　　　院人文學報》第廿四期，頁286。2001年12月。

故事:「武帝即位,舉賢良文學之士,制曰:朕欲聞大道之要,至論之極,董仲舒對曰:彊勉學問,則聞見博而知益明;彊勉行道,則德日起而大有功。又曾子曰:『尊其所聞則高明矣,行其所知則光大矣。』高明光大不在乎它,在乎加之意而已,願陛下設誠於內而致行之,則三王何異哉?」臣(指真氏)按:武帝之於道,徒聞而不尊,徒知而不行,此其受病之本。(《衍義》卷三)

我們無從得知真氏在揀選歷史材料作爲教育人君的教材時,是否心中已經有了一個定見,認定某些事件具有特定的意義,可以與《大學》義理結合成連續體;或者說真氏在《衍義》中的言說或敘事模式會不會讓聽者產生懷疑:究竟該相信我對這則故事的領略,還是講讀官後面的教訓比較可信? [註135] 在上所引的此則說解中,可以看出真氏引武帝之事後,乃附以曾子之言以明武帝可能在道德上犯的過錯,在這則敘事中,真氏略去了武帝的性格,和做出舉賢良文學之士的動機,卻以歷史的因果直接判斷武帝爲一「徒聞道而不尊,徒知道而不行」之人,顯然在敘事的過程中並無法讓聽者有足夠證據判斷武帝之失。又如論及武帝巫蠱之禍時,真氏洋洋灑灑地陳說己見,並結論說:

帝惟其多欲也,故寵嬖盛而庶孽蕃,愛憎之意既形,儲副之位安得而定?惟其多惑也,故溺於方士巫覡之說;精神意慮久已昏亂,及年老氣德,百邪乘之,於是妖言煽於外,妖夢惑於內,巫蠱之事由此而起。使其以董仲舒正心之言,銘諸槃杆,朝夕是戒,危安有是哉?(《衍義》卷二十二)

在這裏我們看到真氏把武帝的巫蠱之禍歸因於其自身性格之「多欲」、「多惑」所致,而且再次展現真氏抽取歷史之經驗並加之以近「普遍性的假設」(即引文中「使其以董仲舒之心」之語),使這樁歷史事件成爲帶有某種規律性的形式,而足爲人所信服。真氏在《衍義》中的言說模式,即重在總結歷史上足以爲後世警惕的事件,以類串聯,使之形成某種普遍性的法則,讓人君相信唯有徹底實行《大學》中內聖之學,才有可能對治在施政時所遭遇到的挑戰。

儒生說經的型態受到佛教講座的影響 [註136] ,佛教講經時會先以一段故事帶出後面所要陳述的經文要義,《衍義》的說解經史模式與言說型態也與此雷同,先以故

〔註135〕 在歷史的敘事中,我們有可能會陷入一種理解上的兩難,例如在閱讀《史記》時,「我們應該更相信敘事文的正文部分,還是應該將司馬遷最後的結論看得更重呢?」王靖宇《中國早期敘事文論集》,頁20。臺北:中研院文哲所籌備處,1999年4月。

〔註136〕 參考戴君仁〈經疏的衍成〉,(收入氏著《梅園論學續集》。臺北:藝文印書館,1981年)、及饒宗頤〈華梵經疏體例同異析疑〉,收入氏著《梵學集》。

事，後以理學家的道德判斷總結歷史經驗；只是眞氏的《衍義》似乎向微言大義的方向傾斜，雖然挺立了理學家以道自任的神聖姿態，卻忽略了聽者的主觀感受，也無怪乎帝王對理學家的好惡態度如此地強烈，而理學家的地位也浮浮沈沈。

第六節　本章結語

　　本章透過空言與實事的對比，以落實從朱子到眞氏關於「理事不離」的實踐；並標舉「故事」一詞，以說明儒生在侍詩進講時就如同說書的行業姿態般，但因其主要是在政治場域運作，因此「故事」就深具政治意涵，同時宋儒們也通過對故事和近規，理解到這二者當中必然有一定的普遍性和永恆性的理性規則。這種經筵故事其實就是「以政爲教，以教爲政」。另外眞氏的《心經》一書通過對心的理解和掌握，貫串儒學傳統；並通過義理的考察，發掘眞氏在《衍義》中是透過理學中的重要概念，如「理一分殊」、「敬」、「中和說」的轉化來作爲在政治場域中的應用，達到教育人君的目的。

　　另外，眞氏編輯《心經》似乎也受到心學派學者的影響，使得他把心的地位提高到神聖的高度，從而彰顯出一種近宗教式的虔誠態度。值得一提的是，許多心學派儒生在道德實踐上都曾經有過近乎天啓式、頓悟式的生命體驗〔註137〕，而眞氏也在楊簡的提點下獲得對道某種程度的重要啓發，這除了使眞氏更加認眞關心「心」在道德實踐上的位置外，也讓後來包括程敏政或王陽明有了一個進路去闡發朱陸異同的問題。

　　本文認爲《衍義》的說經型態近於佛教講經和宋代以來發展於民間的說書，在《衍義》裏透過大量經史材料的鋪陳講述，以達到明君德、暢君心的目的；然而道

〔註137〕例如楊簡曾述及其特殊生命經驗：「生年聞先大夫之誨，直時復反觀。某後於循理齋燕坐反觀，忽然見我與天地萬物萬事萬理澄然一片，向者所見萬象森羅，謂是一理通貫爾，疑象與理未融一。今澄然一片，更無象與理之分，更無間斷。不必言象，不必言理，亦不必言萬，亦不必一，自是一片。看喚作甚莫句絕，喚作天亦得，喚作地亦得，喚作人亦得，喚作象亦得，喚作理亦得，喚作萬亦得，喚作一二三四皆得。」（《慈湖遺書》卷十五〈家記9〉）楊簡此處所述世界內的所有間隔全然消失的經驗，他稱之爲「覺」；另外，楊簡在另一處也述及其獨特生命經驗，云：「（與陸象山）問答之間，忽覺簡心清明，澄然無滓。又有不疾而速，不行而至之神用，此心乃我所自有，未始有間斷。於是知舜曰道心，明心即道。孟子曰：『仁，人心也。』其旨同孔子。又曰：『心之精神是爲聖』，簡人人本心，知皆與堯舜禹湯文武周公孔子同，得聖賢之言爲證，以告學子。謂吾心即道，不可更求。」（《《慈湖遺書》卷九》楊簡在此描述一種近乎萬物一體，上契天道於心的眞實經驗，他相信此種體驗就是千古聖賢所傳之本心。

學家對權勢的態度，一方面為敬畏、但另一方面卻有藉道以平衡權勢的矛盾情結，具體呈現在《衍義》中，就造成理論和意義先行，忽略聽者（君王）的主觀感受，同時過於傾向道德判斷的結果，就是容易讓聽者失去自行判斷的能力。〔註138〕不過《衍義》的解經方法，已經擺脫漢唐以來的章句訓詁形式，融合了宋儒「語類」「語錄」式的說話精神，旁徵博引地以百科全書式的方式融貫史傳，在某種意義上也繼承了心學派「我注六經」〔註139〕的講學精神。

〔註138〕 班雅明說：「說故事的人越是能放棄心理細節的描述，他的故事便越能深印於聽者的記憶，如此這個故事便越能和聽者自己的經驗相同化，而他便越有可能在未來轉述這個故事。」以班雅明的說明為例，真氏作為一個說故事的人，但他卻過於強調道德意識的啟發，從而使這些歷史經驗或故事成為乾枯的道德法則，也無怪乎理宗依舊無法從這種講讀過程中實質獲得轉化，而真氏的苦心也就再一次證明此種說經講史模式的徒勞。班雅明（Walter Benjamin）《說故事的人》。

〔註139〕 朱子強調讀書以窮理，其讀書方法也極為精要細緻；然而象山也不是不讀書不窮理，象山曾勸人「後生看輕經書，須著看注疏及先儒解釋，不然，執己見議論，恐入自是之域，便輕視古人。」《陸九淵集》〈語錄下〉。

第六章　結　論——品格的力量[註1]

　　眞氏的學說幾乎是環繞著「誠」的概念而開展；而「誠」的概念從《易傳》、《中庸》、《孟子》以降，也成爲儒學道德實踐理論中的核心概念，但也只有到了宋朝，「誠」才再次爲儒生重新消化並進行系統性的詮釋。不只在南宋，時至今日，「誠信」這個名詞似乎又再次被世人反省接納，這不禁令人覺得疑惑：什麼時候開始，一個古老而略顯陳腐的名詞，竟然成爲現代世界的人們爭相據以表達陳述的內容[註2]？在歷經幾十年的學習和摸索後，現代的人們是否有機會重新省思，那些過去被我們欲除之而後快的價值觀和諸多信念，會不會是在快速的淘汰過程中遭到人們錯殺和誤解？又會不會是因爲人們對制度受到人爲操控戲要，終於感到疲勞而幡然醒覺，原來人文世界的最重要意義，除了追求開放自由的空間外，還需要「內在而超越的眞理（主體良心、自由與愛）」去貞定？[註3]

　　本文研究的主題，即是透過南宋時慶元黨禁中所被引發出關於「僞」的討論，

〔註 1〕篇名襲自 Samuel Smiles《品格的力量》。

〔註 2〕《天下》雜誌曾設計專題名爲「爲什麼現在要『信任』？」(《天下》第 324 期，2005年 6 月號）強調信任（或誠信）在現代社會實爲不可忽視的文化質素，甚至國際間各大企業也紛紛突顯其企業文化具有誠信特質。顯然「誠信」這個看似古老的倫理的或哲學的命題，在高度文明的現代化社會中仍然具有不可忽視的力量。同樣的，日裔美籍的文化批論家法蘭西斯·福山（Francis Fukuyama）在其《信任》(Trust，初譯爲《誠信》，臺北：立緒文化，2004 年 4 月）一書中，也強調即使在高度經濟化的國家裏，文化力量仍佔有重要的影響力，其中「信任」感的高度強弱，甚至足以左右文明化的程度；例如福山就指出，美、日、德這些國家屬於「高信任度」的社會，成員們的「自發社交性」強，因此容易超越血緣或家族的羈絆，朝向大規模的科層組織發展，而義大利、中國、臺灣和香港，則屬於另一組「低信任度」的文化，人們不願和沒有親緣關係的陌生人合作，表現出來的便是中小企業林立的景象。因此福山強調，信任是一種巨大的力量，也是一種社會資本。

〔註 3〕曾師昭旭〈論自我認同與文化發展〉，《鵝湖》月刊第三十卷第五期，2005 年 1 月。

了解到在政治場域中理學家集團與官僚集團〔註4〕的權力衝突；理學家本著道德的自由無限心，希望「得君行道」，但實際的狀況是隨著程朱學派在南宋的地位日升，也終於引起反理學派的官僚以「僞學」之名禁錮之。本文以爲相關的思想史論述已有學者說明得很清楚〔註5〕，因此本文以《大學》中的「誠意」章爲論述焦點，發掘受到僞黨攻擊的理學家們是如何消極地接受（因權力不均所致）、又積極的轉化成爲宋代理學中重要的觀念——「誠」。

另外，本文也綜合歷來對於道統觀的看法，發現真德秀除了縱向地繼承諸儒對道統的理解外，也橫向地吸收並彈性地接納了如荀子、董仲舒、揚雄和韓愈等大儒，但這樣的接納並不是鄉愿而無檢別地接納，而是以「學」（或朱子所說的「心」或「窮理」）爲基礎以形成知識系統（致知），這樣一來便擴大了道統的範圍，也間接地修正朱子的道統觀。當然，真德秀這樣做的原因，或許也和他已隱然自覺到儒學發展的困境——外王的不足，所以真德秀不僅在理論型的道統觀上採開放態度，在現實生活中，真德秀也不掩飾對強調事功的湖湘學派和永嘉學者的揄揚；這當然也增加後人在辨識真德秀所佔據儒學道德系譜位置的難度，而導致後人將真氏的哲學體系視爲朱學向心學發展的關鍵。

雖然中國古代社會中的「士」和現代所謂「知識分子」（Intellectual）的標準還存在著差異，但是從唐宋以來儒生所不斷通過和經典對話所逐漸確立的道統，已然成爲新儒學安身立命的價值根源所在；宋代儒生以傳承此道統自任，也冀望這個上接孔子「斯文」之傳的道統，能夠形成足以與政統並立的傳統，這個道統可以是儒生挺立於政治權力之外的意義傳統，儒生可以據此傳統向政治權力發言，並維持某種獨立而自由的精神價值。

真德秀《大學衍義》的說經型態，受到佛經講經和民間說話人的影響，以及儒生進入經筵侍讀或侍講的職業精神所致，因此形成一套注重「故事」的詮釋模式；一方面在「祖宗成法不可逆」、「故事不可違」的遵古要求下，「故事」逐漸成爲儒生在勸說人君或講陳意見時所援引的對象，另一方面儒生也藉由說故事的精神，把理學家——特別是《大學》的義理內容帶進故事中，讓人君能在學習如何治理國家時，也能兼而實現儒家期待「聖王合一」的道德烏托邦。不過由於宋儒在言論的自由度與自覺度上都達到前所未有的高度，因此也遭到後世學者對於宋儒過於重視「講明義理」，而忽略「切合施行」的現象，然而這種現象的產生背景，在於對「義理」的內涵缺乏共識，朱子學派之所以強調講明義理，其原因在於他們相信在那個意義迷

〔註4〕此用語爲余英時在《朱熹的歷史世界》所用，「官僚集團」指反理學之官僚。

〔註5〕同注4。

失、價值混淆的時代，唯有先講明義理，施行的問題才不會受到曲解，或者實踐不容易貫徹到底，只能頭痛醫頭腳痛醫腳地隨時對治，因為義理的問題才是本質上的問題。

　　本文針對眞德秀《大學衍義》在說故事的方法上向道德訓誡傾斜做出討論，並舉例說明這些歷史經驗（或故事）在被刻意剝落情節和情境的觀點下，容易因理念先行而導致傾向道德正確的詮釋進路，也忽略了聽者（人君）在這個溝通行動上的意義，本文認為這可能是理學家的命運升沈不定的原因之一。

　　最後，本文討論眞德秀如何將朱子的義理思想，如「理一分殊」、「居敬窮理」（持敬）、「已發未發」（中和說）等做創造性的轉化，除了本具的道德心性的意義外，更賦予這些義理以脩身齊家治國平天下等屬於外王的綜合運用。

　　因此本文認為眞德秀之所以命其書為《大學衍義》的原因，其所衍之義有二個部分：一為朱子義理之義〔註6〕，即《衍義》的來源是朱子道德性命的內聖之學；二為將道德性命的內聖之學推衍出去成為外王之學。〔註7〕不過《大學衍義》的立意雖好，眞德秀似乎對於這樣的教化方式仍無十足的信心，因為眞德秀知道以義理勸說人君、或藉歷史治亂教訓以警惕人君，最後覺與不覺仍繫於人主之一心而已。這也是眞德秀為什麼仍有「始於君心，而終於君心」的無奈之感。〔註8〕

　　時至今日，雖然我們已然去聖邈遠，甚至在現代化／西化（或本土化？）的影響下亟於去中國化，或者早在去中國化之前就已經去儒家化〔註9〕，但我們會愈來愈發現，品格才是個人和民族力量的來源，因此諸如過去儒家所存留下來關於「眞誠」的天生美好質性、在邪惡橫逆面前所挺立起的「道德勇氣」、強調和諧平衡的「溫和的性情」等，這些都是儒學所努力為我們證明過的永恆價值。這也就是儒學最重要的中心學說——「學為人之學」的終極意義。

〔註6〕眞氏數度表明其為「推衍」朱子之說以為義。如《衍義》卷第二十九。

〔註7〕眞氏在談論到「理一分殊」時說道：「凡此皆人主之所當知，臣故推衍其說以廣中庸言外之指」（《衍義》卷第七）。

〔註8〕見《大學衍義》卷第三十一。

〔註9〕王邦雄先生在〈儒家人文精神的落實問題〉中曾對此現象有沈痛的觀察。收入於氏著《生命的實理與心靈的應用》。臺北：立緒出版社，1999年6月。

參考及引用書目舉要

一、眞德秀著作

1. 《大學衍義》，〔宋〕眞德秀著。四部叢刊廣編本，臺北：臺灣商務印書館。

2. 《心經》，〔宋〕眞德秀編著。收入《文淵閣四庫全書》子部。臺北：臺灣商務印書館。

3. 《心經附注》，〔明〕程敏政撰。

4. 《政經》，〔宋〕眞德秀著。收入《文淵閣四庫全書》子部。臺北：臺灣商務印書館。

5. 《文章正宗》，〔宋〕眞德秀編著。四部叢刊廣編本，臺北：臺灣商務印書館。

6. 《續文章正宗》，〔宋〕眞德秀編著。收入《文淵閣四庫全書》集部。臺北：臺灣商務印書館。

7. 《眞西山文集》，〔宋〕眞德秀著。影明刊本，收入《四部叢刊‧初編》集部。臺北：臺灣商務印書館。

8. 《西山讀書記》，〔宋〕眞德秀著。收入《文淵閣四庫全書》子部。臺北：臺灣商務印書館。

9. 《四書集編》，〔宋〕眞德秀編著。收入《文淵閣四庫全書》子部。臺北：臺灣商務印書館。

二、朱子著作及其它古籍原典

1. 《四書章句集注》，〔宋〕朱熹撰。臺北：長安出版社。1991 年 2 月。

2. 《四書或問》，〔宋〕朱熹撰。上海古籍出版社。2001 年 12 月。

3. 《近思錄》，朱熹、呂祖謙合編。據陳榮捷編著《近思錄詳註集評》。臺北：學生書局。1992 年 8 月。

4. 《朱子語類》，〔宋〕黎德靖編。北京：中華書局。2004 年 2 月第 5 刷。

5. 《朱文公文集》，〔宋〕朱熹撰。收入《四部叢刊・初編》集部。臺北：臺灣商務印書館。

6. 《朱子全書》，〔宋〕朱熹撰。朱傑人、嚴佐之、劉家翔主編。上海：上海古籍出版社、合肥：安徽教育出版社。2002 年 12 月初版。

7. 《五朝名臣言行錄》，〔宋〕朱熹編。影宋本，收入《四部叢刊・初編》史部。臺北：臺灣商務印書館。

8. 《朱子年譜》，〔清〕王懋竑撰，何忠禮點校。北京：中華書局，1998 年 10 月。

9. 《朱子晚年全論》，〔清〕李紱著，段景蓮點校。北京：中華書局，2000 年 7 月。

10. 《周子通書》，〔宋〕周敦頤撰。上海：上海古籍出版社。2000 年 12 月。

11. 《張載集》，〔宋〕張載著。臺北：漢京文化事業有限公司。1983 年 9 月。

12. 《二程遺書》，〔宋〕程顥、程頤撰。上海：上海古籍出版社。2000 年 12 月

13. 《鶴山先生大全文集》，〔宋〕魏了翁。影宋刊本，收入《四部叢刊正編》集部。臺灣商務印書館。

14. 《絜齋家塾書鈔》，〔宋〕袁燮撰。收入《文淵閣四庫全書》經部書類。臺北：臺灣商務印書館。

15. 《黃氏日抄》，〔宋〕黃震撰。據日本立命館大學圖書館影印宋刊本。臺北：大化書局。

16. 《北溪字義詳講》，〔宋〕陳淳撰。臺北：廣文書局。1979 年 5 月再版。

17. 《宋代諸臣奏議》，〔宋〕趙汝愚編。北京大學中國文史研究中心校點整理。上海古籍出版社，1999 年 12 月。

18. 《道命錄》，〔宋〕李心傳編。收入《叢書集成初編》。北京：中華書局。

19. 《後村先生大全集》，〔宋〕劉克莊。收入《四部叢刊・初編》集部。臺北：商務印書館。

20. 《續資治通鑑長編》，〔宋〕李燾編。臺北：錦繡出版社。1992 年，初版。

21. 《四朝聞見錄》，〔宋〕葉紹翁。北京：中華書局。1997 年 12 月二刷。

22. 《癸辛雜識》，〔宋〕周密。北京：中華書局。1997 年 12 月二刷。

23. 《宋史》，〔元〕脫脫撰。臺北：鼎文書局，1978 年，初版。

24. 《道一編》，〔明〕程敏政撰。收入於《續修四庫全書》子部儒家類，冊 936。

25. 《學蔀通辨》，〔明〕陳建撰。收入於岡田武彥、荒木見悟主編《近世漢籍叢刊・思想三編》，京都：中文出版社。1977 年 3 月。

26. 《大學衍義補》，〔明〕丘濬撰。影印日本寬正四年和刻本。臺北：中文出版社。

27. 《宋元學案》，〔明〕黃宗羲撰。臺北：河洛圖書出版社。1957 年 3 月臺影印初版。

28. 《明儒學案》，〔明〕黃宗羲撰。臺北：河洛圖書出版社。1974 年 12 月臺影印初版。

29. 《宋論》，〔明〕王夫之撰。臺北：金楓出版社。1999 年 4 月。

30. 《張子正蒙》，〔明〕王夫之撰。上海古籍出版社，2000 年 12 月。

31. 《宋史紀事本末》，〔明〕陳邦瞻撰。臺北：華世出版社。1976 年 12 月。

32. 《聖學宗傳》，〔明〕周汝登編測。收入《孔子文化大全》。山東：山東友誼書社。1989 年 7 月第一版。

33. 《道南源委》，〔明〕朱衡撰。收入《叢書集成初編》。北京：中華書局。

34. 《宋元學案補遺》，〔清〕王梓材、馮雲濠撰。臺北：世界書局。1974 年 7 月再版。

35. 《續資治通鑑》，〔清〕畢沅著。臺北：藝文印書館，1955 年。

36. 《道統錄》，〔清〕張伯行著。收入《叢書集成初編》。北京：中華書局。

37. 《荀子集解》，〔清〕王先謙著。臺北：華正書局。年月。1993 年 9 月。

38. 《南宋雜事詩》，〔清〕沈喜報等撰。臺北：文海出版社。1981 年 7 月。

39. 《理學宗傳》，〔清〕孫奇逢編輯。收入《孔子文化大全》。山東：山東友誼書社。1989 年 7 月第一版。

40. 《栗谷集》，〔韓〕李栗谷撰。收入裴宗鎬編《韓國儒學資料集成》。延世大學出版部，1996 年 8 月二版。

41. 《宋人軼事彙編》，丁傳靖。臺北：商務印書館。1982 年 9 月臺二版。

三、今人著作

1. 《中國哲學的特質》，牟宗三著。臺北：學生書局。1990 年 10 月。

2. 《中國哲學十九講》，牟宗三著。臺北：學生書局。1991 年 12 月。

3. 《道德的理想主義》，牟宗三著。臺北：學生書局。1978 年。

4. 《歷史哲學》，牟宗三著。臺北：學生書局。1977 年。

5. 《政道與治道》，牟宗三著。臺北：學生書局。1991 年。

6. 《現象與物自身》，牟宗三著。臺北：學生書局，1984 年。

7. 《心體與性體》，牟宗三著。臺北：正中書局。1989 年 5 月。

8. 《從陸象山到劉蕺山》，牟宗三著。臺北：學生書局。1990 年 2 月再版二刷。

9. 《中國文化的省察》，牟宗三著。臺北：聯經出版公司，1991 年 6 月第 6 印。

10. 《宋明儒學的問題與發展》，牟宗三著。上海：華東師範大學出版社，2004 年 7 月。

11. 《人文講習錄》，牟宗三著。臺北：學生書局。1996 年 2 月。

12. 《中國哲學原論：導論篇》，唐君毅著。臺北：學生書局，1986 年 9 月。

13. 《中國哲學原論：原教篇》，唐君毅著。臺北：學生書局，1990 年 9 月。

14. 《中國哲學原論:原性篇》,唐君毅著。臺北:學生書局,1989 年 11 月。

15. 《說中華民族之花果飄零》,唐君毅著。臺北:三民書局,1984 年。

16. 《哲學論集》,唐君毅著。臺北:學生書局,1990 年 2 月。

17. 《中國思想史論集》,徐復觀著。臺北:學生書局,1988 年 2 月。

18. 《國史大綱》,錢穆著。臺北:臺灣商務印書館,1994 年 1 月二版第一刷。

19. 《宋明理學概述》,錢穆著。臺北:蘭臺出版社,2001 年 2 月

20. 《朱子新學案》,錢穆著。臺北:三民書局,1989 年。

21. 《朱子學提綱》,錢穆著。臺北:蘭臺出版社,2001 年 2 月。

22. 《歷史與文化論叢》,錢穆著。臺北:東大圖書公司,2004 年 3 月。

23. 《高明文輯》,高明著。臺北:黎明文化事業公司,1978 年 3 月初版。

24. 《朱子門人》,陳榮捷。臺北:學生書局,1982 年 3 月。

25. 《朱學論集》,陳榮捷著。臺北:學生書局,1988 年 4 月。

26. 《朱子新探索》,陳榮捷著。臺北:學生書局,1988 年 4 月。

27. 《宋明理學之概念與歷史》,陳榮捷著。臺北:中研院文哲所,1996 年。

28. 《朱子哲學思想的發展與完成》,劉述先著。臺北:學生書局,1995 年 8 月。

29. 《儒家哲學》,吳汝鈞著。臺北:商務印書館,1995 年 12 月。

30. 《幽暗意識與民主傳統》,張灝著。臺北:聯經出版社,1989 年 5 月。

31. 《在說與不說之間》,曾昭旭師著。臺北:漢光出版社,1992 年 2 月。

32. 《大學義理疏解》,岑溢成著。臺北:鵝湖出版社。1991 年 10 月四版。

33. 《孟子義理疏解》,王邦雄等著。臺北:鵝湖出版社。2002 年 10 月七版。

34. 《生命的實理與心靈的虛用》,王邦雄著。臺北:立緒出版社。1999 年 6 月。

35. 《中庸義理疏解》,楊祖漢著。臺北:鵝湖出版社。1990 年 3 月四版。

36. 《當代儒學思辨錄》,楊祖漢著。臺北:鵝湖出版社。1998 年 11 月。

37. 《從當代儒學觀點看韓國儒學的重要論爭》,楊祖漢著。臺北:臺大出版中心。2005 年 8 月。

38. 《孟子三辨之學的歷史省察與現代詮釋》,袁保新著。臺北:文津出版社。1992 年 2 月。

39. 《儒學革命論》,林安梧著。臺北:學生書局。1998 年 11 月。

40. 《道的錯置:中國政治思想的根本困結》,林安梧著。臺北:學生書局。2003 年 8 月。

41. 《儒學與現代意識》,李明輝著。臺北:文津出版社,1991 年 9 月。

42. 《康德倫理學與孟子道德思考之重建》,李明輝著。臺北:中研院文哲所,1994 年 5 月。

43. 《儒家的淑世哲學》,曾春海著。臺北:文津出版社。1992 年 9 月。

44. 《中國文人階層史論》，龔鵬程著。宜蘭：佛光人文社會學院，2002 年 5 月。

45. 《全體大用之學：朱子學論文集》，朱榮貴著。臺北：學生書局，2002 年 6 月。

46. 《眞德秀大學衍義思想體系》，康世統著。臺灣師範大學，1987 年。

47. 《兩宋史研究彙編》，劉子健著。臺北：聯經出版公司，1987 年。

48. 《中國史學上之正統論》，饒宗頤著。上海：上海遠東出版社，1996 年 8 月。

49. 《優入聖域：權力、信仰與正當性》，黃進興著。臺北：允晨出版社，1994 年 8 月。

50. 《兩宋以來大學改本研究》，李紀祥著。臺北：學生書局，1988 年 8 月。

51. 《道學與儒林》，李紀祥著。臺北：唐山出版社，2004 年 10 月。

52. 《史學與傳統》，余英時著。臺北：時報出版公司，1986 年 10 月。

53. 《歷史與思想》，余英時著。臺北：聯經出版公司，1992 年 4 月第 17 印。

54. 《朱熹的歷史世界》，余英時著。臺北：允晨出版社，2003 年 6 月。

55. 《宋明理學與政治文化》，余英時著。臺北：允晨出版社，2004 年 7 月。

56. 《中國近世儒學實質的思辨與習學》，朱鴻林著。北京：北京大學出版社，2005 年 8 月。

57. 《儒學傳統與文化創新》，黃俊傑著。臺北：東大圖書公司，1983 年 2 月。

58. 《中國經典詮釋傳統》一、通論篇，黃俊傑主編。臺北：臺灣大學出版中心，2004 年 6 月。

59. 《中日《四書》詮釋傳統初探》（上）（下），黃俊傑編。臺北：臺灣大學出版中心，2004 年 8 月。

60. 《東亞儒者的四書詮釋》，黃俊傑編。臺北：臺灣大學出版中心，2005 年 6 月。

61. 《東亞視域中的近世儒學文獻與思想》，鄭吉雄編。臺北：臺灣大學出版中心，2005 年 7 月。

62. 《辯證的行旅》，林鎮國著。臺北：立緒出版社。2002 年，初版。

63. 《思文之際論集》，張亨著。臺北：允晨出版社。1997 年 11 月。

64. 《中國政治思想專題研究集》，孫廣德著。臺北：桂冠圖書公司，1999 年 6 月。

65. 《公共意識與中國文化》，陳弱水著。臺北：聯經出版公司，2005 年 9 月。

66. 《立國的宏規》，鄭欽仁主編。臺北：聯經出版公司，1982 年 6 月。

67. 《中國歷史人物論集》，中央研究院、中美人文社會科學合作委員會編譯。臺北：正中書局。1990 年 5 月臺初版第三印。

68. 《戰爭與中國社會之變動》，淡江大學中文系主編。臺北：學生書局，1991 年 11 月。

69. 《朱子學的開展》，鍾彩鈞主編。臺北：漢學研究中心，2002 年 6 月。

70. 《錢賓四先生百齡紀念會學術論文集》，香港中文大學新亞書院編。2003 年。

71. 《宋明理學》，侯外廬等編著。北京：人民出版社，1984 年。

72. 《宋明理學史》，侯外廬等編著。北京：人民出版社，1997 年 10 月第二版。

73. 《南宋史稿》，何忠禮、徐吉軍。杭州大學出版社，1994 年 4 月。

74. 《朱子大傳》，束景南著。上海：商務印書館，2003 年 4 月。

75. 《朱熹年譜長編》，束景南著。上海：華東師範大學出版社，2001 年 9 月第一版。

76. 《朱子哲學研究》，陳來著。上海：華東師範大學出版社，2000 年 9 月。

77. 《朱熹思想研究》，張立文著。北京：中國社會科學出版社，2001 年 12 月。

78. 《朱子學研究》，鄒永賢編。廈門大學出版社，1989 年 5 月。

79. 《周易全解》，金景芳、呂紹綱著。上海：上海古籍出版社，2005 年 1 月。

80. 《周易經傳十五講》，廖名春著。北京：北京大學出版社，2005 年 4 月第三刷。

81. 《中國傳統政治哲學與社會整合》，劉澤華。北京：中國社會科學出版社，2000 年 11 月。

82. 《中國古代思想史論》，李澤厚著。臺北：風雲時代出版社，1990 年 8 月。

83. 《功利主義儒家——陳亮對朱熹的挑戰》，〔美〕田浩著，姜長蘇譯。南京：江蘇人民出版社，1997 年。

84. 《宋明理學史》，侯外廬等主編。北京：人民出版社。1997 年 10 月第二版。

85. 《北宋黨爭研究》，羅家祥著。臺北：文津出版社，1993 年月。

86. 《宋代宰輔制度研究》，諸葛憶兵著。北京：中國社會科學出版社，2000 年 7 月。

87. 《北宋新舊黨爭與文學》，蕭慶偉著。北京：人民文學出版社，2001 年 6 月。

88. 《湘學原道錄》，朱漢民著。北京：中國社會科學出版社，2002 年 10 月。

89. 《福建朱子學》，高令印、陳其芳著。福建人民出版社，1986 年 10 月。

90. 《朱子學研究》，鄒永賢主編。廈門大學出版社，1989 年 5 月。

91. 《理學與中國文化》，姜廣輝著。上海人民出版社，1994 年 6 月。

92. 《浙江精神之哲學本源》，董平選注、祁茗田評析。浙江古籍出版社，2004 年 3 月。

93. 《王學與晚明的師道復興運動》，鄧志峰著。北京：社會科學文獻出版社。2004 年 1 月。

94. 《文學批評論集》，張健著。臺北：學生書局，1985 年 10 月。

95. 《宋學與宋代文學觀念》，李春青著。北京師範大學出版社，2001 年 10 月。

96. 《宋元之際的哲學與文學》，羅立剛著。上海：復旦大學出版社，1999 年 6 月。

97. 《燕園耘耔錄——朱伯崑學術論集》，朱伯崑著。臺北：學生書局，2001 年 3 月。

98. 《中國思想史》，葛兆光著。上海：復旦大學出版社，2001 年 12 月。

99. 《政治儒學》，蔣慶著。臺北：養正堂文化出版公司，2003 年 1 月。

100. 《理學的演變》，蒙培元著。臺北：文津出版社，1990 年 1 月。

101. 《人與自然——中國哲學生態觀》，蒙培元著。北京：人民出版社，2004 年 8 月。

102. 《兩宋道學命運的歷史考察》，關長龍著。上海：學林出版社，2001 年 12 月。

103. 《宋代太學與太學生》，王建秋著。臺北：商務印書館，1965 年 4 月。

104. 《南宋儒學建構》，何俊著。上海人民出版社，2004 年 5 月。

105. 《中國近世思想史研究》，陳來著。北京：商務印書館，2003 年 10 月。

106. 《儒學南傳史》，何成軒著。北京大學出版社，2000 年 6 月。

107. 《朱熹與宋代蜀學》，粟品孝著。北京：高等教育出版社，1998 年 10 月。

108. 《江右思想家研究》，鄭曉江主編。北京：中國社會科學出版社，2003 年 3 月。

109. 《宋代文學思想史》，張毅著。北京：中華書局，2004 年 2 月。

110. 《心學與文學論稿》，宋克夫、韓曉。北京：中國社會科學出版社，2002 年 5 月。

111. 《湖湘學派史論》，朱漢民著。長沙：湖南大學出版社，2004 年 2 月。

112. 《浙學研究集萃》，萬斌主編。上海：上海古籍出版社，2005 年 1 月。

113. 《立言垂教：李珥哲學精神》，張敏著。北京：北京大學出版社，2003 年 6 月。

114. 《三教融合與中西會通：中國哲學及其方法論探微》，陳俊民著。陝西師範大學出版社，2002 年 10 月。

115. 《中國帝王觀念》，張分田著。北京：中國人民大學出版社，2004 年 3 月。

116. 《邁入 21 世紀的朱子學：紀念朱熹誕辰 870 周年逝世 800 周年論文集》，朱杰人主編。上海：華東師範大學出版社，2001 年 11 月。

117. 《詮釋學——它的歷史和當代發展》，洪漢鼎著。北京：人民出版社，2001 年 9 月。

118. 《朱子全書與朱子學——年國際學術研討會論文集》，朱杰人、嚴文儒主編。上海：華東師範大學出版社，2005 年 3 月。

119. 《中國轉向內在：兩宋之際的文化內向》，劉子健著。南京：江蘇人民出版社，2002 年 1 月第一版。

120. 《朱熹的思維世界》，〔美〕田浩著。臺北：允晨出版社，1996 年 5 月。

121. 《宋代思想史論》，〔美〕田浩著。北京：社會科學文獻出版社，2003 年 12 月。

122. 《斯文：唐宋思想的轉型》，〔美〕包弼德（Peter K. Bol）著。江蘇人民出版社，2001 年 1 月。

123. 《中國近世儒學史》，〔日〕宇野哲人著。馬福辰譯，臺北：中國文化大學出

版部，1982 年 10 月。

124. 《中国近世における礼の言説》，〔日〕小島毅著。東京大學出版會，1996 年 6 月。

125. 《日本學者研究中國史論著選譯》，劉俊文主編、許洋主等譯。北京：中華書局。1993 年 9 月。

126. 《發跡變泰——宋人小說論稿》，康來新著。臺北：大安出版社。1996 年。

127. 《中國選本批評》，鄔雲湖著。上海：三聯書店，2002 年 7 月。

128. 《南宋的詩文選本研究》，張智華著。北京：北京師範大學出版社，2002 年 6 月。

129. 《詮釋學——它的歷史和當代發展》，洪漢鼎著。北京：人民出版社，2001 年 9 月。

130. 《經典與詮釋的張力》，劉小楓、陳少明主編。上海：三聯書店，2003 年 10 月。

131. 《中國婦女史論集續集》，鮑家麟編著。臺北：稻鄉出版社，1999 年 5 月再版。

132. 《中國婦女史論集四集》，鮑家麟編著。臺北：稻鄉出版社，1995 年 10 月。

133. 《眞理與方法》，加達默爾著，洪漢鼎譯。臺北：時報出版公司，1993 年 10 月。

134. 《知識分子論》，薩依德著（Edward W.Said）。臺北：麥田出版社，1997 年。

135. 《說故事的人》，班雅明著（Walter Benjamin）。臺灣攝影工作室，1998 年 12 月。

136. 《品格的力量》，Samuel Smiles 著。臺北：立緒文化，2001 年 2 月。

137. 《信任》，法蘭西斯・福山（Francis Fukuyama）著。臺北：立緒文化，2004 年 4 月。

四、期刊論文部分

1. 朱鴻林，〈理論型的經世之學——眞德秀大學衍義之用意及其著作背景〉。《食貨》月刊（復刊）第 15 卷第 3-4 期。1985 年

2. 朱鴻，〈眞德秀及其對時政的認識〉。《食貨月刊》。

3. 李焯然，〈大學與儒家的君主教育：論大學衍義及大學衍義補對大學的闡釋與發揮〉。《漢學研究》，第 7 卷 1 期。1989 年 6 月

4. 尹貞粉，〈大學衍義補的理論體系及其特點〉。《漢學研究》，第 10 卷第 1 期。1992 年 6 月

5. 陳榮捷，〈朱子道統觀之哲學性〉。《東西文化》第十五期。

6. 韋政通，〈「慶元黨禁」中的朱熹〉。中央研究院中國文哲所籌備處，《國際朱子學會議論文集》。1993 年 5 月

7. 伍善儀譯，〈朱子與詮釋美學探微〉。《中國文哲研究通訊》第十二卷第三期。

8. 林振芬，〈論眞德秀思想結構及其理學地位〉。《清華大學思想文化研究所集刊》第二輯。

9. 曾昭旭師〈論自我認同與文化發展〉。《鵝湖》月刊第三十卷第五期。

10. 楊祖漢，〈胡五峰之體用論與朱子「中和舊說」的關係〉。《含章光化：戴璉璋先生七秩哲誕論文集》，臺北：里仁書局。2002 年 12 月。

11. 楊祖漢，〈朱子「中和說」中的工夫論新詮〉。《朱子學刊》創刊號，馬來西亞朱熹學術研究會編。2004 年 11 月。

12. 高柏園，〈格物致知新論——兼論台北市的文化地位及其發展方向〉。《臺灣儒學與現代生活國際學術研討會》，臺北：學生書局。2000 年 12 月。

13. 林安梧，〈後新儒學的新思考——從「外王」到「內聖」——以「社會公義」論爲核心的儒學可能〉。《鵝湖》月刊第三十卷第二期總號第 350，2004 年 8 月。

14. 李紀祥，〈入道之序：由「陳（淳）、黃（榦）之歧」到李滉《聖學十圖》〉。中央大學《人文學報》，第 24 期。2001 年 12 月。

15. 李明輝，〈由「內聖」向「外王」的轉折——現代新儒家的政治哲學〉。《中國文哲研究集刊》第 23 期，2003 年 9 月。

16. 劉述先，〈評余英時《朱熹的歷史世界——宋代士大夫政治文化的研究》〉。《九州學林》一卷二期，2003 年冬季號。

17. 楊儒賓，〈《中庸》、《大學》變成經典的歷程——從性命之書的觀點立論〉。《臺大歷史學報》第 24 期。1999 年 12 月

18. 楊儒賓，〈如果再迴轉一次「哥白尼的迴轉」〉。《當代》第一九五期，2003 年 11 月。

19. 葛兆光，〈拆了門檻便無內無外：在政治、思想與社會史之間〉。《當代》第 198 期，2004 年 2 月。

20. 余英時，〈試說儒家的整體規劃——劉述先先生〈回應〉讀後〉。《當代》第 201 期，2004 年 5 月。

21. 劉振志，〈從襄樊之戰看南宋國家戰略〉。第四屆中國社會與文化學術研討會。

22. 蔣復璁，〈「宋史道學傳」的意義〉。《國際宋史研討會論文集》，1988 年 6 月。

23. 蔣義斌，〈佛祖統紀中的本道觀〉。《宋史研究論集》第三十輯，1990 年 4 月。

24. 王明蓀，〈宋初的反戰思想〉。第四屆中國社會與文化學術研討會。

25. 羅義俊，〈中國道統：孔子的傳統——儒家道統觀發微〉。《鵝湖》月刊第三十卷第七期總號 355，2005 年 1 月。

26. 陳麗，〈南宋理學官學化原因探析〉。《河北師範大學學報》第 22 卷 3 期，1999 年 7 月。